0

iFORCE 原力 满足世界的好奇心

第一推动丛书：生命系列
The Life Series

破天机
A Crack in Creation

[美] 珍妮佛·杜德娜 [美] 塞缪尔·斯滕伯格 著
Jennifer A. Doudna Samuel H. Sternberg
傅贺 译 袁端端 审校

湖南科学技术出版社
·长沙·

THE
FIRST
MOVER

献给我的父母：多萝西·杜德娜(Dorothy Doudna)

和马丁·杜德娜(Martin Doudna)

——珍妮佛·杜德娜

献给我的父母：苏珊妮·尼米赫特(Susane Nimmrichter)

和罗伯特·斯滕伯格(Robert Sternberg)

——塞缪尔·斯滕伯格

科学没有意识到想象力对它有多重要。

——拉尔夫·沃尔多·爱默生(Ralph Waldo Emerson)

总序

《第一推动丛书》编委会

科学，特别是自然科学，最重要的目标之一，就是追寻科学本身的原动力，或曰追寻其第一推动。同时，科学的这种追求精神本身，又成为社会发展和人类进步的一种最基本的推动。

科学总是寻求发现和了解客观世界的新现象，研究和掌握新规律，总是在不懈地追求真理。科学是认真的、严谨的、实事求是的，同时，科学又是创造的。科学的最基本态度之一就是疑问，科学的最基本精神之一就是批判。

的确，科学活动，特别是自然科学活动，比起其他的人类活动来，其最基本特征就是不断进步。哪怕在其他方面倒退的时候，科学却总是进步着，即使是缓慢而艰难的进步。这表明，自然科学活动中包含着人类的最进步因素。

正是在这个意义上，科学堪称人类进步的“第一推动”。

科学教育，特别是自然科学的教育，是提高人们素质的重要因素，是现代教育的一个核心。科学教育不仅使人获得生活和工作所需的知识和技能，更重要的是使人获得科学思想、科学精神、科学态度以及科学方法的熏陶和培养，使人获得非生物本能的智慧，获得非与生俱来的灵魂。可以这样说，没有科学的“教育”，只是培养信仰，而不是教育。没有受过科学教育的人，只能称为受过训练，而非受过教育。

正是在这个意义上，科学堪称使人进化为现代人的“第一推动”。

近百年来，无数仁人志士意识到，强国富民再造中国离不开科学技术，他们为摆脱愚昧与无知做了艰苦卓绝的奋斗。中国的科学先贤们代代相传，不遗余力地为中国的进步献身于科学启蒙运动，以图完成国人的强国梦。然而可以说，这个目标远未达到。今日的中国需要新的科学启蒙，需要现代科学教育。只有全社会的人具备较高的科学素质，以科学的精神和思想、科学的态度和方法作为探讨和解决各类问题的共同基础和出发点，社会才能更好地向前发展和进步。因此，中国的进步离不开科学，是毋庸置疑的。

正是在这个意义上，似乎可以说，科学已被公认是中国进步所必不可少的推动。

然而，这并不意味着，科学的精神也同样地被公认和接受。虽然，科学已渗透到社会的各个领域和层面，科学的价值和地位也更高了，但是，毋庸讳言，在一定的范围内或某些特定时候，人们只是承认“科学是有用的”，只停留在对科学所带来的结果的接受和承认，而不是对科学的原动力——科学的精神的接受和承认。此种现象的存在也是不能忽视的。

科学的精神之一，是它自身就是自身的“第一推动”。也就是说，科学活动在原则上不隶属于服务于神学，不隶属于服务于儒学，科学活动在原则上也不隶属于服务于任何哲学。科学是超越宗教差别的，超越民族差别的，超越党派差别的，超越文化和地域差别的，科学是普适的、独立的，它自身就是自身的主宰。

湖南科学技术出版社精选了一批关于科学思想和科学精神的世界名著，请有关学者译成中文出版，其目的就是传播科学精神和科学思想，特别是自然科学的精神和思想，从而起到倡导科学精神，推动科技发展，对全民进行新的科学启蒙和科学教育的作用，为中国的进步做一点推动。丛书定名为“第一推动”，当然并非说其中每一册都是第一推动，但是可以肯定，蕴含在每一册中的科学的内容、观点、思想和精神，都会使你或多或少地更接近第一推动，或多或少地发现自身如何成为自身的主宰。

出版30年序
苹果与利剑

龚曙光

2022年10月12日

从上次为这套丛书作序到今天，正好五年。

这五年，世界过得艰难而悲催！先是新冠病毒肆虐，后是俄乌冲突爆发，再是核战阴云笼罩……几乎猝不及防，人类沦陷在了接踵而至的灾难中。一方面，面对疫情人们寄望科学救助，结果是呼而未应；一方面，面对战争人们反对科技赋能，结果是拒而不止。科技像一柄利剑，以其造福与为祸的双刃，深深地刺伤了人们安宁平静的生活，以及对于人类文明的信心。

在此时点，我们再谈科学，再谈科普，心情难免忧郁而且纠结。尽管科学伦理是个古老问题，但当她不再是一个学术命题，而是一个生存难题时，我的确做不到无动于衷漠然置之。欣赏科普的极端智慧和极致想象，如同欣赏那些伟大的思想和不朽的艺术，都需要一种相对安妥宁静的心境。相比于五年前，这种心境无疑已时过境迁。

然而，除了执拗地相信科学能拯救科学并且拯救人类，我们还能有其它的选择吗？我当然知道，科技从来都是一把双刃剑，但我相信，科普却永远是无害的，她就像一只坠落的苹果，一面是极端的智慧，一面是极致的想象。

我很怀念五年前作序时的心情，那是一种对科学的纯净信仰，对科普的纯粹审美。我愿意将这篇序言附录于后，以此纪念这套丛书出版发行的黄金岁月，以此呼唤科学技术和平发展的黄金时代。

出版25年序
一个坠落苹果的两面：极端智慧与极致想象

龚曙光

2017年9月8日凌晨于抱朴庐

连我们自己也很惊讶，《第一推动丛书》已经出版了25年。

或许，因为全神贯注于每一本书的编辑和出版细节，反倒忽视了这套丛书的出版历程，忽视了自己头上的黑发渐染霜雪，忽视了团队编辑的老退新替，忽视好些早年的读者，已经成长为多个领域的栋梁。

对于一套丛书的出版而言，25年的确是一段不短的历程；对于科学研究的进程而言，四分之一个世纪更是一部跨越式的历史。古人“洞中方七日，世上已千秋”的时间感，用来形容人类科学探求的日新月异，倒也恰当和准确。回头看看我们逐年出版的这些科普著作，许多当年的假设已经被证实，也有一些结论被证伪；许多当年的理论已经被孵化，也有一些发明被淘汰……

无论这些著作阐释的学科和学说，属于以上所说的哪种状况，都本质地呈现了科学探索的旨趣与真相：科学永远是一个求真的过程，所谓的真理，都只是这一过程中的阶段性成果。论证被想象讪笑，结论被假设挑衅，人类以其最优越的物种秉赋——智慧，让锐利无比的理性之刃，和绚烂无比的想象之花相克相生，相辅相成。在形形色色的生活中，似乎没有哪一个领域如同科学探索一样，既是一次次伟大的理性历险，又是一次次极致的感性审美。科学家们穷其毕生所奉献的，不仅仅是我们无法发现的科学结论，还是我们无法展开的绚丽想象。在我们难以感知的极小与极大世界中，没有他们记历这些伟大历险和极致审美的科普著作，我们不但永远无法洞悉我们赖以生存世界的各种奥秘，无法领略我们难以抵达世界的各种美丽，更无法认知人类在找到真理和遭遇美景时的心路历程。在这个意义上，科普是人类极端智慧和极致审美的结晶，是物种独有的精神文本，是人类任何其他创造——神学、哲学、文学和艺术无法替代的文明载体。

在神学家给出“我是谁”的结论后，整个人类，不仅仅是科学家，包括庸常生活中的我们，都企图突破宗教教义的铁窗，自由探求世界的本质。于是，时间、物质和本源，成为了人类共同的终极探寻之地，成为了人类突破慵懒、挣脱琐碎、拒绝因袭的历险之旅。这一旅程中，引领着我们艰难而快乐前行的，是那一代又一代最伟大的科学家。他们是极端的智者和极致的幻想家，是真理的先知和审美的天使。

我曾有幸采访《时间简史》的作者史蒂芬·霍金，他痛苦地斜躺在轮椅上，用特制的语音器和我交谈。聆听着由他按击出的极其单调的金属般的音符，我确信，那个只留下萎缩的躯干和游丝一般生命气息的智者就是先知，就是上帝遣派给人类的孤独使者。倘若不是亲眼所见，你根本无法相信，那些深奥到极致而又浅白到极致，简练到极致而又美丽到极致的天书，竟是他蜷缩在轮椅上，用唯一能够动弹的手指，一个语音一个语音按击出来的。如果不是为了引导人类，你想象不出他人生此行还能有其他的目的。

无怪《时间简史》如此畅销！自出版始，每年都在中文图书的畅销榜上。其实何止《时间简史》，霍金的其他著作，《第一推动丛书》所遴选的其他作者的著作，25年来都在热销。据此，我们相信，这些著作不仅属于某一代人，甚至不仅属于20世纪。只要人类仍在为时间、物质乃至本源的命题所困扰，只要人类仍在为求真与审美的本能所驱动，丛书中的著作，便是永不过时的启蒙读本、永不熄灭的引领之光。虽然著作中的某些假说会被否定，某些理论会被超越，但科学家们探求真理的精神，思考宇宙的智慧，感悟时空的审美，必将与日月同辉，成为人类进化中永不腐朽的历史界碑。

因而在25年这一时间节点上，我们合集再版这套丛书，便不只是为了纪念出版行为本身，更多的则是为了彰显这些著作的不朽，为了向新的时代和新的读者告白：21世纪不仅需要科学的功利，而且需要科学的审美。

当然，我们深知，并非所有的发现都为人类带来福祉，并非所有的创造都为世界带来安宁。在科学仍在为政治集团和经济集团所利用，甚至垄断的时代，初衷与结果悖反、无辜与有罪并存的科学公案屡见不鲜。对于科学可能带来的负能量，只能由了解科技的公民用群体的意愿抑制和抵消：选择推进人类进化的科学方向，选择造福人类生存的科学发现，是每个现代公民对自己，也是对物种应当肩负的一份责任、应该表达的一种诉求！在这一理解上，我们将科普阅读不仅视为一种个人爱好，而且视为一种公共使命！

牛顿站在苹果树下，在苹果坠落的那一刹那，他的顿悟一定不只包含了对于地心引力的推断，而且包含了对于苹果与地球、地球与行星、行星与未知宇宙奇妙关系的想象。我相信，那不仅仅是一次枯燥之极的理性推演，而且是一次瑰丽之极的感性审美……

如果说，求真与审美，是这套丛书难以评估的价值，那么，极端的智慧与极致的想象，则是这套丛书无法穷尽的魅力！

序言：巨浪涌来

梦里，我站在海边。

左右两侧的沙滩上，黑白相间的沙子沿着海岸线向远方铺开，围出一个海湾的轮廓。这时，我意识到，这是夏威夷岛的海岸线，是我长大的地方：西洛湾。每逢周末，我和小伙伴都会来这里，看皮划艇比赛，捡贝壳，不时也会在岸上捡到日本渔船落下的玻璃珠。

但是今天，没有小伙伴，没有皮划艇，也看不到渔船。海滩空无人影，水面波澜不惊，安静到有点不自然。在水天交界处，天光与海水嬉戏，这似乎缓解了我的恐惧——自从懂事起，我就一直怀着这种恐惧。事实上，西洛岛的每一个居民，无论年龄大小，都有这种恐惧。我们这代人在成长过程中没有经历过海啸，但是我们都见过海啸的照片。我们知道，西洛岛正处于海啸途经的地带。

果然，远远地，我看到了一排浪花。

一开始它很小，但每过一秒它都在变大，我眼看着它开始耸立，直至白浪滔天。在它后面，还有更多的浪，向海岸涌来。

我吓坏了——但随着海啸临近，我的决心战胜了恐惧。我注意到身后有一间小木屋，这是朋友普阿的家，屋子前面有一堆冲浪板。我抓起一个，跳进海里，滑进海湾，绕过防波堤，一头扎进浪花。我成功躲过了第一个大浪，没有被它掀翻，等我从浪的另一头出来的时候，又沿着第二道大浪往下滑。这时，我看到了一片美景——近处的白山，远处的长山，耸立着，直入云霄，似乎在保护着海湾。

我一个激灵后醒来，意识到自己正躺在加利福尼亚伯克利市的家里，与夏威夷远隔数千英里（1英里≈1.6千米）。

这是2015年的7月，当时正是我这辈子至今最兴奋难当的一段日子，我开始经常做这样的梦。回头来看，梦境的深层含义不难理解。当然，海滩是想象出来的，但是波浪，以及它们激起的情绪跌宕——恐惧、希望、惊叹——却无比真实。

我叫珍妮佛·杜德娜，是一位生物化学家，职业生涯的大部分时间都是在实验室度过的。我研究的课题，除了本领域的专家，外人知之甚少。不过，在过去五六年里，我进入了生命科学里一个划时代的研究领域，它的进展之快超乎想象，研究成果也迅速从学界转化到社会。我和同行惊叹于它的巨大力量，这丝毫不亚于我梦中的海啸。不过，这一次的巨浪，我也曾为它推波助澜。

几年来，我参与筹建过几个生物公司。到了2015年夏天，它们的成长速度远远超出了我的想象。但是，这个领域的影响力远不止于此，因为受影响的不仅仅是生命科学，更是地球上的所有生命。

本书讲述的就是它的故事，也是我的故事，更是你的故事。因为很快，它就会影响到你。

数千年来，人类一直在不断地改造自然界，但是从未达到今天这么剧烈的程度。工业化导致的气候变化正在威胁全球的生态系统，再加上其他的人类活动——它们共同导致了物种的加速灭绝，地球的生物多样性锐减。种种变化促使地质学家提议，把这个时代叫作“人类世”。

与此同时，生物世界也在经历着由人类引起的深刻变革。数百万年来，生命遵循着演化的原理而演变：生物随机产生一系列的遗传突变，其中一些为生存、繁殖和竞争赋予了优势。事实上，直到最近，我们人类也一直被演化塑造。自从一万多年前农业出现，人类就开始通过选育动植物撼动演化的进程，但是演化需要的原材料，即一切遗传变异背后的DNA（脱氧核糖核酸）随机突变，仍是自发产生的，人类的意志尚且干涉不到它们。因此，人类改造自然的能力是有限的。

今天，情况已大为不同，科学家已经完全有能力控制遗传突变了。科学家可以使用强大的生物技术来修饰活细胞里的

DNA，甚至改造这个星球上所有物种的遗传密码。在诸多基因编辑的工具中，最新，也可能是最有效的，当属CRISPR-Cas 9（简称为CRISPR）[1]。有了CRISPR，生物体的基因组（生物体的全部DNA内容）就变得像文本一样可以被编辑。

只要科学家知道了某个性状的基因，就可以利用CRISPR在它的基因组中插入、编辑或删除该基因。这比目前其他任何基因操作（gene-manipulation）技术都更简单有效。几乎一夜之间，我们发现自己站在了一个新时代的起点：在基因工程的领域，只有想不到，没有做不到。

目前，科学家已经在动物身上使用了这种新型基因编辑工具，并且取得了许多进展。比如，科学家利用CRISPR制造出了一种"基因增强版"的小猎犬，它肌肉发达，像是犬类里的施瓦辛格，而科学家改变的只是参与控制肌肉形成的基因的一个碱基对。在另一个例子里，通过抑制猪的身体里对生长激素起反应的基因，研究人员制造出了迷你猪，它像家猫一样小，可以作为宠物出售。科学家也在陕北山羊身上进行了类似的实验，使用CRISPR编辑了它的基因组，同时提高了肌肉含量（这意味着更多的肉）与含毛量（这意味着更多的山羊绒）。通过CRISPR，遗传学家已经把亚洲象改造得越来越像猛犸象，或许有朝一日会复原这种已经灭绝的动物。

1 CRISPR全称为clustered regularly interspaced short palindromic repeats，指成簇的、规律间隔的、短回文、重复序列。——译者注

与此同时，在植物界，CRISPR也已经被广泛用于改造农作物的基因组。这为农业革命铺好了道路，将进一步显著提高人们的饮食质量，确保世界粮食安全。通过基因编辑，科学家已经制造出了抗病水稻、晚熟番茄、脂肪酸水平更健康的大豆，以及含有更少神经毒素的土豆。在实现这些目标的时候，食品学家并没有依赖杂交技术，而只是稍微调整了植物基因组的少数几个碱基对。

基因编辑在动物界和植物界中的应用固然激动人心，但它最大的潜力，以及它最大的风险，是在人身上的应用。

矛盾的是，它对人类健康的帮助可能也离不开在哺乳动物或者昆虫上的应用。最近，研究人员已经利用CRISPR来改造猪的DNA，使它们更适于对人类进行器官移植。这意味着，有朝一日，动物可以为人类源源不断地提供移植器官。CRISPR也已经被用来改造一种蚊子，越来越多的野生蚊子将无法生育，科学家希望这可以彻底清除蚊媒疾病，比如疟疾和塞卡，甚至清除所有可能传播疾病的蚊子。

不过，单就治疗疾病而言，CRISPR为直接在人类患者身上编辑、修复突变基因提供了可能。目前，我们只是看到了其应用潜力的冰山一角，但是过去几年的发展已经足够让我们激动不已。在实验室培养的人类细胞里，这种新的基因编辑技术已经纠正了许多遗传病，包括囊性纤维化、镰状细胞病、某些形式的眼盲、重症复合免疫缺陷等。利用CRISPR，科学家可以从人类

DNA的32亿个碱基对中发现，继而更正单个基因突变——这已经很令人惊叹了，但是它还可以完成更复杂的修饰。研究人员已经纠正了进行性假肥大性肌营养不良症患者身上的突变基因，从而治愈了疾病。在一个血友病的案例中，研究人员利用CRISPR对患者身上发生颠倒的50多万个DNA碱基对进行了精确调整。CRISPR也可以用于治疗艾滋病，比如从患者受感染的细胞中切除病毒的DNA，或者编辑患者的DNA，避免更多细胞受到感染。

基因编辑在临床应用上的可能远不止于此。由于CRISPR允许我们精准、直接地进行基因编辑，每一种遗传病——只要我们知道它的突变基因——理论上都可以得到治疗。事实上，医生已经开始使用改造的免疫细胞治疗癌症，这些免疫细胞携带着增强版的基因，可以更好地消灭癌细胞。虽然CRISPR离大规模临床应用还有一段路要走，但它的潜力毋庸置疑：基因编辑有望提供新的治疗方案，甚至挽救生命。

CRISPR技术的影响不止于此，除了治疗疾病，它也可以预防疾病。它简单有效，甚至可以用来修饰人类的生殖细胞系（germline），从而影响后代的遗传信息。不必怀疑，这项技术有朝一日会被用于改造人类的基因组，长久地改变人类的遗传物质，虽然我们目前还不知道这一天何时到来。[2]

---

2 2018年11月27日，中国科学家贺建奎宣布他应用CRISPR创造的世界首例可对艾滋病免疫的基因编辑胚胎（一对双胞胎女婴）已健康诞生。可以说，这一天已经来了。——译者注

假定在人类中进行基因编辑是安全有效的，那么在生命早期（最好是在有害基因的恶果出现之前）纠正致病的突变基因，不仅合乎逻辑，而且势在必行。但是，一旦我们有机会把胚胎中的“致病版”基因改造成“正常版”基因，我们同样有机会把“正常版”基因改造成“增强版”基因。如果可以降低孩子日后患上心脏病、阿尔茨海默病、糖尿病或者癌症的风险，我们就应当对胚胎进行基因编辑吗？进一步的问题是，我们要不要为这些孩子赋予某些有益的特征，比如更大的力气、更优越的认知能力，或者改变他们的身体特征（比如眼睛或头发的颜色）？人类有追求完美的天性，一旦我们走上了这条路，路的尽头是我们希望看到的结果吗？

在现代人类出现的10万多年来，我们的基因组一直被两种力量塑造着：随机突变和自然选择。现在，我们第一次有能力编辑自己以及我们后代的DNA——本质上，我们可以决定人类这个物种的演化方向。在地球的生命史上，这还是首次出现，我们还不知道该如何理解这个事实。但我们不得不开始思考一个不可思议但至关重要的问题：鉴于人类在诸多重大议题上争执不休、固执己见，我们会把这种强大的力量用在哪里？

在2012年之前，我还从未思考过控制演化方向的问题——那个时候，我和同事刚刚发表了我们的研究成果，它为CRISPR基因编辑技术奠定了基础。毕竟，这些工作一开始都是受好奇心的驱使，我们感兴趣的是一个看似毫不相关的主题：细菌是如何对抗病毒感染的。然而，在我们研究细菌的一种免疫系统

（称为CRISPR-Cas）的过程中，我们发现了一种了不起的分子机器，它能够以极高的精确度切开病毒的DNA。很快我们就知道了，这套分子工具同样可以切割其他细胞（包括人类细胞）里的DNA。随着这项技术被广泛采用，并迅速改进，我不得不开始思考我们工作的长远影响。

很快，科学家就把CRISPR用到了灵长类动物身上，并制造出了第一只基因编辑过的猴子。这时，我开始自问，这离应用于人类还有多远?作为一位生物化学家，我从来没有在模式动物、人体细胞或者患者身上做过实验，我最习惯的实验平台是细菌培养皿和试管。但是此时此刻，我却眼睁睁看着自己参与开创的一项技术可能会彻底改变我们这个物种以及我们生活的世界。它是否会不经意间扩大社会不公或先天的"基因不平等"，或是引发新的"优生学"运动?我们要面对什么后果?需要做哪些准备?

一开始，我认为要把这些讨论留给受过专业生物伦理学训练的人，自己继续投身于火热的生物化学研究。但与此同时，作为这个领域的开拓者之一，我感到有责任参与讨论这个话题：这些技术可能如何被使用，应当如何被使用。尤其是，我希望更多的人参与这个讨论，不仅仅是科研人员和生物伦理学者，也包括其他利益相关群体，如社会科学家、决策者、宗教领袖、管理人员以及普罗大众。鉴于这项科技进展会影响到全人类，我们有必要让社会各界人士都参与进来。更重要的是，我感到我们需要尽快开启这种对话，如果等这些技术已经开始应用了再试图加以约束，恐怕为时已晚。

于是，在2015年，我一边操心着自己在伯克利的实验室的运转，一边在世界各地的学术会议上展示我的研究工作，同时也开始花越来越多的时间思考这个（对我来说）崭新的课题。我回答了十几位记者的提问，话题涉及“设计婴儿”“基因增强版”人类、使用改造猪为人类生产移植器官。就CRISPR的议题，我跟加州州长、白宫科学技术政策办公室、中央情报局交流过，也回应过美国国会的问询。我组织了第一个关于基因编辑技术（特别是关于CRISPR伦理问题）的会议，因为这些技术影响到再生生物学、人类遗传学、农业、环境保护与健康。也是借助这次会议，我又帮助筹备了一个涉及面更广的关于人类基因编辑的国际峰会，邀请到了来自美国、英国、中国等国家的科学家和其他社会公众。

在这些对话中有一个主题反复出现，那就是：我们该如何使用这项新发现的技术。我们目前还没有找到答案，但是，我们正一点点地接近它。

基因编辑迫使我们直面这个棘手的问题：改造人类遗传物质的界限何在？有人认为，一切形式的遗传改造都是邪恶的，违背了神圣的自然规律，伤害了生命的尊严；另一些人认为，基因组只是“软件”——我们当然可以修改、清理、更新、升级它们，他们更进一步争辩道，让人类受制于有缺陷的遗传信息不仅有违理性，也有悖道德。基于这些考虑，我们倡议禁止在人类胚胎中进行基因编辑，而其他人则提议科学家放下顾虑，勇往直前。

我自己关于这个主题的思考也在不断演变，但是在2015年1月，在关于人类生殖细胞系基因编辑的会议上，我听到了一句令人印象深刻的评论。17位与会人员，包括本书的共同作者塞缪尔·斯滕伯格（Samuel Sternberg），坐在加州纳帕山谷的一个会议桌旁，激烈地辩论我们是否应当允许研究人员编辑生殖细胞系。突然有人插了一句话，他平静地说："终有一天，我们会认为，不对生殖细胞系进行基因编辑来缓解人类的痛苦，才是不道德的。"这个评论彻底扭转了谈话的方向。现在，当我再遇到那些家有遗传病患儿的父母时，我总会想到这句话。

与此同时，CRISPR研究仍在不断推进。到了2015年夏天，中国的科学家发表了他们的实验结果：他们把CRISPR注射进了人类胚胎。当然，他们使用的是被遗弃的、已经没有生命体征的胚胎，不过，这依然是一个里程碑式的研究——这是人类历史上首次尝试对人类的生殖细胞进行精确编辑。

对于上述动态，我们有理由感到警惕。不过，我们也不能忽视基因编辑给我们——特别是对遗传病患者——提供的无比珍贵的医疗机遇。试想，假如有人知道了他/她携带着一份突变版本的HTT基因（这意味着他/她肯定会患上早发性失智症），如果他/她能够提前获得基于CRISPR的治疗，在症状发作之前就剔除突变的DNA，这会免去多少痛苦——而这种治疗手段在以前是无法想象的。因此，虽然我们还在辩论是否应当对生殖细胞进行基因编辑，但我们也很小心地避免让公众对CRISPR产生敌意，甚至反对基因编辑技术的临床应用。

对于基因编辑的前景，我感到欢欣鼓舞。无论在实验室还是创业公司，CRISPR研究都进展迅速，后者更是得益于投资人和风险投资公司投入的巨额赞助。为了促进该领域发展，学术研究人员与非营利组织也在向世界各地的科学家提供廉价的CRISPR配套工具，以免他们受到技术条件的限制。

但是，科学进步不仅需要研究、投资和创新，公众参与也是关键。目前，CRISPR革命主要发生在实验室和生物创业公司里。通过本书的出版，以及其他同人的努力，我们希望这些信息能更加透明地传播给普罗大众。

在本书第一部分，塞缪尔和我分享的是CRISPR技术背后惊心动魄的故事，包括它是如何从对细菌免疫的研究起步，以及如何受益于过去数十年里试图改写细胞DNA的研究工作。在第二部分，我们探索了CRISPR现在和未来在动物、植物、人类中的各种应用，我们也讨论了随之而来的巨大机遇与严峻挑战。你会注意到，本书采用的是第一人称的口吻。书是我们合作完成的，书中的观点也是我们都认可的。之所以采取这种办法，一是为了叙述清晰，二是为了更好地分享我这些年来独特的经历。

本书的目的并不是为基因编辑的早期发展提供一份翔实的历史记录，我希望呈现的是最相关的一部分进展，让读者感受到我们的工作是如何与其他人的研究衔接起来的。对于书中的某些段落，我们在注释里提供了参考文献。这些研究论文是对讨论的补充，我们鼓励感兴趣的读者进行更深入的阅读。最后，我们谨向参与了CRISPR和基因编辑研究的无数科学同人表示感谢，限于篇幅，我们无法提及每一位同事的工作，我们对此深表歉意。

CRISPR是目前热门的科学领域，我们希望本书可以揭示它的一些奥秘，并鼓舞你投身其中。关于基因编辑的讨论已经在全球展开，这是关乎世界未来的历史性辩论。兹事体大，我们自当同舟共济、建言献策。

目录

上篇
工具

1. 寻找解药

最近，我听到了一个不可思议的故事，它充分体现了基因[3]编辑的力量和巨大潜力。

2013年，美国国立卫生研究院（NIH）的科学家们遇到了一个医学难题。这些研究人员在研究一种叫作WHIM综合征的罕见遗传病，但这位患者的状况令他们一头雾水。她从小就被诊断患有该病，但当国立卫生研究院的科学家遇到她时，疾病竟然奇迹般地从她体内消失了。

在世界范围内，WHIM综合征患者不过几十个人，但它是一种令人痛苦的，甚至可能致死的免疫缺陷疾病，患者的生活受到严重影响。它的起因是一个微小的突变——在人体32亿对碱基序列里，有一个字母出错了（区别只是几十个原子的大小）。这个微小的变异让WHIM患者特别容易被人乳头瘤病毒（human papillomavirus，HPV）感染，引起皮肤疣，后者失控地生长，最终演变成癌症。

国立卫生研究院的科学家遇到的这位患者，正是20世纪60

年代该疾病首次被报道时的那位女孩——这也从侧面说明了该病的罕见程度。在学术文献中，她通常被叫作WHIM-09，但是我会叫她金女士。金女士从一生下来就患有WHIM，后来也因该病引发的严重感染多次住院。

4 2013年，金女士58岁了。她带着两个20岁出头的女儿，一道来见国立卫生研究院的研究人员。她的女儿也表现出了WHIM的典型症状，但研究人员惊讶地发现，金女士自己似乎安然无恙。事实上，她已经20多年没什么症状了。令人震惊的是，没有接受任何医疗干预，金女士自愈了。

金女士如何凭一己之力就从这种致命的疾病中逃过一劫？科学家通过精心设计的实验发现了一些重要的线索：在金女士的脸颊和皮肤细胞里，引起WHIM的突变基因仍然存在，但是在她的血液里，这个突变却不见了。研究人员对金女士血细胞的DNA进行了仔细分析，发现了一些更不可思议的事情：她的一条2号染色体上缺失了一段DNA，包括3500万个碱基序列，而这一段里含有完整的突变基因，叫作*CXCR4*[1]。2号染色体上余下的大约2亿个碱基也被打乱了，就像龙卷风席卷过染色体，其中的碱基序列一片狼藉。

这些初步发现引发了一系列疑问。金女士体内其他细胞的DNA是正常的（*CXCR4*基因突变除外），但血细胞里的DNA怎

1 在科学文献中，基因的名字用斜体表示，它们编码的蛋白质则用正体。比如，*HTT*基因编码的蛋白质叫作Huntingtin，亨廷顿病就是由*HTT*基因突变引起的。

么变得如此无序?此外，考虑到含有*CXCR4*基因的染色体已经被打乱，而且缺失了164个基因，血细胞为何仍然能够存活，而且可以正常行使功能?人类的基因组里含有数千个基因，它们发挥着重要的功能，比如DNA复制和细胞分裂。金女士体内竟然会有这么多基因凭空消失了，而且似乎没有什么糟糕的后果，这到底是怎么回事?

国立卫生研究院的研究人员进行了更多测试，终于为这种 5
惊人的自愈现象拼接出一个完整的解释链。他们的结论是，她体内的某个细胞必然经历了一种极不寻常但通常引发灾难性后果的事件——染色体碎裂(chromothripsis)。这是一种新近发现的现象：染色体突然粉碎，然后重新修复，引起基因剧烈重排。它对身体的影响可能微乎其微(如果破损的细胞马上死去)，也可能非常严重(如果重排的DNA意外激活了致癌基因)。

不过，在金女士体内，染色体碎裂的影响却非同寻常。突变的细胞不仅长势良好，而且丢弃了致病的*CXCR4*基因，于是，WHIM综合征就自动消失了。

但金女士的好运还不止于此。国立卫生研究院的科学家发现，这个幸运的细胞还是一个造血干细胞，它可以通过无数次复制和再生，分化出各种血细胞。这种细胞不断复制、增殖，最终把金女士免疫系统里的白细胞都替换成了不含*CXCR4*突变拷贝的健康细胞。这一连串的事件听起来如此不可思议，但金女士的确因此康复了。

在研究人员为金女士的状况写的总结报告里，他们说到：金女士是“自然界里一种前所未见的实验”的受益者——她体内的一个干细胞经历了一次自发突变，抛弃了致病基因。简言之，这是一次天赐的意外——稍有不当，金女士可能因此毙命；相反，金女士却因此得救。

为了理解这种结果是多么偶然，不妨把人类的基因组想象成一个巨型软件。在金女士身上，这个软件里含有一个错误代
6 码——要知道这个软件里有60多亿行代码。要检修软件，你不会一上来就盲目地删除大段的代码，并把其他部分打乱。这不仅很难解决原来的问题，甚至很可能会引入新的、更大的问题。除非你极为幸运——这个概率只有数百万分之一，甚至数十亿分之一，你才可能恰好删除掉错误的代码，而不损坏软件的关键功能。事实上，金女士的基因组里发生的事情正是如此——区别在于，这个鲁莽的程序员是大自然。

虽然金女士的例子听起来像是天方夜谭，但令人兴奋的是，这不是孤例。虽然她是目前唯一被报道的因为自发染色体粉碎和重排而自愈的患者，但是科学文献中也不乏其他天然基因编辑的例子，患者们的遗传病通过偶然的、自发的基因组“编辑”而出现好转，甚至完全被治愈。比如，在20世纪90年代，两位纽约的患者被诊断患有“重症复合免疫缺陷”（severe combined immunodeficiency, SCID），他们也被称为“泡泡男孩”，因为他们必须生活在无菌的塑料保护膜中，以避免接触致病菌。如果得不到彻底隔离或者积极治疗，重症复合免疫缺陷患者往往在

2岁之前死去。但是，纽约的这两位重症复合免疫缺陷患者却是幸运儿：他们健康地挺过了青少年阶段，长到了成年。科学家找到了原因，他们的细胞都自动纠正了致病的突变基因*ADA*，而且修复过程中没有扰乱染色体上的其他基因。

类似的天然基因编辑也治愈过其他遗传病，比如维奥二氏
综合征（Wiskott-Aldrich syndrome），患者中10%～20%的人会
因为自发的基因更正而活下来；再比如一种肝部疾病——酪氨 7
酸血症。在某些皮肤病中，肉眼都可以分辨出那些发生过基因编辑的细胞，比如五彩鱼鳞病。这个名字栩栩如生地描述了症状：患者的皮肤上出现红色的鱼鳞状斑点。患病处内部的细胞携带着遗传突变，而周围健康的细胞修复了这些突变。

不过，总体而言，遗传病自愈的概率微乎其微。大多数患者永远不会经历这种染色体在正确的组织、正确的细胞里，以正确的方式进行重排的奇迹。天然的基因编辑往往没有规律——极少数幸运儿成了有趣的医学案例，但也仅此而已。

但是，如果基因编辑不是自发事件呢？如果医生可以修复导致WHIM综合征、重症复合免疫缺陷、酪氨酸血症及其他遗传病的基因，那又会怎样？

在包括我在内的许多科学家看来，类似金女士这样的案例之所以令人振奋，不仅仅因为它揭示了天然基因编辑的修复潜力，而且因为它为未来的医学干预指明了一条可能的道路：我

们可以主动、合理地更正基因组中的突变基因，从而治疗遗传病。这些幸运儿的故事证明了基因编辑是可行的，前提是科学家知道它们背后的遗传学机制，并拥有必要的生物技术工具。

几十年来，早在我进入这个领域之前，生命科学领域的研究人员就在兢兢业业地探索这些遗传学机制，并开发这些工具。事实上，早在科学家知道大自然提供了这些手段之前，他们就梦想着有朝一日可以通过基因编辑进行临床治疗了。不过，为了实现这种技术，研究人员需要理解基因组：它由什么构成，以
8 何种方式构成，以及更重要的是，它可能被修饰或者改造成什么样子。有了这些知识，科学家才能够尝试帮助更多无力自愈的遗传病患者。

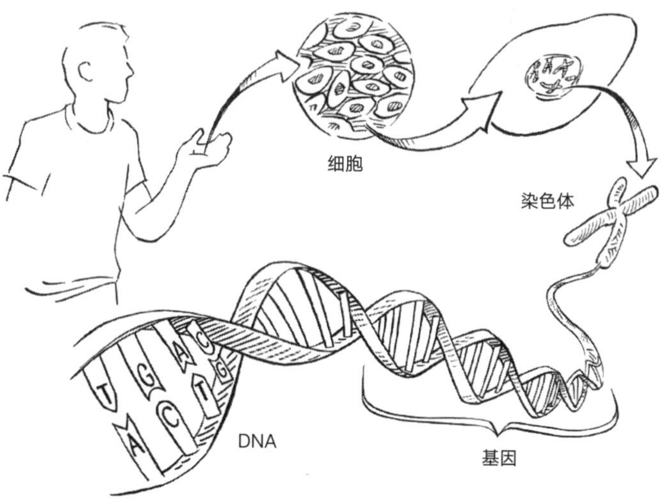

图1: DNA —— 生命的语言

基因组（genome），指的是一个细胞内的全套遗传指令——这个术语是由德国植物学家汉斯·温克勒（Hans Winkler）在1920年提出来的，他很可能是用基因（gene）和染色体（chromosome）两个词组合而成的。在生物体内，除了个别突变，绝大多数细胞的基因组都是一致的，基因组告诉生物体如何生长、如何维护自身、如何把基因传给后代。鱼的基因组指导它长出鳃和鳍，并让它在水下呼吸、运动；树的基因组则指导它长出叶片和叶绿体，从阳光中捕获能量。我们内在或外在的身体特征——视力、身高、肤色、对疾病的易感性等——都是由基因组编码的信息决定的。

组成基因组的分子叫作脱氧核糖核酸，即DNA，它由四种 9
核苷酸组成。这四种核苷酸往往也被简写为A、G、C、T，这代表了它们的碱基，分别是腺嘌呤、鸟嘌呤、胞嘧啶、胸腺嘧啶。这些分子连接成串，两串这样的分子通过碱基配对形成双螺旋结构。

双螺旋有点像一个螺旋上升的长梯子。两条DNA的单链围绕着中心轴彼此缠绕，磷酸与核糖组成了螺旋的骨架，它们一起形成了梯子的两条侧轨。四种碱基位于螺旋内部，彼此相向，在内部配对，它们组成了梯子的横梁。这个结构的一个优美之处在于，把两条单链维系在一起组成横梁的是化学作用力，它有点像是分子胶水：碱基A永远与另一条链上的碱基T配对，而G永远与C配对。这种组合叫作碱基互补配对。

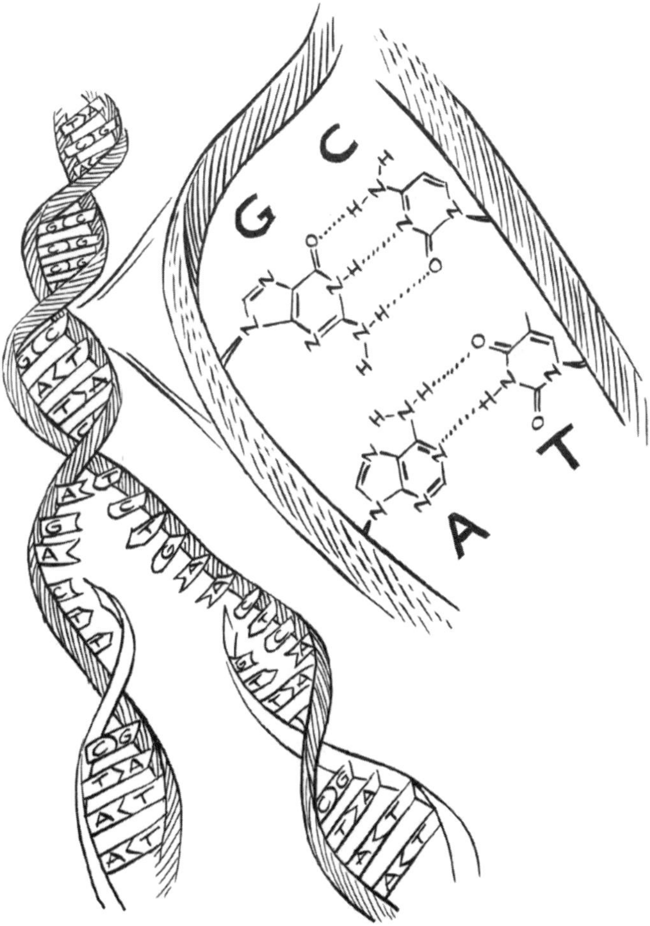

图2：DNA的双螺旋结构

双螺旋结构美妙地揭示了遗传学的分子基础，它解释了为什么看似简单的DNA分子可以携带遗传信息，通过细胞分裂从亲本传递到子代，以及遗传信息如何进一步传播到生物体的每一个细胞里。由于DNA分子由双链组成，而且双链的碱基遵守配对原则（A与T，G与C），每一条链都可以作为模板指导合成出互补链。在细胞复制之前，DNA双链在一种解旋酶的作用下从中间打开，然后，其他的酶会以两条单链为模板合成出两条新的双链，跟原来的双链一模一样。

在我认识DNA双螺旋的过程中，我也逐渐意识到，虽然最
强大的光学显微镜也无法观察到它们，但科学家仍有办法洞察 10
其分子结构。大约在12岁时，有一天我放学回家，发现床上躺着
一本旧书，是吉姆·沃森的《双螺旋》（我父亲偶尔会从旧书店
里淘一些书回来，看看是否会激发我的兴趣）。我以为这是本侦
探小说（它的确是的！），所以过了几周，等到一个下雨的周六
我才开始阅读。书里，沃森讲述了他与弗朗西斯·克里克这段
无比精彩的学术合作：利用罗莎琳德·富兰克林收集到的关键
数据，他们终于发现了这个简单优美的分子结构。我第一次感
到命运会把我送到相似的路上，多年之后，在我终于开始自己
的学术生涯的时候，我的第一个课题就是解析RNA（核糖核酸） 11
分子的三维结构——比起DNA、RNA的三维结构要更加复杂。

在沃森和克里克发现双螺旋结构之后的几年，科学家逐渐阐明了这种分子结构和它相对简单的化学组成如何编码了信息，并以此来解释生物世界里丰富多彩的现象。人们发现，DNA更像是一种秘密语言，每一段特定的碱基序列都为细胞里的一个特殊的蛋白质提供了指令，然后蛋白质去执行体内的各种重要的功能，比如分解食物、识别并破坏病原体、感光等。

要把DNA的指令转化成蛋白质的组成信息，细胞需要一个关键的中间体分子，叫作核糖核酸，即信使RNA，它是由DNA模板通过一个叫作转录的过程而合成出来的。RNA里有三个字母跟DNA的相同（A、G、C），但是在RNA里，T（胸腺嘧啶）被U（尿嘧啶）替换了。此外，组成RNA骨架的是核糖，它比DNA中的脱氧核糖多了一个氧原子（因此DNA的全称为脱氧核糖核酸，RNA的全称为核糖核酸）。信使RNA把信息从细胞核（DNA储藏在这里）运输到细胞质（蛋白质在此合成）。细胞通过一个叫作翻译的过程，利用信使RNA长链——上面包含了基因的序列——来合成出蛋白质分子。每三个RNA字母连起来阅读的时候，就意味着一个氨基酸，蛋白质就是这样由一个个的氨基酸组成的。基因与蛋白质的区别在于，前者是核苷酸的序列，而后者是氨基酸的序列。遗传信息的整体流动——从DNA到RNA到蛋白质——被称为分子生物学的中心法则。

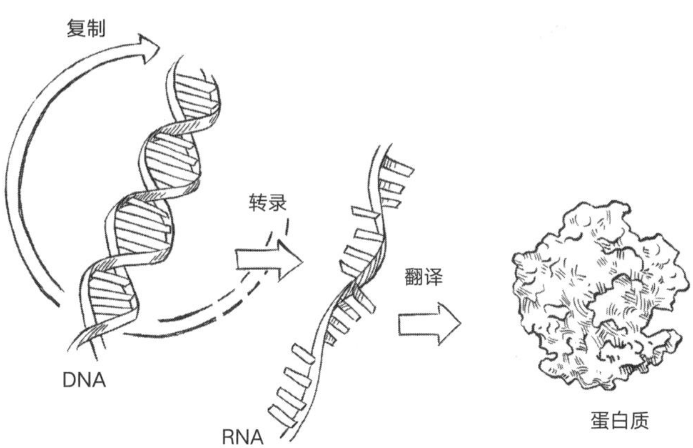

图3：分子生物学的中心法则

基因组的大小和它包含的基因数目，在不同种类的生命体中差别巨大。比如，大多数病毒只有数千个DNA（或者RNA）碱 12
基序列，即只有几个基因。相比之下，细菌的基因组里包含上百万个碱基，大约4000个基因。果蝇的基因组里有大约几亿个碱基，包含了大约1.4万个基因。人类的基因组里包含了约32亿对碱基，有约2.1万对蛋白质编码的基因。有趣的是，基因组的大小与生物体的复杂程度并不成正比，人类的基因组与小鼠或者青蛙的大致接近，但只有蝾螈的十分之一，尚不及某些植物的百分之一。

不同物种包裹基因组的方式也截然不同。大多数细菌的基因组都是一段单一连续的DNA片段；而人类的基因组却由23个不同的片段组成，这些片断叫作染色体，长度从5000万到2.5亿个碱基对不等。类似于大多数哺乳动物，人类细胞里的染色体通常包含两个拷贝，一个来自父亲，一个来自母亲。双亲各 13
自贡献了23条染色体，所以后代含有46条染色体（当然也有例外，比如患有唐氏综合征的个体具有第三条21号染色体）。在人体内，绝大多数细胞都有一套完整的染色体（血红细胞是个显著的例外，因为它们没有细胞核），但是在细胞核之外也有一些DNA。人体的基因组里也包括了一个独立的微小染色体，只有1.6万个碱基对，它位于线粒体内。跟其他染色体上的遗传信息不同，线粒体的DNA完全来自于母亲。[2]

2 据2018年11月发表的一篇研究报道，线粒体DNA也可能来自父亲。来源：http://www.pnas.org/content/early/2018/11/21/1810946115。——译者注

在基因组内，任何地方（包括23对染色体和线粒体的微小染色体）的突变都可能会引起遗传病。最简单的突变是替换，即一个核苷酸换成了另外一个核苷酸，这可能会扰乱基因，导致蛋白质缺陷。比如，在镰状细胞病中，乙型球蛋白基因里的第17个字母由A变成了T，这就导致了本来的谷氨酸变成了缬氨酸，而且这个氨基酸刚好位于血红蛋白结构的关键区域，对于运输氧气的功能来说非常重要。于是，蛋白质的这个微小突变（在8000多个原子里有10个发生了变化），就带来了非常严重的后果。突变的血红蛋白分子粘在一起，形成异常纤维，这就会改变红细胞的形状，引起贫血，增加了中风、感染和严重骨痛的风险。

镰状细胞病是隐性遗传病的一个例子。所谓隐性遗传病，
14 是指只有当个体携带着两份突变的*HBB*基因的时候，他/她才会表现出症状；如果一个拷贝出现突变，另一个正常拷贝仍可以合成出足够多的正常的血红蛋白，突变基因的影响就不会显现出来。当然，这些个体仍然携带着一份突变的*HBB*基因，他们一样可能把突变基因传给后代。

另外一些遗传病表现为显性遗传，这意味着一个拷贝的突变基因就足以致病。一个例子是WHIM综合征，患者体内的*CXCR*4基因里第1000个碱基从C突变成了T，突变基因合成出超级活跃的蛋白质，正常基因的功能就被掩盖了。

镰状细胞病和WHIM综合征都是单个碱基替换突变引起的遗传病，但是遗传病也可能源于DNA插入或者缺失。比如，有

一种叫作亨廷顿病的神经退行性疾病，就是因为*HTT*基因里同样的3个碱基重复了太多次，引起了脑细胞合成出异常的蛋白质。与此相反，囊性纤维化疾病是一种感染肺部的致命性遗传病，它最常见的起因是DNA缺失。*CFTR*基因中缺失了3个碱基，导致蛋白质中失去了一个重要的氨基酸，无法正常行使功能。还有一些遗传病的起因是基因发生了反转，某一段基因甚至整个染色体出现复制错误或者完全丢失。

幸亏最近有了DNA测序技术，科学家才能阅读并记录人类的基因组，继而查明许多疾病的病灶基因。自从20世纪70年代第一代测序方法出现以来，科学家前赴后继地阐明了许多遗传病的分子机制。伴随着人类基因组计划的完成，该领域也经历了跨越式的发展。自1990年以来，世界各地的科学家联合起来，开始对人类的全基因组进行测序。这项浩大的工程，加上新的 15
技术进步，使得科研人员可以在酵母里克隆大片段的人类DNA。与此同时，实验室自动化水平升级与计算机算法的进步，使得人们可以解析测序数据。2001年，在投入了巨大的精力，花费了超过30亿美元之后，科学家终于完成了人类基因组的草图。

自从人类基因组计划完成以来，基因测序变得越来越容易，也越来越便宜。科学家已经精确鉴定出了4000多个会导致遗传病的突变位点。基因测序可以揭示我们是否更容易患上某些癌症，也可以帮助医生根据病人的家族遗传史进行针对性的治疗。此外，现在商业DNA测序分析也日益普遍，数以百万计的人进行了全基因组测序，你需要做的只是邮寄一份你的唾液样品，再花上几百美元就成了。于是，数据井喷了。这些数据帮助研究人员在上千个基因多样性与某些身体和行为特征之间找到了显著的关联。

不过，虽然全基因组测序代表了遗传病研究领域的巨大进步，但它只是一种诊断工具，并不是治疗手段。它可以帮助我们找出遗传病的根源何在，但我们依然没办法改写DNA。毕竟，阅读跟写作是两回事。要实现改写DNA的目的，科学家需要一套全新的工具。

一直以来，研究人员就梦想着，我们只要阐明了遗传病的基因机制，就能改写它。事实上，早在遗传病的根源被揭示之前，就有人开始探索治疗遗传病的新方法——不仅仅是让患者服用药物来暂时缓解突变基因的负面影响，而是修复基因本身，以
16 彻底扭转疾病的进程。举一个常见的例子：镰状细胞病的治疗方法包括经常性输血、使用羟基脲、进行骨髓移植，如果我们可以从DNA突变的源头进行治疗，岂非治本之策？

研究人员早就知道，治疗遗传病的最好方法是修复缺陷基因，主动完成大自然在金女士等人身上完成的事情。不过，对于这些科学家来说，通过改写突变的遗传密码来治疗遗传病似乎是无法完成的任务。修复一个缺陷基因无异于大海捞针，而且在取出针的过程中不能打乱任何一根海藻。但是他们也推测，另一个办法是在缺陷细胞里添加一个完整的替代基因。问题在于，如何才能把这个珍贵的基因片段投递进基因组？

病毒有时会把自身的遗传信息拼接到细菌基因组里——受此启发，早期尝试基因治疗的研究人员使用病毒作为载体，把治疗基因运送到人体里。据报道，20世纪60年代，一位美国医生斯坦菲尔德·罗杰斯（Stanfield Rogers）首次进行了尝试。他当时在研究兔子里的致疣性病毒：肖普氏乳头瘤病毒（Shope papillomavirus）。令他特别感兴趣的是，该病毒会引起兔子过量分泌精氨酸酶，后者可以中和精氨酸。与正常兔子相比，患病的兔子身上精氨酸酶的含量更高，精氨酸水平更低。此外，罗杰斯发现，那些接触过该病毒的研究人员血液中的精氨酸水平也更低。显然，这些人从兔子身上感染了该病毒，而这些感染使得研究人员的身体发生了持久变化。

罗杰斯推测，可能是肖普氏乳头瘤病毒把某个可以提高精氨酸酶水平的基因从兔子传染到了人。他一边惊叹于病毒运送基因的能力如此之大，一边也开始考虑是否可以改造病毒来运
送其他基因。多年之后，罗杰斯回忆道：“显然，在寻找致病原 17
的时候，我们发现了一种药物！”

没过很久，罗杰斯就找到了一种疾病来检验他的理论。几年之后，研究人员在两位德国女孩身上发现了一种叫作高精氨酸血症（hyperargininemia）的遗传病，患者体内的精氨酸含量也出现了异常——但是她们的水平不是过低，而是过高。病人体内负责精氨酸转化的基因——这也正是罗杰斯推测的病毒传播的基因——可能缺失或者突变了。

高精氨酸血症是一种很折磨人的疾病，患者会出现痉挛、癫痫，随着病情越来越重，智力发育也严重迟缓。但是，在德国的这两位小女孩身上，我们有机会进行早期干预，从而避免了状况恶化。罗杰斯和德国的合作伙伴向两位女孩的血液里注射了高剂量、纯化过的肖普氏乳头瘤病毒。

不幸的是，罗杰斯的基因治疗实验失败了，这让所有人都大为失望，不仅仅是他自己，患者和患者的家庭更是如此。这次注射对两个小女孩没起到什么作用，而罗杰斯也因为如此鲁莽、不成熟的举动而被同行批评。随后的研究人员证实，与罗杰斯的理论相反，肖普氏乳头瘤病毒的基因组里并没有精氨酸酶基因，所以它根本无法达成期望的治疗效果。

虽然罗杰斯再也没有尝试过基因治疗，但他使用病毒作为载体运送基因的策略，彻底改变了生物学研究。这个实验失败了，但是它的基本假设是成立的。目前，病毒载体仍然是向活体生物的基因组里插入基因的最有效方式。

病毒之所以适合做载体，是因为它具有下述几个特征。首
18 先，病毒演化出了极为有效的方式，可以渗透进一切类型的细胞。无论是哪个种类的生物——细菌、植物、动物等——都必须对抗寄生性病毒，因为后者的唯一目的就是劫持细胞，把它们的DNA插入宿主，并借助宿主细胞完成自身的复制。在亿万年的演化过程中，病毒几乎“摸清了”细胞防御系统的每一个弱点，它们向宿主中安插基因的策略近乎完美。作为工具，病毒载

体极为可靠，研究人员使用病毒载体向目的细胞中投递基因的成功率接近100%。对于这个领域的工作者来说，病毒载体是终极特洛伊木马。

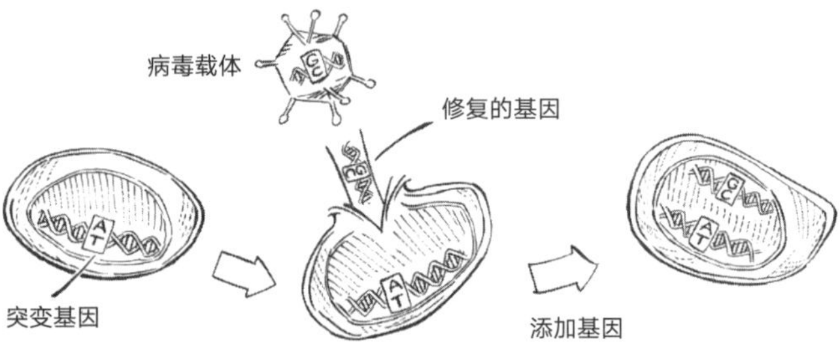

图4：使用病毒载体进行基因治疗

病毒不仅知道如何把自己的DNA导入宿主细胞，而且知道如何把它们融入宿主的基因组。二十世纪二三十年代，科学家开始利用细菌进行遗传学研究。当时，令科学家感到困惑的是，细菌的病毒（噬菌体）看起来好像是凭空出现，引起了感染。后续研究表明，这些病毒实际上把它们的基因组打碎成几个片段，插入基因组，并潜伏在那里，无声无息，直到条件合适才引起感染。逆转录病毒（许多病毒都属于这种类别，包括艾滋病病毒）在人体里也会做同样的事情，它们把自身的遗传信息打碎，安插进细胞的基因组里。由于这个特点，逆转录病毒很难被根除，19
结果，它们在我们的基因组里留下了不可磨灭的印记。人类基因组里有8%——超过2.5亿个DNA碱基——是古老的逆转录病毒感染人类祖先所留下的“遗迹”。

自从20世纪60年代人们首次尝试基因治疗以来，这个领域迅速腾飞，这也得益于一系列生物技术革命，包括重组DNA技术（重组DNA泛指一切实验室里制造的，而不是大自然里出现的遗传物质）。通过新的生物技术和新的生物化学方法，科学家在20世纪70年代开始开辟新的途径，剪切DNA片段，复制DNA片段，让其进入基因组，或者分离出特定的基因序列。他们开始把治疗性基因引入病毒，同时移除有害的基因，使病毒不会破坏受感染的细胞。实际上，科学家已经把这些病毒改造成了无害的“运载火箭”，把特定的遗传物质运输到指定位点。

到了20世纪80年代末，研究人员利用改造的逆转录病毒成功地在实验室小鼠里引入了重组DNA，于是，用于临床的基因治疗竞赛开始了。当时，我正在哈佛大学进行生物化学方面的博士研究，我还记得跟实验室的伙伴讨论一则新闻：国立卫生研究院的威廉·弗伦奇·安德森（William French Anderson）和同事第一个达成了目标。他们开发出了一种载体，搭载了一份健康的腺苷脱氨酶基因（adenosine deaminase, *ADA*），在重症复合免疫缺陷患者身上，正是该基因发生了突变而失去了功能。他们的目的，是使用基因治疗把健康的*ADA*基因永久性地嵌入患者的血细胞，弥补缺失的蛋白质，从而治愈疾病。不幸的是，早期临床试验结果不尽人意：改造后的病毒，安全性固然通
20 过了考验，但是治疗效果微乎其微。具体来说，两位患者接受治疗后，免疫细胞的数量有所上升，但是这很可能是同时进行的其他治疗措施的结果。更重要的是，患者体内似乎只有极少数细胞接受了健康的*ADA*基因，病毒进行基因拼接的效率并不像

科学家期望的那么高。

虽然30年前早期的试验没有得出明确结果，但是基因治疗领域还是取得了长足的进步。病毒载体的设计与投递方法都得到了改进，这使得*ADA*基因治疗的结果更加振奋人心，以至于FDA（美国食品药品监督管理局）很快就批准一套叫作*Strimvelis*的治疗方案上市。此外，截止到2016年，已经有2000多个基因治疗的临床试验已经完成或者即将开始，它们针对的疾病症状也大幅拓展，包括单基因遗传病，比如囊性纤维化、血友病、某些形式的失明，以及日渐增多的心血管与神经疾病。与此同时，癌症免疫治疗方兴未艾，其中用到的免疫细胞可装载专门针对肿瘤的基因，这再次说明，基因治疗在生物医药领域仍然大有可为。

不过，尽管有些宣传天花乱坠，但是基因治疗并没有成为灵丹妙药。事实上，有时它弊大于利。1999年，在接受了高剂量的病毒载体注射之后，一位患者因剧烈的免疫反应而死亡，这让该领域一度陷入停滞。那时，我刚开始在耶鲁大学执教，正在研究病毒的RNA分子如何劫持了宿主细胞的核糖体。虽然我的研究领域跟基因治疗相去甚远，但这种悲剧性的新闻也更坚定了我更深入地理解病毒与细胞的决心。

21世纪初，5位重症复合免疫缺陷患者接受基因治疗之后都
出现了白血病——这是一种骨髓癌症，它的起因在于逆转录病 21
毒激活了原癌基因，使得细胞不受控制地增殖。这次事件再次

表明，向患者体内注射大量外源物质并向基因组随机插入上千个碱基，风险多多。我当时就在想，这类临床研究的理论依据固然激动人心，但实际操作似乎太过冒险。

此外，还有许多类型的遗传病，其病因并不是基因缺失——对于这些疾病，单纯地引入新基因并不会奏效。以亨廷顿疾病为例，突变基因产生的异常蛋白完全遮蔽了健康基因。既然突变基因占据了主导地位，简单的基因治疗——通过病毒载体引入一份正常的基因拷贝——对亨廷顿或者其他类似的疾病就没有效果。

对于这些难治型的遗传病，医生们需要做的是修复缺陷基因，而不仅仅是替换掉它们。如果他们可以修复导致疾病的缺陷基因，也就可以治疗显性与隐性基因疾病，而不必担心基因拼接出错的后果。

我从开始职业生涯以来，就一直被这种可能性深深吸引。在20世纪90年代初，从哈佛博士毕业之后，我前往科罗拉多大学博尔德分校进行博士后研究。那个时候，我跟实验室的伙伴布鲁斯·萨伦格（Bruce Sullenger）经常就各种议题进行辩论——比如1992年的总统大选，我支持保罗·丛格思（Paul Tsongas），他支持比尔·克林顿，对基因治疗的策略，我们也有不同的看法。当时我们经常聊到一个想法，也许RNA分子可
22 以用来编辑并修复突变。事实上，这正是布鲁斯自己的研究课题。
不过，我们也讨论过其他可能性，比如编辑这些缺陷RNA的源

头——即基因组里的DNA。我们都认为，如果可能，这会是划时代的突破。问题在于，这是不是异想天开呢？

20世纪80年代，一些研究人员在继续优化基于病毒的基因治疗策略，与此同时，另一些人开始尝试使用实验室合成的重组DNA来转化哺乳动物细胞，这套办法显然更简单。一开始，这些方法主要用于基础研究，但随着技术的进步，科学家也开始探索它们临床应用的潜力。

比起更复杂的基因转移技术，这个方法有几个关键的优势。首先，它们更快，因为不必把基因包裹进病毒，科学家可以直接把重组DNA引入细胞，或者让细胞自动吸收DNA与磷酸钙的混合溶液。其次，它不必借助病毒把外源基因拼接到细胞的基因组，细胞本身就可以实现这一点，虽然效率略低。

这类技术的首选实验对象往往是小鼠。科学家不无惊讶地发现，这种新方法对小鼠非常有效。研究人员向小鼠的受精卵里注射了新的DNA，然后将其植入雌性小鼠体内，他们发现，这足以把外源DNA永久地引入基因组，并导致后代发生显著的变化。这些进展意味着，我们可以在实验室里分离、克隆基因，并探究其功能。虽然我当时还在研究RNA分子的结构和功能，但我对这样研究的巨大价值也有所耳闻。

问题在于，这些DNA到底是如何进入基因组的？在20世纪80年代初，犹他大学的一位教授，马里奥·卡佩奇（Mario

23 Capecchi）就开始试图解答这个问题。当时，他注意到一个很奇怪的现象：当一个基因的许多拷贝进入基因组的时候，它们嵌入的模式并不是随机的。事实上，这些拷贝并没有随机分散到基因组的各个角落，卡佩奇发现，这些基因总是聚集在一个或几个位置，许多拷贝彼此重叠，好像是被特意安排在一起的。

在此之前，卡佩奇曾观察到同源重组参与了这个过程——虽然人们对同源重组有一定的了解，但是没人想到在这个实验里会再次发现它。关于同源重组的最著名的例子，可能是精卵细胞的形成过程：来自父母的两套染色体，经过减数分裂，数量减半，等到精卵结合的时候数目又恢复正常。在减数分裂的过程中，细胞会从双亲的染色体中选择性地继承一定比例的片段；每一对染色体会进行同源交换，从而增加了遗传多样性。这个过程涉及数百万个碱基对，还要进行无比复杂的混合、配对、重组，但细胞却执行得有条不紊。事实上，这个过程在所有的生物种类中都会发生，比如，细菌会通过同源重组交换遗传信息，多年来生物学家就是利用同源重组在酵母中进行遗传学实验的。

但是卡佩奇发现，实验室里培养的哺乳动物细胞也能进行同源重组——这一点至关重要。他在1982年的论文末尾提到："如果我们能够通过同源重组来'靶向锁定'染色体上的特定基因，那会很有意思。"换言之，科学家可以通过同源重组把基因精确引入基因组内的特定位置——比起利用病毒进行随机插入，这是一个巨大的进步。更妙的是，科学家甚至可以在突变位点插入正常基因，修正缺陷。

在卡佩奇的研究发表3年之后，奥利弗·史密斯（Oliver Smithies）和同事做到了这一点。24 他们利用实验室合成的重组DNA，替换掉了人类膀胱癌细胞中原有的乙型球蛋白基因。没有使用任何花哨的技巧——他们只是把DNA跟磷酸钙混合，再洒到细胞上。显然，其中一些细胞吸收了外源DNA，把重组DNA与基因组DNA上对应的区域配对，通过一些分子水平的“杂技”实现了同源交换。

看起来，要修饰基因组，细胞自己就可以完成其中最困难的工作。这意味着，科学家可以通过更温和的手段运送基因，而不必使用病毒把DNA“硬塞”进基因组。科学家可以“诱使”细胞“认为”重组DNA只是一段与它自身基因组配对的额外的染色体，从而确保新DNA通过同源重组与本来的基因组融合在一起。

科学家把这种新的基因操作的方法叫作基因打靶，今天，我们叫它基因编辑。

这种技术在遗传学研究中的潜力非常吸引人，但是史密斯知道，同源重组也可以用于治疗。如果科学家对镰状细胞病患者的血液干细胞进行类似的基因打靶，就可以把突变的乙型球蛋白基因替换成正常基因。这意味着，他发现的实验方法，某一天可能会用于临床治疗。

其他实验室马上跟进，迅速优化该技术，这其中也包括卡佩

25 奇的实验室。1986年，当我博士二年级的时候，他的实验表明，同源重组的精确度非常之高，甚至可以修复基因组里的单个碱基突变，更正细胞中变异的酶。两年之后，他提出了一种适用范围更广的策略，可以靶向针对基因组中任何基因（只要我们知道它的序列）。他也提出，同源重组不仅可以用于修复基因，也可以进行基因敲除，以便研究其功能。

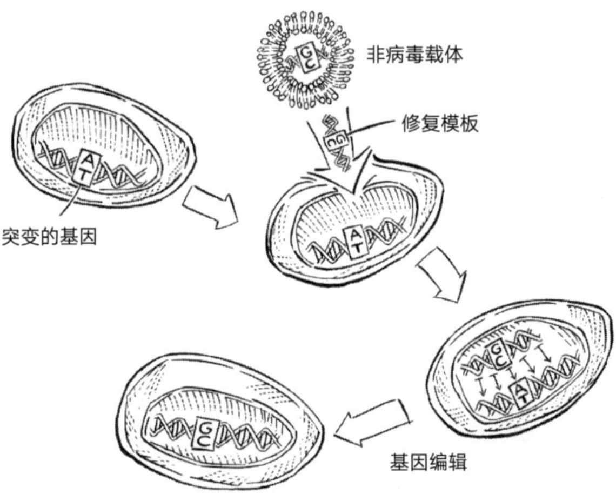

图5：通过同源重组进行基因编辑

20世纪80年代末，在我读完博士的时候，基因打靶已经广泛用于编辑组织培养的细胞和活体小鼠的DNA。马丁·埃文斯（Martin Evans）实验室的工作表明，在小鼠的胚胎干细胞中进行基因打靶，然后把编辑过的干细胞注射回小鼠胚胎，科学家可以获得“定制”小鼠。因为卡佩奇、史密斯以及埃文斯的突破性工作，他们荣膺2007年诺贝尔生理学或医学奖。

虽然基因编辑的临床应用潜力巨大，但在早期，它最吸引人的地方是其对基础研究的价值。对于研究哺乳动物遗传学的 26
科学家来说，要研究基因的功能，基因打靶是划时代的突破。但是，医学研究人员对于在人类身上使用这项技术却有些忐忑，这是因为，要把同源重组技术用于临床治疗，还有许多困难需要克服。

它最大的一个缺陷是所谓的非同源重组的问题，也叫“异常重组”（illegitimate recombination）。在这种情况下，新的DNA不是准确地进入配对序列，而是随机嵌入基因组。事实上，异常重组与同源重组的比例大约是100：1。显然，如果基因编辑的成功率只有1%，而错配率高达99%，临床应用是行不通的。科学家还在寻找更好的解决方案，来避免细胞培养中的问题，他们也没有放弃未来应用于医学的希望。卡佩奇在20世纪90年代初曾说：“要在人类中进行基因治疗，同源重组是必经之路。”但是，起码就目前而言，基因编辑还不够完善，无法用于人类。

20世纪80年代初，当许多科学家在思考如何把基因打靶用于人类细胞的时候，杰克·绍斯塔克（Jack Szostak）却在关注酵母细胞分裂的过程。他当时是哈佛大学医学院的教授，也是我博士研究课题的指导老师。绍斯塔克思考的是一个基础问题：基因打靶和同源重组何以可能？具体来说，他试图理解的是一条染色体上的DNA双链如何与另一条染色体上的双链结合，通过何种中间阶段交换信息，然后重新分开，在细胞分裂之后再次形成单个染色体。

27 1983年，当我还在美国西海岸的波莫纳（Pomona）学院读本科的时候，绍斯塔克认为他找到了答案。依据酵母遗传学实验的结果，他和博士生特里·奥尔韦弗（Terry OrrWeaver），以及两位教授——罗德尼·罗森斯坦（Rodney Rothstein）、弗兰克·斯塔尔（Frank Stahl）——发表了一个大胆的模型。其中的诱发因素——即促使同源重组开始的信号——是两条染色体分离导致的DNA双链断裂。在这个模型中，断裂的双链与DNA的自由端尤其容易发生融合，它两侧的序列更容易与配对的染色体交换遗传信息（在基因编辑的例子里，它们与研究人员提供的外源DNA进行配对，发生交换）。

等我1986年加入绍斯塔克实验室的时候，他的研究焦点已经转向RNA分子在生命早期演化中的作用了。但是在实验室里，我们一群人仍然在讨论双链断裂模型和它的优美之处，以及科学同人对它的怀疑。然而，随着时间推移，人们逐渐发现，这个模型跟许多实验数据吻合。双链断裂修复不仅参与了精卵细胞形成时的同源重组，也参与了DNA受损之后的修复过程。事实上，所有细胞的DNA都可能遭到破坏，比如接触到X射线或者致癌物的时候，但细胞能够高效地修复这些断裂，而不丢失遗传信息。根据绍斯塔克提出的模型，修复的过程取决于染色体通过同源重组进行匹配的能力，这可能是两条染色体所具备的演化优势：单一染色体受到的任何破坏，都可以通过第二条染色体来进行修复。

如果双链断裂模型是正确的，而且酵母研究得出的结论同
样适用于哺乳动物，那么我们就有机会提高基因编辑的效率：
我们可以在基因编辑的目标位点把基因组打断。如果你想使用 28
一个正常基因替换一个缺陷基因，你首先要做的是设法在缺陷
基因处“切断”染色体，引入局部的双链断裂，与此同时提供一
个正常的基因拷贝。细胞一旦发现双链断裂，就会试图寻找一
个配对的染色体修复断裂——这时，它有可能就会找到我们提
供的基因。本质上，我们“欺骗”了细胞，让它“认为”DNA受
到了破坏，同时，我们提供了第二份DNA，将它“伪装”成第二
份染色体，细胞就利用它来修复断点。

1994年，纽约斯隆-凯特琳癌症中心的玛利亚·贾辛（Maria Jasin）实验室在哺乳动物细胞里最早尝试了这个策略。当时，我已经结束了在科罗拉多的博士后研究，刚来到离这儿不远的耶鲁大学，热切地关注着这方面的进展。这项突破性工作令我倍感振奋，首先，这个实验是基于我的博士导师的双链断裂模型；其次，贾辛和我都是女性科学家，对核酸分子都有浓厚的兴趣。

贾辛的基因编辑实验别出心裁。她的策略是向小鼠细胞里引入一个可以把基因组切开的酶，从而制造出双链断裂；与此同时，她也引入了一段合成的DNA，作为修复模板，与切断的DNA序列匹配。然后，她检查了小鼠细胞是否修复了DNA断裂。通过对照实验（实验组添加切断DNA的酶，对照组则不添加），她就可以检验下述假说：人为引入的双链断裂提高了同源重组

的效率。

这里的挑战在于找到一个可用的酶，把基因组从一个特定的位点切开。为了解决这个问题，贾辛巧妙地从酵母里借用了一个分子机器：I型SceI核酸内切酶。

核酸酶是一类可以切开核酸的酶，有些会切开RNA，有些
29 会切开DNA。核酸内切酶会从核酸的内部切开双链，而核酸外切酶则从核酸的末端切除碱基。有些内切酶对细胞有毒，因为它们在DNA的任何位置都可以切割，跟碱基序列无关；另一些内切酶则高度特异，只在特定的序列切开双链；此外，还有一些内切酶的特异性介于二者之间。

贾辛选择的I型SceI内切酶是当时所知的特异性最高的内切酶之一，它需要准确识别18个连续的DNA碱基之后才进行剪切。选择一个高度特异的内切酶至关重要——如果贾辛选择的酶专一性没那么高，在基因组里到处剪切，这不仅会令结果难以解释，更可能伤害宿主细胞。不过，I型SceI的特异性如此之高，它的切割位点出现的频率只有1/(4^{18})，即，在680亿个碱基里才出现一次。说来好笑，小鼠的基因组里甚至没有这样的序列，所以在开始尝试基因编辑的实验之前，贾辛首先在基因组里引入了这样一个位点，以便I型SceI内切酶进行切割。

贾辛的实验结果非常惊人。通过同源重组，她在10%的细胞中准确修复了突变基因。回头看来，这个比例好像没什么了

不起，但是这比之前的实验成功率提高了近百倍。这是当时最富希望的证据，表明了科学家可以通过同源重组重新编写基因组，而不必担心逆转录病毒载体引起的非同源重组或者随机插入——我们只要在准确的位置引入双链断裂，细胞会完成余下的工作。

但一个关键的问题是：要用上这项技术，科学家必须得在特定的位点切开基因组。在贾辛的验证实验中，I型SceI内切酶识别的序列是事先人为引入的，但是，与疾病相关的基因序列却无从改变，我们不可能为了使用某些罕见的内切酶而特地修改基因序列，而且，一旦基因组被切开，它会非常有效地修复自 30
身——问题在于如何在正确的位置引入双链断裂。

从20世纪90年代中期开始，当我投身于研究RNA的分子结构以及生化特征的时候，研究人员争先恐后地开始设计新的类似I型SceI内切酶的系统，以精确地作用于特定DNA序列。只要能够解决这个问题，我们就可以充分释放基因编辑的潜力。

新一代的基因编辑系统包含了三项关键要素：一是它必须能够特异性地识别一段对我们而言有价值的DNA序列；二是它必须能够切开DNA序列；三是它必须易于重新编辑，以便针对不同的DNA序列进行剪切。前两项特征使它可以产生一个双链断裂，第三项特征则能扩大其适用范围。I型SceI内切酶在前两项特征上特别优秀，但是第三项特征却非常糟糕。要构建一个可以编辑的DNA剪切系统，生物工程人员有两个选择：要么重新改造I型SceI内切酶，使其可以切开新的DNA序列，要么寻找天然存在的新型核酸酶。

可惜，科学家改造I型SceI内切酶的努力失败了（考虑到蛋白质分子的复杂性，这并不意外）。很快人们就意识到，寻找新的核酸酶是更有潜力的方向。事实上，在贾辛使用I型SceI内切酶的时候，科学家已经从许多生物体中分离出了更多的核酸酶，而且鉴定出了它们针对的DNA序列。但是，这里有一个根本的问题：大多数核酸酶识别的碱基序列只有6个或8个——这太
31 短了，完全不适于基因编辑。这些序列在人类基因组里出现了上万次甚至数十万次，这意味着，这个酶会把整个基因组切成许多段，细胞恐怕还来不及修复DNA就死去了。

研究人员无法依赖之前发现的核酸酶，但是每次进行基因编辑之前都寻找类似I型SceI的内切酶也不现实。如果要在临床上针对致病基因进行基因编辑，医生不可能等待科学家再发现一个刚好可以针对患者身上突变基因的酶。科学家需要立即找到一个可以针对该基因的内切酶，或者有办法根据需求很快合成出来。

事实上，早在1996年，有人已经开始尝试用新的策略来解决这个问题。约翰·霍普金斯大学的教授斯里尼瓦桑·赫曼德拉斯格恩（Srinivasan Chandrasegaran）意识到，除了从头开始构建核酸酶或者在自然界寻找新型内切酶，还有第三种折中的办法：重新改造天然存在的内切酶，使得它们满足进行基因编

辑的前两项要求：识别特定的位点，并进行剪切。

具体来说，赫曼德拉斯格恩采取的策略是从两类天然存在的蛋白质中拼接出一个杂合体内切酶，这两类蛋白质一个擅长DNA识别，一个擅长DNA剪切。要实现DNA剪切，赫曼德拉斯格恩选择了一种叫作FokI的细菌核酸酶作为模块，它可以切开DNA，但没有序列偏好；要实现DNA识别，他借助了另一类广泛存在的天然蛋白质，叫作锌指核酸酶。所谓锌指，指的是它依赖于锌离子与DNA结合，像两根手指那样夹住DNA。由于这些锌指核酸酶由多个重复单元组合而成，每个单元识别特定的三个DNA序列，看起来，科学家有可能通过重新设计蛋白质使它识别其他DNA序列。

32

令人振奋的是，赫曼德拉斯格恩的杂合内切酶似乎可行。他的团队融合了FokI的剪切模块和锌指核酸酶中的DNA识别模块，并进一步表明，这个重新设计的核酸酶可以精确识别并切割目标DNA，虽然这两类蛋白质的来源完全不同。

很快，赫曼德拉斯格恩就与犹他大学的达娜·卡罗尔（Dana Carroll）教授合作，开始把这些新的锌指核酸酶（zinc finger nucleases，简称ZFNs）用于实验。他们的工作表明，锌指核酸酶可以在青蛙的受精卵（这是生物学家常用的模式生物之一）中工作，而且锌指核酸酶引起的DNA切割激发了同源重组。紧接着，卡罗尔改造了一个新的锌指核酸酶，针对的是果蝇体内与色素有关的基因*YELLOW*，他们的实验再次在成体中进行了精确的基因改造。对基因编辑而言，这是一个影响深远的进展。锌指核酸酶不仅可以用于动物实验，更重要的是，它们可以经过重新设计来剪切新基因。

更多的研究人员加入了进来，他们开始针对自己的研究方向设计锌指核酸酶，在新的模式生物中剪切新的基因。2003年，马修・波特斯（Matthew Porteus）和大卫・巴尔的摩（David Baltimore）首次在人类细胞中利用定制的锌指核酸酶进行了基因编辑；紧接着，费奥多尔・乌尔诺夫（Fyodor Urnov）和同事在人类细胞中更正了导致重症复合免疫缺陷的基因突变。从此，利用基因编辑技术来治疗遗传病变得触手可及。

与此同时，通过锌指核酸酶进行的基因编辑也被用于其他场合，比如精准改造农作物或者模式动物。到了21世纪初，这项
33 技术已经成功地应用于拟南芥、烟草、玉米，证实了DNA双链断裂可以在多种细胞类型中（不仅仅是哺乳动物）促进高效的同源重组。与此同时，一些论文也陆续报道了锌指核酸酶可以在斑马鱼、昆虫、小鼠中进行基因编辑。这些工作引人入胜，富有应用前景，在参加许多学术会议期间，我也为之吸引。

不过，虽然潜力巨大，但是锌指核酸酶的使用局限于少数几个实验室。使用锌指核酸酶，需要研究人员有丰富的蛋白编辑经验，或者有机会跟有这些经验的实验室合作，或者有足够的经费可以支付定制核酸酶的高昂费用。从理论上来说，设计锌指核酸酶不难——只要把不同锌指核酸酶的片段以特定的方

式组合起来，识别感兴趣的DNA序列即可。但是在实际操作中，它非常困难。很大比例的锌指核酸酶无法识别目标DNA；另外有一些专一性太低，到处切割，导致细胞死亡；还有一些锌指核酸酶模块可以识别DNA，但是无法完成剪切。

除了改造蛋白质的重重困难，锌指核酸酶的灵活性也有限，难于推广使用。毋庸置疑，锌指核酸酶的结果表明，如果要进行基因编辑，定制核酸酶是必由之路，但是这个领域仍然期待着一种更可靠、更便捷的技术。

2009年，第一代基因编辑技术出现了，它依靠的是从黄单胞杆菌里发现的一种新型蛋白质，叫作类转录活化因子（TALEs）。这些蛋白质与锌指核酸酶的构造非常类似：它们都是由多个重复片段组成，每个片段识别特定的DNA序列。区别在于：每个锌指核酸酶的手指识别三个DNA碱基，而每个类转 34
录活化因子的片段可以识别单个DNA碱基。这使得科学家很容易推断出哪个片段识别哪个DNA碱基，于是他们可以重新编辑，来识别更长的DNA序列。在锌指核酸酶中，这项工作听起来简单，实际上颇为困难，但在类转录活化因子中，它的确很简单。

研究人员转而探索这种新技术。类转录活化因子的编码序列一经破解，三个实验室就把类转录活化因子与锌指核酸酶的剪切模块融合，创造出了类转录活化因子核酸酶（简称TALENs）。类转录活化因子核酸酶在细胞内引发基因编辑的效果非常惊人，科学家对它做了某些设计上的改进，更方便了它们的构建和使用。

“但是，可怜的类转录活化因子核酸酶恐怕没有机会一展身手了。”卡罗尔在一篇关于基因编辑起源的综述文章中写到。因为就在人们发现类转录活化因子核酸酶并用于基因编辑不久，最新的（也许是终极的）基因编辑技术出现了。这项技术叫作CRISPR —— 正是在这里，我的故事跟基因编辑的故事衔接了起来。基因编辑技术经历了漫长的发展历史，但它马上要进入一个激动人心的新时代。

2. 细菌的新防御机制

2014年，对我个人而言是一个里程碑：这一年，我的实验 35
室建立20周年，自己也年满50岁。为了庆祝，我们实验室组织了活动，地点在我童年的家乡：夏威夷。我们一行30多人（包括本科生、博士生、博士后、实验室管理人员和一些家庭成员，包括我的儿子安德鲁）住在大岛西岸靠近科纳镇的3间旅店，离海滩只有15分钟路程，离我之前在西洛的住处开车不过1小时。白天，我们野餐，在夏威夷火山国家公园登山远足，在附近的海滩和集市上溜达，在岛屿周围的天然珊瑚礁畔潜泳。晚上，夜景醉人，哈雷茂茂火山口涌出的岩浆在夜空中映出一片红晕。还有几个晚上，我们在住处吃着披萨、喝着啤酒聊天，披头散发地即兴跳一段舞，或者引吭高歌一曲。

当然，像所有的科学聚会一样，我们也留出了时间做科学报告。在4天的时间里，我们举行了4场小型研讨会，实验室里每一个成员都做一个15分钟的报告，题目不限，可以畅谈实验室的历史，也可以细究RNA的结构。

第4天，轮到罗斯·威尔逊（Ross Wilson，他是我们实验室

36 的博士后，他张罗了这次活动的行程）做报告了——起码，一开始我们以为这是一场报告。但是，令我们意外的是，他准备了一段视频短片，这是他从一箱旧录影带里剪辑出来的——虽然我对此毫不知情，但这箱旧录影带似乎在实验室里流传很久了。

一段又一段的短片在屏幕上播放，大伙儿一边喝彩，一边调侃。有些短片是1999年我获得自然科学基金奖的时刻，也有2000年我拿着一个盖革计数器出现在《时尚》杂志，还有弗雷德里克·怀斯曼（Frederick Wiseman）在我实验室拍摄的纪录片花絮，当时我已经从耶鲁搬到了伯克利。

这段视频中还有两则1996年关于我的新闻报道，谈到了我在耶鲁实验室取得的重要发现。我记得有这样的电视新闻，但记不清细节了。现在，实验室里的人都聚精会神地看着短片，这让我感到既兴奋又紧张，因为当时我还是一位成天泡在实验台前的年轻人。

在罗斯的所有视频片段中，数这些呼声最高，它们看起来这么怀旧——他们的老板才30多岁，用老套的新闻腔调讲话，画面中是笨重、落伍的计算机，虽然在当时它们是时髦的。

我自己也开怀大笑，脑海中又浮现出在耶鲁工作时的画面。当年我在准备开辟一个新的研究领域，心里不免有许多憧憬与担忧——许多科学家都警告我，这个项目可能永远无法实现。看着新闻片段里年轻的我接受采访，当年那种强烈的兴奋感与深深的迷惘之情又浮上心头。说来奇怪，当时的回答里已经闪现了日后研究的苗头。

那次接受采访，是因为实验室刚刚解析了一个RNA分子的 37
三维结构——精确到每一个原子的精确位置。这个RNA分子属于一个更大的分子，它叫自剪切核酶。在20世纪80年代，我在科罗拉多大学的博士后导师汤姆·切克（Tom Ceck），因为发现了具有自我剪切功能的核酶，而荣膺1989年诺贝尔生理学或医学奖。他的发现是一个突破，这暗示着地球生命可能起源于RNA，因为在原始细胞中，它既能够携带遗传信息，又可以复制信息。当1994年我在耶鲁建立实验室的时候，我本来的目的是进一步理解核酶的工作原理。我希望阐明RNA，这种与DNA密切关联的分子，是如何能够同时携带遗传指令，又改变其结构与生物活性的。这项努力最终发现，RNA具有三维结构，这与DNA优美简单的双螺旋结构非常不同。

解析核酶结构的工作，是我和科罗拉多大学的博士生杰米·凯特（Jamie Cate）共同完成的，但是那段欢乐时光也伴随着个人生活的一个悲剧。那年秋天，父亲打电话到我在耶鲁的办公室，告诉了我一个不幸的消息：他确诊患上了晚期黑色素瘤。在他生命中的最后3个月，我从纽黑文3次飞往夏威夷，整日整夜地握着他的手，为他读亨利·大卫·梭罗的《瓦尔登湖》里他最爱的段落，陪他听莫扎特，跟他讨论不同止痛药的作用机制，以及死亡之后会发生什么。父亲对我的研究一直都有兴趣，他也关注着我实验室的最新进展。有一天，我给他看了用绿色的线条勾勒出来的核酶分子结构图。“看起来像绿色的意大利宽面！”他说。3周之后，他去世了。

父亲的死亡令我陷入了巨大的悲伤，我也渴望转移注意力。
38 回到纽黑文之后，我再次投身工作，希望有朝一日有人会因为我们的研究而受益。核酶的课题，像许多科学研究一样，受着两种动机的驱使：阐明未曾探索的自然现象，以及把这些知识付诸实用。在我起初研究核酶分子结构的时候，许多生物学家认为这种类型的分子也许可以用于治疗疾病。当时人们的想法是，基于核酶的治疗方法不同于基因治疗（通过添加健康基因来修复遗传突变）或者基因编辑（旨在修复破损的基因），因为它是通过修复破损的RNA分子来治疗疾病。

在接受采访的时候，我为核酶的突破性工作而倍感激动，同时向记者做出了推测：有朝一日，这些分子可以用作编辑DNA的工具。毕竟，已经有证据表明，有些核酶可以催化DNA的化学反应。在近20年前的视频采访里，年轻的我开门见山地说道：“一种可能是，我们也许可以用RNA来治疗或者治愈那些有遗传缺陷的人……我们希望这个发现可以为如何修饰核酶提供线索，进而用它来修补分子或者突变基因。”

当然，这方面的进展迟迟没有出现，起码目前还没有。虽然有不少基于核酶的治疗方案最终进入了临床试验，但是治疗遗传病的效果甚微。尽管如此，重新看到当年的采访，令我猛然意识到了它与我目前所做的研究密切相关。

在夏威夷的那个夜晚，我也注意到，之前的措辞恰恰也反映了日后工作的起伏波折。当我谈论核酶可能用于修复基因的时候，我根本不会想到近20年之后，基因编辑会定义我的职业生涯。

在接受这次新闻采访的15年后，我参与了另一项研究，它 39
在临床应用上的前景远远超过了我当时的想象。2001年，我在研究细菌的免疫系统——因为有证据表明，RNA分子在其中发挥了关键作用。但是，这个课题与核酶课题不同，后者是已经荣获诺贝尔奖的工作，当时已经吸引了许多注意，而我们刚开始的课题还鲜为人知。它起初是一个纯粹探索性的课题，后来经过一连串不可思议的机缘巧合，合作有了迅速进展。在夏威夷，坐在家人和同事中间，看着电视上年轻的自己，我恍然意识到，修复致病基因的想法竟贯穿了我的整个职业生涯。

我永远不会忘记第一次听说CRISPR这个术语的时刻。

那是2006年，我坐在自己位于伯克利校园斯坦利楼七楼的办公室里，电话响了，对方是吉莉安·班菲尔德（Jillian Banfield），本校地球及行星科学系与环境科学政策管理系的一位教授。

我对她的声誉有所耳闻，但是并不了解她的具体工作，她对我的了解也不多。她解释到，她是通过谷歌搜索发现我的实验室的。她是一位地质微生物学家，研究的领域是微生物与环境之间的相互作用，她想在伯克利寻找一位研究RNA干扰的同行。所谓RNA干扰，是动植物细胞用来抑制特定基因表达的分子系统，它也是生物体用来抵抗外界生物入侵的免疫反应。我们实验室对此有丰富的经验。

吉莉安跟我说，她的实验室研究的是什么叫作CRISPR的东西——她没有定义这个名词，甚至没有拼写，只是提到了它在她们实验室分析的许多数据中都出现了，于是她想借助遗传学
40 与生物化学的工具拓展这方面的研究，而我们实验室恰好可以提供这两方面的工具。有一点她特别提到了，她认为“CRISPR”和RNA干扰之间有些类似之处。她问我是否有兴趣当面聊聊。

我被吉莉安认真的劲头感染了，虽然我对她的请求半信半疑，毕竟对她的研究内容一无所知，但是，即使在电话里，我也能感受到她的兴奋，所以我答应了一周之后见面。

挂完电话，我在科学文献中做了一点快速检索，发现关于这个令吉莉安如此激动的主题只有少数几篇文章。相比之下，RNA干扰，虽然发现至今只有不到8年的时间，却已经有4000多篇文献［等到RNA干扰的发现人安德鲁·法厄（Andrew Fire）和克雷格·梅洛（Craig Mello）2006年10月份获得诺贝尔奖的时候，它受到的关注更是达到了顶峰］。吉莉安提到的CRISPR受到的关注相对较少，这让我一时难以评估——但这也更激起了我的兴趣。

我浏览了几篇背景文献，了解到这个叫作CRISPR的东西指的是细菌基因组中的一个区域，它的全称是“规律间隔成簇短回文重复序列”（clustered regularly interspaced short palindromic repeats）。我没有再往后阅读，一是被这个术语弄得一头雾水，二是我想等我们见面的时候，吉莉安会跟我解释。

通过谷歌检索，我才发现吉莉安是一位卓有成就的科学家，极为聪慧，而且在多个领域都有贡献。她发表的文章包括：《矿物生物痕迹与寻找火星上的生命》《利用强化的微生物矿化采集的地质物理图像》。她的研究样品来源极为广泛——包括日本大陆的地壳深处、澳大利亚的高盐湖泊、加州北部的矿业酸性渗滤液。这些不同寻常的课题跟我的研究截然不同——除了经常去附近的劳伦斯伯克利国家实验室使用产生X射线的粒子加速器，我实验室的工作基本上都在试管里进行。

部分由于她的研究如此精彩，部分由于我自己的科学兴趣，[41]我对见吉莉安更加期待了。4年前，我跟我的丈夫杰米·凯特，以及我们刚出生的孩子安德鲁，从耶鲁搬到了伯克利。虽然我自己的研究出现了几个新的方向，但我仍然希望拓展新的课题，同时跟新的同事建立合作关系。这可能正是我寻找的机会。

一周之后，吉莉安和我在言论自由运动咖啡馆（Free Speech Movement Cafe）见面了，它就在本科生图书馆的入口。这是一个多风的春天，等我到的时候，吉莉安已经在室外的中庭找了一个石凳坐下了，旁边放着一个笔记本和一叠论文。简单寒暄过后，她拿出笔记本，我们开始聊正事了。

她马上画出了CRISPR的示意图。首先，她画了一个大的椭圆，代表细菌的细胞。然后，在椭圆内她画了一个圆形，表示细菌的染色体。接下来她添加了一串钻石形状图形，钻石的中间交叉排列着正方形，表示不同的DNA。显然，这个区域就是CRISPR了。

吉莉安把钻石状图形涂成阴影，并提到它们是完全相同的30多个DNA碱基。然后她把正方形用数字表示，1、2、3、4…… 表示它们是不同的DNA。

现在，我总算明白"规律间隔成簇短回文重复序列"的意思了：钻石是"重复序列"，正方形是重复序列之间的"间隔成簇"，钻石与正方形有"规律"地在染色体内密集出现，而不是随机分布（当我仔细观察重复序列的时候，"回文"的意思也很明显：这个序列从左向右读跟从右向左读是一样的，好比回文句子，如"黄山落叶松叶落山黄"）。

细胞里含有重复的DNA序列——这本身并不稀奇，人体
42 基因组里一半以上的序列——超过10亿对碱基——都包含有各种类型的重复序列，有些甚至重复了上百万次。虽然细菌的基因组相对较小，其中包含的重复序列也更少，但也有重复序列，有些跟CRISPR的特征类似，比如重复性基因外部回文序列（repetitive extragenic palindromic，REP）、细菌分散镶嵌元件

（bacterial interspersed mosaic elements，BIME）。但是，我还从未听说过像CRISPR这样精确、整齐的DNA重复序列——每个重复序列完全一致，而且重复序列之间是长短接近、序列不同的间隔序列。

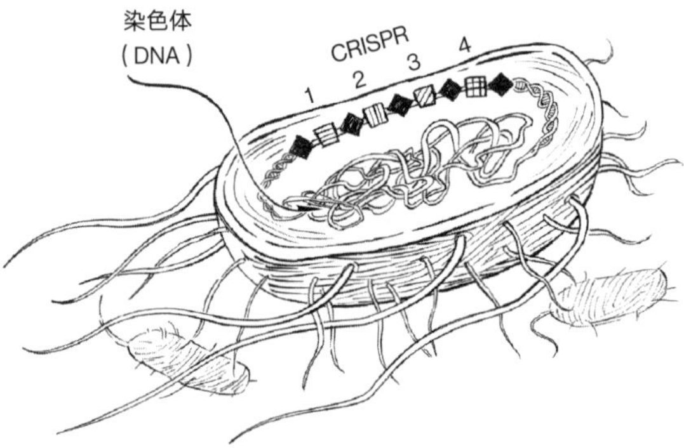

图6：细菌的CRISPR

“这些奇怪的细菌DNA序列有什么生物学功能呢？”我向吉莉安询问道。她遗憾地表示自己也不知道。不过，她们实验室已经发现了一条重要的线索：在天然的细菌种群中，几乎每个细胞的CRISPR阵列都略有不同，换言之，重复序列之间的DNA序列是独特的。这一点还真是前所未见，因为其余部分的DNA几乎完全一致。吉莉安意识到，CRISPR很可能是基因组里演化得 43
最快的区域，这意味着它的功能可能需要快速改变，以适应环境的变化。

几年前，西班牙的一位教授弗朗西斯科·莫哈卡（Francisco Mojica）对此做了开拓性的工作，他在许多完全不同的物种里（包括古生菌，它们也是单细胞的微生物，跟真细菌共同组成了原核生物）都发现了同样的重复序列。吉莉安说，在目前序列已知的基因组中，大约一半的细菌和几乎全部的古生菌里都有CRISPR。事实上，它们似乎是所有原核生物里分布最广泛的重复DNA序列家族。

所有这些信息都让我有微微触电的感觉。如果CRISPR在如此之多的不同物种里都出现，那么，它们很有可能执行着某种重要的功能。

我专注地听着，吉莉安从她的一摞文献里抽出来3篇这方面的科学论文，都是2005年发表的。3个研究实验室（其中一个是莫哈卡领衔的）独立发现，许多CRISPR的间隔序列——在重复序列之间夹杂着的DNA片段——与已知的噬菌体（即，入侵细菌的病毒）DNA完全吻合。更令人惊叹的是，在那些拥有CRISPR的细菌中，CRISPR序列中跟病毒DNA匹配的越多，这些细菌感染的病毒就越少；匹配的程度越高，受到感染的概率就越低。吉莉安实验室的环境宏基因组研究显示，许多自然环境中的病毒DNA序列跟CRISPR阵列中的间隔序列匹配。

这些线索强烈提示，CRISPR可能是细菌和古生菌中免疫系
44 统的一部分，保护细菌不被病毒入侵。

最后，仿佛之前的谈话还不足以吸引我，吉莉安又展示了一篇关于CRISPR的最新论文。这是国立卫生研究院的基

拉·马卡洛娃（Kira Makarova）和尤金·库宁（Eugene Koonin）团队发表的，题为《原核生物中一种可能基于RNA感染的免疫系统》——这个题目马上吸引了我。虽然这篇论文跟前3篇类似，都缺乏确凿的实验证据，但论文的作者做出了令人印象深刻的努力，综合了目前关于CRISPR的信息。结合之前的研究结果，他们对不同物种里CRISPR的分布进行了深入分析，最终提出了一个新颖的假说：RNA是单细胞生物免疫系统里的一个关键成分，而这套系统可能跟RNA干扰的功能类似。

吉莉安的这个诱饵的确吊足了我的胃口。我的职业生涯一直围绕着RNA分子展开；而且，对于RNA干扰在人体细胞中的过程，我也越来越感兴趣。现在，马卡洛娃和库宁提示，CRISPR是细菌中的RNA干扰机制。如果这是真的，我的实验室完全有条件来阐明它的生物学功能。这非常诱人，虽然其他科学家提出过关于CRISPR功能的种种假说，但还没有人进行过实验验证。现在，要阐明CRISPR工作机制，该生物化学家出场了。

吉莉安和我告别的时候，我感谢了她，并承诺会保持联系。我需要消化这些信息，权衡我们实验室拓展CRISPR研究的利弊。如果我确实准备接手，我必须雇用一个每天都可以管理这个项目的科学家，因为我自己可能忙于管理实验室而无暇亲自过问
该课题。 45

同时，我也需要补习关于细菌和噬菌体的知识。我之前曾发表过几篇关于丙肝病毒的论文，实验室里也有一个博士后在

研究流感病毒，我也知道RNA干扰通路跟动植物的抗病毒防御机制密切相关。但是，我从没有研究过噬菌体，甚至很少思考它们。如果打算跟吉莉安展开合作，我需要做出改变。

在20世纪初，英国的一位细菌学家——弗雷德里克·特罗特（Frederick Twort）——最早记录了噬菌体对细菌的影响。不过，讽刺的是，他一开始研究的病毒能够感染动植物，却不能感染细菌，而且，这些病毒在他之前就已经被人发现了。但是，当特罗特试图利用粪便和干草培养病毒的时候，他发现了一种很奇怪的细菌：微球菌属（*Micrococcus*）。这种细菌似乎病了，在富营养培养基上，它没有像其他细菌那样形成致密的菌落，而是变得像水一样透明。如果他从这些水样的菌落上挑一点出来，接种到健康的微球菌培养基里，健康的培养基也会变得透明，就好像被传染了一样。特罗特发表了一篇论文，暗示感染源可能是一种病毒，但是，当时的人们还从未听说过病毒会感染细菌，而且他也无法排除其他引起细菌转化的可能性。他无法确切地得出结论，即，是哪种物质引起了细菌感染。

1917年，在特罗特的论文发表2年之后，法国的加拿大裔医生菲利克斯·德黑尔（Félix d'Hérelle）重新发现了噬菌体。第一次世界大战期间，他受命在法国执行任务。当时，他受命调查一个骑兵中队里爆发的痢疾：为什么有些患者可以从疾病中恢复，
46 而有些则不行。他决定对病人的粪样进行缜密的分析。首先，他把患者带血的粪样通过一个极细微的滤膜进行过滤，移去了所有的固体——包括所有的细菌。然后，他把渗滤液涂在了长满

志贺菌（它们会引起痢疾）的培养基上。第二天，他惊奇地发现，其中一个志贺菌菌落变得像水一样透明，“就像糖溶解在了水里”。更令人惊奇的是，当他赶到医院查看这个样品的捐献者的时候，他发现此人的状况大为好转。综合所有的信息，德黑尔得出结论，一个病原体——他称之为噬菌体，即，“可以吃细菌的生命体”——小到足以透过比细菌还小的滤膜，摧毁了志贺菌。这种噬菌体感染细菌的方式跟其他病毒感染动植物的方式几乎完全一样。

德黑尔的论文发表之后，人们逐渐发现了更多的噬菌体，而且每一种噬菌体都针对一种特殊的细菌。随着已知的噬菌体越来越多，一个令人兴奋的领域也出现了：噬菌体治疗。顾名思义，就是利用噬菌体来治疗细菌感染。虽然有些科学家并不认同往人体里注射病毒的做法，但是，这些噬菌体似乎完全不影响人体细胞，在临床试验中也没有什么负面效应。1923年，德黑尔帮助苏联科学家在第比利斯（今天的格鲁吉亚首府）建立了一个研究所，专门研究噬菌体。在它的鼎盛时期，该研究所有1000多位雇员，每年生产成吨的噬菌体，供临床之用。今天，噬菌体疗法仍在使用——比如在格鲁吉亚，大约20%的细菌感染是通过噬菌体治疗的。但是自从20世纪30、40年代人们发现抗生素之后，噬菌体疗法马上被替代，尤其在西方国家。

尽管噬菌体在临床治疗上的应用有限，但对于遗传学研究，[47]它却是天赐厚礼。等到20世纪40、50年代，研究人员通过最新的高分辨率电子显微镜第一次看到噬菌体的时候，人们意识到，这些噬菌体与它们所入侵的细菌，支持了达尔文的自然选择理论。通过噬菌体实验，科学家证明了细胞的遗传物质是DNA，而不是蛋白质；通过噬菌体实验，科学家证实了遗传密码以三联体的形式存在；噬菌体实验还帮助阐明了细胞内的基因是如何开启和关闭的。约书亚·莱德博格（Joshua Lederberg）发现，病毒可以把外源基因引入受感染的细胞（这启发了后来的基因治疗），他用的是针对沙门菌的噬菌体。可以说，分子遗传学这门学科的基础是由噬菌体研究奠定的。

噬菌体研究同时促进了20世纪70年代的分子生物学革命。在研究细菌抵御病毒入侵的免疫系统时，科学家鉴定出了限制性内切酶，经过改造之后可以用来在试管里切开DNA片段。再加上从细菌中分离到的其他酶，科学家可以在实验室里进行聚合酶链式反应，人工扩增DNA分子。与此同时，噬菌体的基因组成为刚刚出现的DNA测序技术的绝佳靶标。1977年，桑格和他的同事成功测定了一株ΦX174噬菌体的全基因组。25年之后，这株噬菌体再次吸引了世人的目光：人类第一次从头合成了它的全基因组。

不过，噬菌体不仅是实验室里的明星，它们还是这个地球上数目最多的生物体——而且比第二名多了好几个数量级。它
48 们在自然环境中极为普遍，土壤、水体（包括温泉）、冰盖底层、人体肠道，几乎所有支持生命的地方，都有它们的踪影。科学家推测，地球上的噬菌体大概有10^{31}个之多。一毫升海水中噬菌体的数量与整个纽约城的人口相当。更令人惊叹的是，地球上的

噬菌体是如此之多，以至于细菌都不够它们感染的。事实上，病毒的数量是细菌数量的10倍左右。这意味着，地球上每秒钟有10^{18}次感染；在海洋里，约40%的细菌每天都因噬菌体感染而死去。

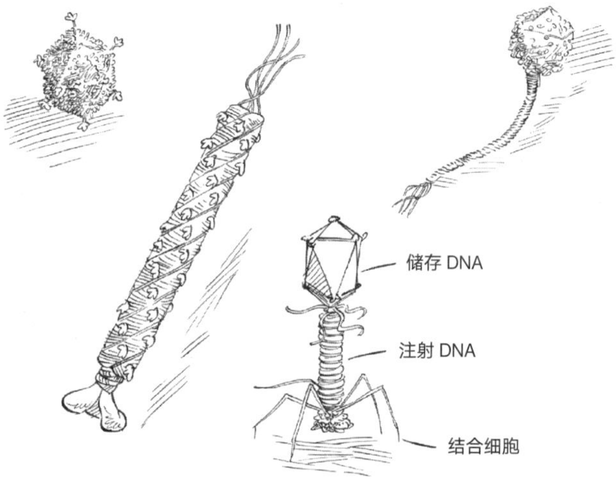

图7：不同类型的噬菌体，以及噬菌体不同部位的功能

病毒是天然的杀手，在数十亿年的演化过程中以惊人的效率不断地感染细菌。所有的噬菌体都由一个强韧的蛋白外壳（叫作衣壳）和内部的遗传物质组成。噬菌体的衣壳有许多不同的形状，它们都受到演化的筛选，可以为其基因组提供最好的保护，并把遗传物质有效运送到细菌细胞内，完成病毒的复制和传播。有些病毒的外壳是正20面体；另一些则是球形，还有长长的尾巴；还有一些呈圆柱形。样貌最恐怖的也许是那个形似外星宇宙飞船的病毒，它的头部储藏着DNA，触手可以铆定

在细胞外膜上，等噬菌体与细胞表面结合之后，再把DNA注射进细胞。

病毒的工作方式也是多种多样，但无论怎么变化，其效率都高到令人发指。有些病毒的基因组在衣壳内排列得如此致密，以至于一旦蛋白外壳打开，遗传物质会爆炸似的进入细胞，内部压力迅速释放，就像打开香槟酒一般。一旦病毒的基因进入细胞，它可以通过两种途径劫持宿主：在寄生通路（又称溶源途径）里，病毒的基因会嵌入宿主的基因组，“潜伏”许多代，等
50 待合适的机会爆发；在感染通路（又称裂解途径）里，病毒会马上动员宿主的资源，“劫持”细菌合成病毒蛋白，并迅速复制病毒的基因组，直到细菌由于渗透压失衡而破裂，释放出的病毒又感染其他细胞。入侵、劫持、复制、传播，如是循环，一个噬菌体在几小时内就可以瓦解整个菌群。

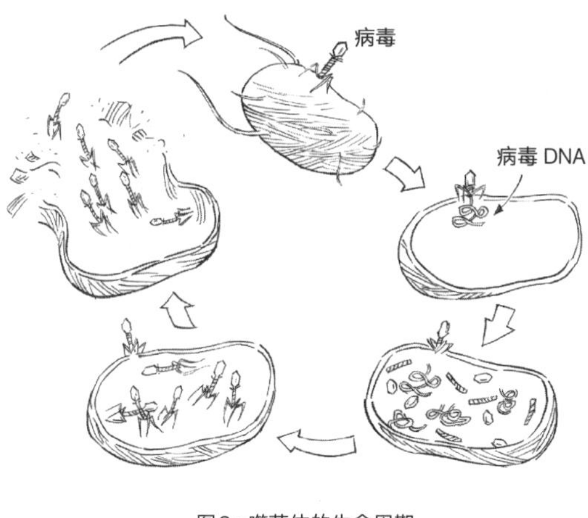

图8：噬菌体的生命周期

但是，在这场经久不息的鏖战之中，细菌并非毫无招架之力。在漫长的演化过程中，细菌也发展出了不容小觑的防御系统。在我和吉莉安会面的时候，科学家已经鉴定出了细菌抵抗病毒的4种防御体系。最著名的一个例子，是细菌会对其基因组进行细微的化学修饰，改变DNA的外观而不改变它的遗传信息；与此同时，细菌会释放出限制性内切酶，切断任何没有这种化学修饰的DNA，有效减少进入细胞的外源基因（包括噬菌体基因）。细菌也可以阻止噬菌体DNA进入细胞，比如堵上噬菌体在细胞膜上的穿孔，阻断DNA注射，或是修饰噬菌体在细胞外表面的“落脚点”，使其无法“着陆”。细菌甚至可以感知到正在发生的感染，在病毒复制之前自杀——这是一种“舍己为他”保护整个菌群的行为。

CRISPR是否是另一种针对病毒的防御机制？关于细菌与噬菌体之间的鏖战，我越读越兴奋，会不会还有其他未知的防御系统等待着被发现？

另外，在我阅读CRISPR论文的时候，我也逐渐想清楚了，如果我们接受吉莉安的挑战，下一步要怎么走。鲁得·詹森（Ruud Jansen）和他在荷兰的同事（正是他们在2002年提出了CRISPR的缩写名）通过生物信息学分析，鉴定出了一套基因，它几乎总是出现在CRISPR区域附近。它们不属于CRISPR内部的重复序列，也不是间隔序列，而是另一套完全不同的基因。 51

从我们目前掌握的零星信息看，这些与CRISPR相关的基因

（称为*cas*基因），潜力着实激动人心。通过与已知的基因对比，科学家发现，*cas*基因编码了一种特殊的酶，这种酶有可能解开DNA的双螺旋，或者打开DNA、RNA分子，这一点很像限制性内切酶。

鉴于限制性内切酶的发现大大促进了20世纪70年代的重组DNA技术，如果我们继续探索CRISPR的这些性质，我们也许会发现一类新的宝藏——它们有巨大的生物技术潜力。

没错，我被它彻底迷住了。

驱使一线科学家不断前进的是对未知世界的好奇，和面对困难不放弃的恒心——但是除了这些高尚的品质之外，我们也需要一点健康的实用主义态度。申请基金的时候有世俗的考虑，管理实验室也需要从实际出发。像我们这些管理实验室的人，往往都需要委派其他科学家来做许多我们自己受大量训练才能完成的工作。这意味着在进入一个全新研究领域的时候，要选择合适的人来挑大梁。

我自己非常幸运——我在伯克利的实验室有可观的经费支持，但是当吉莉安最初把CRISPR介绍给我们的时候，我们团队里并没有谁有适合的经历和训练来接手这个新课题，要知道，新课题往往无法预料，而且有一定的风险。但是无巧不成书，这时布莱克·韦德海福特（Blake Wiedenheft）正好来我的实验室应聘博士后科学家的位置。当我问这位年轻人他想做什么的时候，他反问了我一句：你听说过CRISPR吗？我当场就录用他了。几个月之后，布莱克就完全适应了伯克利的生活，他如痴如狂地工作，让CRISPR课题实现了飞跃。

布莱克是蒙大拿州人，热情、善谈，由于热爱户外运动而培 52
养出了爱拼争赢的精神。他在蒙大拿州立大学接受了本科和博士教育，然后来了伯克利。我之前招的人大多是生物化学家或者结构生物学家，而布莱克是一位地道的微生物学家。跟吉莉安一样，他一半的经历在实验室，另一半则在野外。在他的博士研究过程中，他涉足过黄石国家公园，也去过俄罗斯的堪察加。他发现，在温泉的酸性溶液中潜伏着新型病毒，它们在高达77摄氏度的环境下依然可以存活，并感染宿主。这些病毒感染的是古生菌，而古生菌的基因组里几乎都有CRISPR。在测序分析过他分离到的两株病毒之后，布莱克发现，它们的DNA序列几乎完全一致。这意味着，虽然两株病毒一个在美国黄石，一个在俄罗斯的堪察加，相距遥远，但它们有一个共同的祖先。病毒的基因组里也包含了病毒感染宿主的线索，通过分析特异的病毒基因，布莱克最终把目标缩小到了一种酶。他推测，这种酶可以帮助病毒把DNA嵌入宿主的基因组。

CRISPR课题需要的正是这种类型的侦探工作，只是目标要反过来。我们关注的不是病毒如何入侵宿主，而是细菌如何抵御病毒。我们尤其感兴趣的是那些与CRISPR相关的基因，或者更准确地说，是那些我们认为参与了抵御病毒的细菌基因。在当时，我们还不知道*cas*基因或者CRISPR的确切功能。

我们早期的猜想基本上是围绕着这个诱人的假说而展开的：CRISPR和*cas*基因是细菌抗病毒系统的一部分，而该系统使用RNA来发现病毒。但是，提出假设只是任何严肃的科学进程的第一步，我们接下来需要设计实验、搜集证据，来检验我们的理论。

53 在劳伦斯伯克利国家实验室（离我的办公室只有几步路的距离）里，还有几个科学家也对这个课题感兴趣。在我们所有人会面的时候，布莱克和我认真考虑了实验设计的问题。第一个关键问题是，我们该使用何种模式生物。一个选择是硫磺矿硫化叶菌（*Sulfolobus solfataricus*），这是从意大利那不勒斯附近的索尔法塔拉（Solfatara）火山温泉里分离到的一株古生菌。这株古生菌里含有CRISPR，而且它可以被布莱克从黄石和堪察加分离到的病毒感染。这对我们很有利，因为布莱克对这些病毒相当了解。另一个选择是大肠杆菌，这是实验室里的一株常用细菌，也是微生物领域研究得最透彻的模式菌株。大肠杆菌对许多噬菌体都易感，而且这些噬菌体也得到了充分鉴定，有些甚至可以从网上直接购买（大肠杆菌也是第一株被发现具有CRISPR序列的细菌）。此外，布莱克还提议研究绿脓杆菌（*Pseudomonas aeruginosa*），这是一种致病性细菌，而且对许多抗生素耐受，其中一株细菌具有CRISPR。我们也知道，我们可以通过遗传学工具对绿脓杆菌进行基因层面的操作，而且它会受许多噬菌体感染（布莱克后来花了一些时间寻找可以感染绿脓杆菌的新噬菌体，但不是在黄石这么独特的地区，而是在旧金山附近的污水处理厂）。

布莱克一开始就跟我讲得很清楚，在我们实验室的这段时间，他希望能集中学习生物化学和结构生物学，他同时也渴望开辟新的研究方向。在开始进行CRISPR的时候，他纯化了绿脓杆菌中的Cas蛋白质，并开始测试它们识别或破坏病毒DNA的能力，他从分布最广泛的Cas1蛋白质开始。2007年，布莱克刚开始在我们实验室展开研究的时候，吉莉安向我们提到了一篇即将发表的论文，这是由丹麦丹尼斯克公司（Danisco，一家世界知名的食品添加剂公司）的科学家完成的。他们通过遗传学手段表明，CRISPR的确是细菌的免疫系统，虽然某些功能的细节还不清楚。

丹尼斯克公司的研究对象是一株可以分解牛奶的细菌，叫 54
作嗜热链球菌（*Streptococcus thermophilus*），这是一种重要的益生菌，用于生产酸奶、莫扎瑞拉奶酪和许多奶制品。每年，人类摄入的嗜热链球菌数量共超过10兆亿个，该细菌每年创造的市场价值超过400亿美元。不过，乳制品行业投入巨资使用的细菌常年受到噬菌体感染，这也是引起产量下降和发酵不完全的最常见原因。一滴牛奶里含有10~1000个不等的病毒颗粒，这导致几乎无法彻底清除噬菌体。为了解决这个难题，像丹尼斯克这样的公司曾尝试过提高卫生标准，重新设计公司布局等其他策略——但效果并不理想。

为了找到更好的解决办法，丹尼斯克公司的菲利普·霍瓦特（Philippe Horvath）和罗多尔·巴兰高（Rodolphe Barrangou）带领一组研究人员，开始研究嗜热链球菌。他们考虑的是，哪些因素导致了某些嗜热链球菌株比其他菌株更能耐受噬菌体感染。乳制品行业已经在使用一些突变菌株，它们耐受噬菌体感染的能力要更强，但是他们推测，嗜热链球菌基因组里的CRISPR可能提供了某种形式的免疫力，或许比突变菌株的效果更好。

霍瓦特和巴兰高知道，嗜热链球菌的CRISPR序列里有一些非常吸引人的特征，值得进行研究。一个名叫亚历山大·博罗廷（Alexander Bolotin）的科学家，在分析细菌基因组序列时发现了这些特征，后来他集中研究CRISPR区域，最终分析了20多种不同的菌株。在这个过程中，他观察到，虽然CRISPR里的重复序列（吉莉安草图中涂黑的钻石形）总是相同，间隔序
55 列（吉莉安草图中以数字标识的正方形）却高度可变。此外，许多间隔序列跟噬菌体基因组里的某些片段完全重合（吉莉安和我初次见面的时候带来的3篇2005年的论文里，有一篇总结了博罗廷的发现）。博罗廷论文的最关键一点是：在嗜热链球菌里，菌株的间隔序列越多，就越能耐受噬菌体感染。虽然当时还不清楚这意味着什么，但这看起来像是细菌在修饰CRISPR序列，来“记录”噬菌体的基因组，强化自身的免疫系统（假如这是CRISPR的功能的话），从而更有效地抵御噬菌体入侵。

在博罗廷工作的基础上，霍瓦特和巴兰高设计了实验来检验这个假说。一株嗜热链球菌是否会从新的噬菌体里提取DNA，来扩充它的CRISPR区域，从而抵御后者的入侵呢？

在他们的实验里，丹尼斯克的研究人员选择了乳制品行业里常用的一株嗜热链球菌，并从酸奶里分离到了两株噬菌体。他们从最简单的经典遗传学实验中获取了灵感，把嗜热链球菌和两株噬菌体分别在两支试管里混合，静置24小时，然后再通过涂平板来看是否有细菌生长。他们发现，虽然噬菌体杀死了99.9%的细菌，但有9个突变株似乎能耐受噬菌体。

到目前为止，霍瓦特和巴兰高的实验并没有什么新颖之处，因为科学家早就使用类似的方法来分离耐受噬菌体的嗜热链球菌。但是他们更进了一步，尝试找到这种“免疫力”的基因机制。

霍瓦特和巴兰高的直觉告诉他们，突变株的基因组里发生 56
变化的位置可能就是CRISPR区域。这意味着，9个突变株与原
始菌株里的CRISPR有所不同。果然，他们提取了这些细菌的基
因组，分析之后发现，每个CRISPR区域果然都扩充了一点，重
复序列之间添加了一小段DNA。此外，这些新的间隔序列与新
的噬菌体DNA完全重合。更令人惊叹的是，由于这些变化以间
隔序列的形式嵌入了细菌的DNA，它们就是可遗传的。这意味
着，细菌的后代都可以抵御该噬菌体了。

于是，丹尼斯克公司的研究人员发现了细菌对抗病毒的新
方式——这是已知的第五种防御系统。除了之前的发现，我们
现在知道，细菌的CRISPR是一种非常有效的适应性免疫机制，
细菌的基因组通过它可以截取一点噬菌体DNA的片段，来防御 57
未来的病毒入侵。正如布莱克所说，CRISPR的功能就像是分子

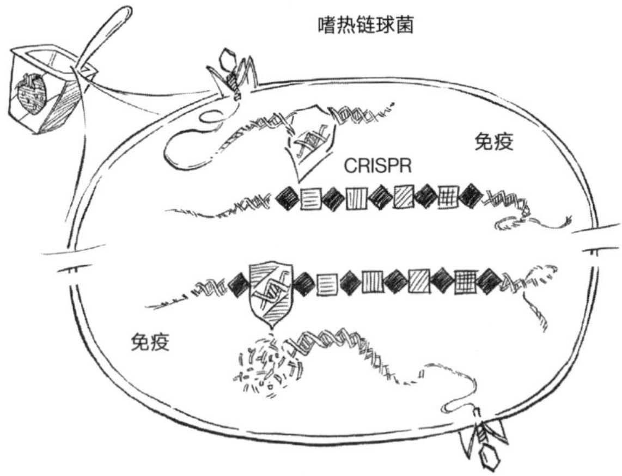

图9：CRISPR好比细菌的分子免疫卡

免疫卡，把曾经受到噬菌体感染的“记忆”存储在重复间隔序列里，如果同样的噬菌体再次入侵，细菌就会利用这种信息识别并摧毁它们。

霍瓦特和巴兰高的研究发表之后，这个本来不起眼的CRISPR领域开始引起了更多人的注意，这也促成了第一次CRISPR会议，由吉莉安・班菲尔德和罗多尔・巴兰高共同组织，在加州大学伯克利分校举行，时间是2008年。不过，正如科学探索常见的情形一样，研究人员解决了一个问题，然后发现还有下一个问题。既然CRISPR免疫反应需要细菌基因组的DNA与病毒基因组完美匹配——显然，这种免疫系统针对的是噬菌体的遗传物质——那么，这个过程是如何发生的？细胞的哪些成分参与了这个过程？

不久，答案就揭晓了。荷兰瓦赫宁根大学约翰·范·德·奥斯特（John van der Oost）实验室的博士后科学家斯坦·布朗斯（Stan Brouns）提供了确凿的证据表明，RNA分子参与了CRISPR的抗病毒反应。之前有人发现，在某些古生菌的细胞里，这些RNA的序列与CRISPR区域里的某些序列完全一致，而布莱克研究过的嗜热链球菌正是其中之一。人们猜测，RNA可能协助了细菌抗病毒反应中的识别和摧毁过程。现在，布朗斯通过大肠杆菌中的实验，确认了RNA在微生物里发挥的正是这种功能——这些证据支持RNA是CRISPR免疫系统中必不可少的一环。

布朗斯也通过实验表明了CRISPR的RNA分子是如何在细胞里出现的。首先，细菌细胞把整个CRISPR序列翻译成一条长RNA链，它是这段DNA序列的完整拷贝（RNA链与DNA链的序 58
列完全一致，唯一的区别是DNA中的T被替换成了RNA中的U）。一旦细胞合成出这些长RNA链，就有一个酶来把它切成更短的RNA链，它们长度一致，但间隔序列不同。这个过程把DNA中较长的重复序列变成了更短的RNA分子文库，每一个RNA分子都包含一段特定的噬菌体序列。

这个发现暗示，CRISPR转录出的RNA在细菌的免疫系统中发挥了关键作用——要理解这种作用，还得回到RNA本身的功能。因为RNA跟DNA的化学性质类似，可以通过碱基配对形成双螺旋——这跟DNA双链的双螺旋如出一辙。互补的RNA链可以彼此匹配，形成RNA与RNA的双螺旋，但是，单链的

RNA也可以跟互补的DNA单链配对，形成RNA与DNA的双螺旋。这种多功能，以及CRISPR转录出的RNA的不同序列，促使科学家提出了一个极为诱人的假说：也许，这些RNA分子可以在入侵的噬菌体中同时特异性地与对应的DNA和RNA结合，然后引发细胞的某种免疫反应。

如果RNA是通过这种方式靶向锁定噬菌体的遗传物质，那么CRISPR就的确和我们实验室研究的RNA干扰有类似之处——而一开始吉莉安把我吸引过来的研究CRISPR的论文里正是这么推测的！在RNA干扰中，动植物细胞可以形成RNA与RNA的双螺旋，从而摧毁入侵病毒。与此类似，CRISPR的RNA分子也可以通过类似的方式靶向锁定噬菌体的RNA。此外，还有一种可能性：CRISPR的RNA分子也能同时识别对应的DNA，这意味着，CRISPR可以从DNA和RNA两方面同时攻击病毒的基因组。

59 紧随着布朗斯的发现，芝加哥西北大学的两位研究人员——卢西亚诺·马拉菲尼（Luciano Marraffini）和他的导师埃里克·索海莫（Erik Sontheime）——证实了CRISPR的RNA分子的确可以引起DNA被摧毁。他们使用的是另一种叫作表皮葡萄球菌（*Staphylococcus epidermidis*）的微生物，这是人体皮肤表面的一种比较温和的细菌[它的一个近亲——金黄色葡萄球菌（*Staphylococcus aureus*）——则更加危险，会耐受多种药物]。卢西亚诺设计了一系列精巧的实验，证实了CRISPR的RNA分子可以靶向锁定入侵病毒的DNA。他同时表明，这种锁定可能依赖于碱基配对——这是CRISPR用来精确追踪猎物的唯一途径。

这些研究的节奏之快、力度之强，令人惊讶。在我开始接触CRISPR的短短几年之内，这个领域就从松散、有趣，但缺乏确凿证据的初始阶段，发展出了一套关于细菌适应性免疫系统工作机制理论。这个理论依赖于日益增多的实验数据，虽然许多里程碑式的工作在2010年以前发表了，但要彻底理解细菌的复杂防御机制，我们还有许多工作要做。

我们逐渐发觉，CRISPR的精细程度超出了任何人对单核生物体的想象。可以说，发现了细菌的这个免疫系统之后，人们意识到，细菌应对感染机制的复杂程度，与人类的免疫系统相比也不逊色。但是，细菌的免疫能力对人类来说意味着什么，当时还没有人知道。

3. 破译密码

多年以后，面对着实验室里的瓶瓶罐罐，我仍会想起自
60 己第一次踏进科研实验室的那个遥远的午后——那种声音和气味让人感到了无数隐藏的可能性，好像大自然神秘的面纱正徐徐被揭开。那是1982年，我在夏威夷，刚上大学。我的父亲是夏威夷大学英文系的一位教授，他安排我在生物系教授唐·赫姆斯（Don Hemmes）的实验室里过几周。跟另外两位学生一道，我要探索的是一株真菌——棕榈疫霉（*Phytophthora palmivora*）——如何感染了木瓜。这是夏威夷果农们面临的一大问题，但研究这株真菌却趣味横生。它在实验室里很容易培养，而且可以被阻断在不同的生长阶段，这方便了我们研究发育过程中的化学变化。那个夏天，我学会了如何把真菌样品固定进树脂，切出薄片，用电子显微镜成像。虽然我参与这个项目的时间不长，但我们的工作揭示了真菌的一个重要特征：钙离子在发育过程中发挥了关键作用，它向真菌细胞传递了信号，使后者对营养做出反应。这是我第一次感受到科学发现的狂喜，这种感受，我之前从书里多次读到——亲身经历过之后，我求知的渴望更强烈了。

赫姆斯的实验室规模不大，但那里的平和与专注深深吸引了我。随着时间流逝，我逐渐意识到，自己是一个更大的科学共同体的一部分，我们每一个人，都在自己的道路上探索着大自然的真相。每前进一小步，感觉好像又找到了一小块拼图，而这些都是一个更大的拼图游戏的一部分。我们每一个人的工作都 61
依赖于前人的工作，它们相互关联，拼出更大的图景。

CRISPR项目是这类科学工作的典型代表：少数研究人员编制出了经纬线，为日后该领域的发展、应用及影响树立了框架。在探索CRISPR的过程中，我们的小团队和许多人一道，都受到合作的推动，分享着彼此的兴奋与好奇——而它们，也是最初吸引我走上科学探索之路的动力。

在这个领域诞生之初，布莱克和我受到了来自丹尼斯克公司、西北大学和瓦赫宁根大学各路同人的激励，与此同时，我们也被关于CRISPR的许多尚未解答的基本问题深深吸引。当然，现在生物学家都知道，CRISPR是细菌和古生菌对抗噬菌体的适应性免疫机制，CRISPR的RNA与噬菌体DNA配对，摧毁了后者。但是，当时没人知道这一切到底是如何发生的。我们思考的问题是：这个系统里的各个分子是如何协调配合实现摧毁病毒DNA的，以及，在免疫反应的靶向锁定和摧毁阶段到底发生了什么。

随着问题日益明确，挑战也愈发明显。我们想知道，在噬菌体入侵细菌时，细菌如何从噬菌体的基因组里“偷来”其

DNA片段，并准确地嵌入现存的CRISPR序列里。我们需要理解，CRISPR的RNA分子如何在细胞内产生，并从长链RNA转化成更短的、只包含单一病毒配对RNA的片段。也许最重要的是，我们必须发现RNA片段是如何与噬菌体的DNA配对，进而摧毁DNA的。这也是这个新防御系统的精髓所在——不理解这个过程，我们就谈不上彻底理解了CRISPR。

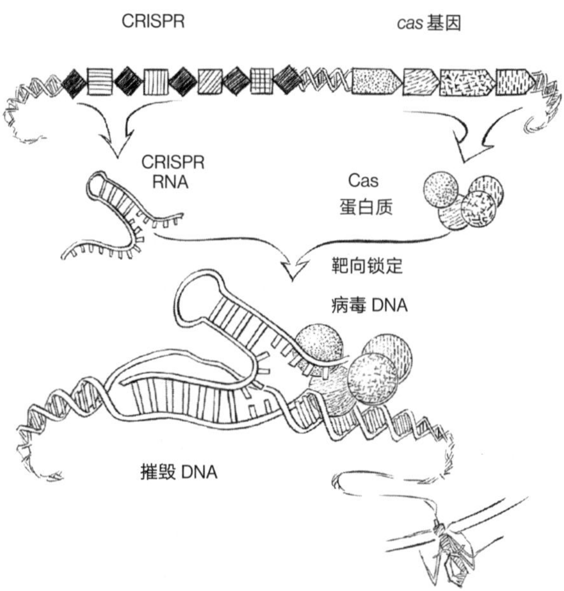

图10：CRISPR的RNA分子与Cas蛋白质靶向锁定病毒DNA

62 很明显，要解答这些问题，我们需要超越之前的遗传学研究，更多地采取生物化学方法——分离其中的分子，研究其行为。我们需要把注意力从CRISPR本身扩展到所有与CRISPR相关的基因（CRISPR-associated genes），即，*cas*基因。这一串基因在CRISPR区域之外，而且似乎对一种特殊的酶进行了编码。一般而言，细胞内的所有分子反应都是在酶的催化下进行的。如果能发现这些Cas蛋白质的功能，我们就离理解CRISPR的工作机制更近了一步。

科学家可以从基因的序列里推测它的许多功能。组成基因
的DNA序列包含了足够的信息，使细胞合成出蛋白质。我们知 63
道从DNA翻译成蛋白质的三联体密码，只要知道了DNA原始序列，我们就可以推测出蛋白质序列。然后，通过与其他功能已知的蛋白质序列进行比较，科学家就能对许多基因的功能做出可信的推测。

通过这种复杂的推测，生物信息学家已经知道了上百种*cas*基因编码的蛋白质组成。无论你对何种生物感兴趣，只要它的基因组里含有CRISPR序列，附近一定会有*cas*基因。就好像CRISPR与*cas*基因是共同演化而来的，彼此不可或缺。

我们推断，这些*cas*基因编码的蛋白质一定与CRISPR序列（可能是DNA，也可能是RNA，甚至是噬菌体的DNA）有密切的关联。有一点确定无疑：我们需要知道*cas*基因是如何工作的，从生物化学的层面理解Cas蛋白质的功能。只有这样，我们才算彻底理解了CRISPR免疫系统。

一开始，布莱克选取了两种细菌——大肠杆菌和绿脓杆菌，它们都含有独特的CRISPR系统。特别值得一提的是，大肠杆菌

是生物学家最好的朋友。无论她/他研究的基因来自微生物、植物、青蛙还是人，生物学家通常会把基因克隆进质粒，然后把带有目的基因的质粒转化进入一种特殊的大肠杆菌。通过基因工程的手段，生物学家可以诱导大肠杆菌大量复制这个质粒，并且把它大部分的资源都用来合成我们感兴趣的蛋白质。这样，
64 生物化学家就把大肠杆菌改造成了一个微型生物工厂，来大量合成特定的蛋白质。

很快，布莱克就从大肠杆菌和绿脓杆菌中克隆到了单个的*cas*基因，并构建出了表达质粒。随后，布莱克把这些质粒转化进入另一株用来合成蛋白质的大肠杆菌，然后培养了好几升的培养基，合成出了大量的Cas蛋白质。细菌过夜培养之后，布莱克离心收集了细菌，通过超声波进行了细胞破碎，这样，细菌体内的所有成分就释放出来了。

布莱克又进一步清除了细胞残渣——包括破碎的细胞膜、黏稠的DNA以及其他的细胞成分——这样，布莱克就收集到了上千种蛋白质。但他感兴趣的只是其中的Cas蛋白质，要怎么分离出它呢？在构建质粒的时候，我们给Cas蛋白质添加了一个特殊的化学标签，就像一个小尾巴，这样，我们就有办法抓住Cas蛋白质的尾巴，把它和其他蛋白质区分开了。通过一系列针对这种化学标签的纯化步骤，布莱克提取出了高纯度、高浓度的Cas蛋白质。

有了Cas蛋白质，布莱克终于可以设计各种实验来探索酶

的功能了。我们对CRISPR领域的第一个贡献是，我们发现了一个叫作Cas1的蛋白酶，它可以切割DNA，这会把新的噬菌体DNA插入CRISPR序列——这个过程发生在免疫系统的记忆形
成阶段。这样，我们朝着理解CRISPR如何从入侵的噬菌体里 65
“窃取”DNA，然后嵌入自身的基因组更进了一步，因为记忆形成阶段是后续靶向锁定和摧毁阶段的前奏。

与此同时，布莱克也找到了一个新的博士研究生——雷切尔·哈维茨（Rachel Haurwitz）——参与CRISPR项目。他们一起完成了第二个发现：蛋白酶Cas6。他们发现，Cas6和Cas1都可以切割DNA，但Cas6会特异性地、按部就班地沿着CRISPR的长RNA链滑行，把它切割成更短的片段，后者可以靶向锁定噬菌体的DNA。

随着我们和其他人发现的CRISPR拼图片段越来越多，全景慢慢地浮现出来。在这幅全景图里，我们已经可以看到最初的一些问题的答案。但是，似乎还有更多的Cas蛋白质的功能有待探索。我们发现，还有更多的Cas蛋白质可以切割DNA或RNA，它们在CRISPR免疫过程中发挥了类似Cas1和Cas6的功能。

到了2010年，我们实验室的CRISPR项目已大大拓展，增添了好几位新成员，包括本书的共同作者塞缪尔·斯滕伯格（Samuel Sternberg），实验室的研究氛围可以说是热火朝天。每过一两周，我们对CRISPR的理解都会更进一步，Cas蛋白酶有很多有趣、意外的特征——我们也意识到这些特征有实际用途。

比如，我们开始尝试把新发现的RNA酶开发成一种可以检测人类病毒（包括登革热病毒和黄热病毒）特异性RNA分子的诊断工具——我们从盖茨基金会那里获得了赞助，把这些想法变成了现实。很快，我们就与伯克利的生物工程实验室合作，用这些技术来检测微量血液或唾液中的病毒。

2011年，雷切尔·哈维茨和我创立了驯鹿生物科技公司
66 （Caribou Blosciences，以下简称“驯鹿公司”）来商业化开发Cas蛋白质。这个时候，我们的想法是，向科学家和临床医师提供简单的试剂盒，来检测体液中的病毒或细菌RNA。对于雷切尔和我来说，这是从学术世界延伸出的一个激动人心的新领域。翌年春天，她取得了博士学位，担任了新公司的主席和首席执行官；我担任科学顾问——这个角色让我在履行学术职责的同时可以继续对驯鹿公司做贡献。不过，后来让驯鹿公司更出名的，是另一个更强大的CRISPR技术。

这段时间，布莱克和我的兴趣从切割细菌DNA或RNA分子的Cas酶，转向了那些可以切割病毒DNA的蛋白酶——这些任务属于CRISPR“寻找并摧毁”过程中的摧毁阶段。一旦CRISPR的RNA分子识别出病毒DNA，与后者匹配，我们猜想，一种特殊的酶会攻击这种“杂交态”的遗传物质，把它切成片段，使其失活。支持这个假说的证据来自其他实验室，包括加拿大拉瓦尔大学的席尔万·莫伊诺（Sylvain Moineau）和立陶宛维尔纽斯大学的维尔日尼胡斯·塞克相尼斯（Virginijus Siksnys）。莫伊诺的研究表明，噬菌体DNA被CRISPR的RNA靶向锁定之

后，在RNA与DNA配对的区域内部被切开；而塞克相尼斯发现，细菌清除噬菌体依赖于特殊的*cas*基因。噬菌体的遗传物质到底是如何被摧毁的——这是整个CRISPR通路的核心问题。

布莱克的研究，加上我们与范·德·奥斯特实验室的合作，开始揭示出细菌摧毁病毒的过程是多么复杂。在我们研究过的大肠杆菌和绿脓杆菌中，细胞需要多个Cas蛋白质来靶向锁定病毒的DNA，继而摧毁它。此外，细菌攻击入侵病毒的过程可以分成两个阶段。首先，CRISPR转录出的RNA分子被装载到 67
一个更巨大的分子复合体上，它包含了10个或11个不同的Cas蛋白质，范·德·奥斯特清楚地表明了这一点。这个分子机器，范·德·奥斯特实验室把它命名为“瀑布复合体”（Cascade，CRISPR-associated complex for antiviral defense）——就像GPS（全球定位系统）导航，精确瞄准了要摧毁的病毒DNA序列。其次，在瀑布复合体定位并标记了匹配的DNA序列之后，一个叫作Cas3的蛋白质——另一个核酸酶，是这次攻击中真正的杀手锏——加入进来，切开目标DNA。

在我们进行这一系列实验（这些论文陆续在2011年和2012年发布）时，这个过程的机制变得愈发清晰。通过使用强大的电子显微镜，并跟伯克利的伊娃·诺加莱斯（Eva Nogales）教授和她的博士后加布·兰德（Gabe Lander）合作，我们首次获得了瀑布复合体的高分辨率图像。这些图像揭示了Cas蛋白质与CRISPR的RNA分子的螺旋结构，并显示了这个分子机器是如何紧密地缠绕上病毒DNA，就像蟒蛇缠上羚羊。我们欣喜地看到，这个三维结构具有美妙的几何构型，符合它的功能：靶向锁定DNA。我们也发现了碱基配对的重要性：它使CRISPR转录的RNA分子可以识别出病毒DNA中对应的序列。我们还发现，瀑布复合体有惊人的能力来锁定那些与CRISPR的RNA分子完美匹配（或者接近完美匹配）的病毒DNA。这种高度的专一性，使得瀑布复合体可以避免意外靶向锁定细菌自己的DNA——如果真有这种状况，就会引起严重的自发免疫病，细胞迅速死亡。

立陶宛的塞克相尼斯实验室进行的研究表明了Cas3是如
何摧毁被瀑布复合体锁定的病毒DNA的。与那些更简单的核酸
酶不同，Cas3在DNA上不止切割一次，而是切割上百次。一旦
68 瀑布复合体把Cas3招募到了CRISPR的RNA与病毒DNA配对
的位点，Cas3就开始沿着噬菌体的DNA以每秒300多个碱基的
速度滑行，所到之处，DNA被切碎，长长的噬菌体基因组变成一
堆残骸。打个比方，如果说更简单的核酸酶像是修枝剪，Cas3
就像是电动篱笆修剪器，它的速度和效率令人咋舌。

这段时间，许多研究人员取得了激动人心的发现，我的实验室也在继续收集生物化学和结构生物学方面的数据，CRISPR的内部工作机制渐渐明朗，一系列不同的分子执行着各自的功能。不过，与此同时，我们发现，CRISPR免疫系统并非只有一种。事实上，CRISPR免疫系统似乎有许多变异——这一点，包括尤金·库宁和基拉·马卡洛娃在内的科学家，根据不同类型的*cas*基因，在之前已经预测到了。我们之所以能发现这一点，多亏了越来越强大的测序工具，这使得我们能够对越来越多的

细菌和古生菌进行全基因组分析。现在我们知道，CRISPR免疫系统可以分成好几个不同的亚类，各有其独特的*cas*基因和Cas蛋白质。

CRISPR的多样性也令人惊讶。在2005年，研究人员已经鉴定出了9种不同类型的CRISPR免疫系统；到了2011年，人们把它归并成了3个大类，10个亚型；到了2015年，人们把它分成了2个大类，包括6种类型，共19种亚型。

这些发现提供了更大的参照系，我们工作的局限也显现出来。我们从大肠杆菌和绿脓杆菌中获得的结果代表了CRISPR的2种亚型，但它们都属于I类CRISPR-Cas免疫系统。虽然我们研究的许多结论也适用于CRISPR的其他亚型，但这些结果跟II类 69
系统就有较大的区别。比如，用于生产酸奶的嗜热链球菌中的CRISPR就属于II类CRISPR系统。

各种CRISPR-Cas系统摧毁噬菌体DNA的方式也有区别，令人惊叹。在I类系统中，Cas3酶像电动篱笆修剪器一样把DNA切成碎片。由于这个微小的分子机器运动得如此之快，我们甚至无法看到DNA被破坏的动态过程。当我们试图在试管里观察这个反应的时候，我们所能看到的是一团混乱，大段大段的DNA片段遮蔽了噬菌体的基因组。与此相反，嗜热链球菌中的II类CRISPR系统更有节制，也更精确。加拿大科学家席尔万·莫伊诺和约西亚娜·加诺（Josiane Garneau）跟丹尼斯克公司的研究团队合作，在噬菌体基因组被细菌的CRISPR免疫系统摧毁的时刻成功将其捕获。这个过程在普通的核酸酶里很常见，虽然我们当时还不清楚嗜热链球菌的哪个Cas酶在发挥作用，但是它可以在病毒DNA与CRISPR的RNA分子完全匹配的位点进行精确切割。

嗜热链球菌中的Cas酶有着外科手术刀一般的精确性，这着实令人振奋——但是我们对II类系统的了解远不如对I类那样充分。布莱克和我研究的瀑布复合体在I类CRISPR系统中专门用于靶向锁定DNA，但这个复合体中的蛋白质在嗜热链球菌的II类系统中压根不存在。此外，我们也不清楚II类系统的Cas酶是如何与CRISPR的RNA分子协作，实现了对病毒DNA的精确切割。

如果不是Cas3，那么II类系统中的“剪刀”是哪个酶呢？而且，如果不是瀑布复合体，它又通过什么靶向锁定DNA呢？解答这些问题，不仅能使我们理解大自然如何以不同的方式解决同样的挑战，即摧毁病毒的DNA，还会帮助我们认识一种崭新而
70 强大的细菌免疫系统，或许有朝一日它能为我们所用。

大自然创造出的这套神秘的防御系统，跟生物工程改造的核酸酶（第一节里提到的用于基因编辑的核酸酶）有几点类似之处。虽然II类CRISPR免疫系统似乎是用来摧毁噬菌体DNA，而不是编辑它，但是它们识别并切割特定DNA序列的能力，起码从原则上讲，跟目前已经用于基因编辑的ZFNs和TALENs是一致的。当然，它们也有重要的区别，对CRISPR研究者而

言，有两个问题尤为突出：在II类系统中进行DNA切割的是哪种酶？它是如何工作的？

当时我仍然在研究I类系统，如果不是由于一次偶然的机遇，让我有幸结识了一个远隔半个地球的合作伙伴，我也许永远不会涉足II类系统。这次偶然的相逢，促使我把精力转向CRISPR这个新方向。也因为这次合作，我们揭示出了CRISPR的一个前人从未想象到的侧面，我们的人生轨迹也因此改变。

2011年春，我从伯克利飞往波多黎各，参加美国微生物学会的年度会议。这样的学术会议提供了大好的机会，让科学家结识新同行，追踪特定领域的新进展，从实验室的忙碌生活中稍事放松。虽然我不经常参加这个会议，但这一年我受邀参加来展示我们组关于CRISPR方面的工作，我也知道范·德·奥斯特（这时我们已经成了朋友，有时也进行合作）也来开会。我很期待跟他的会面，并逛一逛波多黎各。在读研究生的时候，我 71
曾经访问过波多黎各岛，我记得那里美丽的热带雨林与海洋风光，它们让我想起了我的家乡夏威夷。

会议第二天的傍晚，奥斯特和我在前往下一个会场的报告厅时路过了一个咖啡厅。坐在咖啡厅一角的是一位衣着入时的年轻女性。奥斯特说要介绍我们认识，我们走上前去，他提到她的名字——埃马纽埃尔·卡彭蒂耶（Emmanuelle Charpentier），我的脑海里灵光一闪。

我实验室的学生曾告诉我，去年在瓦赫宁根的小规模CRISPR会议上，埃马纽埃尔做了一个极为吸引人的报告。我自己因故没能参会，但是我们实验室去的人都记得埃马纽埃尔关于化脓链球菌（*Streptococcus pyogenes*）里II类CRISPR免疫系统的报告。我猛然意识到，她关于这个主题的研究论文最近刚刚发表在《自然》杂志上，在我们实验室里也引起了一阵兴奋。在这篇论文发表之前，所有人都认为CRISPR通路里只有一种类型的RNA分子。但是埃马纽埃尔和她的合作者约尔格·沃格尔（Jörg Vogel，他的实验室一直致力于研究细菌中小RNA的功能）偶然发现了第二种RNA分子，在某些情况下，它是合成CRISPR的RNA分子的一个必需元件。这项发现让整个CRISPR领域的同行都倍感兴奋，因为这表明了细菌免疫系统具有惊人的多样性，暗示着演化已经产生了一个像瑞士军刀一样多功能的分子来对抗病毒。

在我们简短的交谈中，埃马纽埃尔语调轻柔、含蓄，但同时也有点顽皮的幽默感和令人愉快的轻松。我对她顿生好感。第二天，结束了一早上的报告，我们有一个自由安排的下午，我本来计划坐在露台上用电脑继续工作，但是埃马纽埃尔邀请我跟她一道逛逛圣胡安老城，我恭敬不如从命。我们沿着铺满鹅卵石的路闲逛，埃马纽埃尔告诉我，这让她想起了她在巴黎成
72 长的岁月。我们聊了最近的旅行，交流了彼此对各自大学体系的心得（我在伯克利，她在瑞典），评论了我们目前听过的报告。最后，我们谈起了各自的科学研究，埃马纽埃尔说，她一直想打电话给我提议合作的事情。

埃马纽埃尔目前在做的工作是试图理解化脓链球菌中的II类CRISPR系统如何从病毒中“窃取”了一小段DNA。她的研究跟之前由席尔万·莫伊诺、维尔日尼胡斯·塞克相尼斯和他们同事进行的遗传学工作，越来越支持这个假说：至少一个叫作*csn1*的基因可能参与了这个过程。她问我，是否有兴趣跟她合作，利用我们实验室在生物化学和结构生物学方面的经验来探明Csn1蛋白质的功能。我们正走过一条窄窄的巷子，巷子的尽头是波光闪闪的湛蓝的海洋，埃马纽埃尔转向我：“我确信只要我们合作，我们一定能阐明这个神秘的Csn1蛋白质的功能。”想到这个前景，我感到一阵兴奋。

我为有机会参与II类CRISPR方面的工作感到激动，因为它们没有瀑布复合体和Cas3蛋白质。如果这个神秘的Csn1蛋白质果真参与了II类系统里的DNA切割，那么通过跟埃马纽埃尔合作，我们实验室就有机会为II类CRISPR研究领域做点贡献。

这株新细菌也深深吸引着我。作为研究对象，化脓链球菌跟嗜热链球菌有一些有趣的类似之处，也有些显著的差异。首先，二者都属于链球菌属，化脓链球菌中的CRISPR跟嗜热链球菌中的非常类似。虽然它们针对的是不同类型的噬菌体，但是它们的核心分子成分和基因都是一致的，因此对研究者而言，从一个转向另一个并不困难。

不过，化脓链球菌跟嗜热链球菌对我们生活的影响却大不相同。嗜热链球菌的研究有经济价值，因为这株细菌广泛应用

73 于乳制品行业。此外，人们普遍认为，嗜热链球菌是链球菌属中唯一一株对人和其他哺乳动物无害的细菌。相比之下，化脓链球菌和链球菌属的几乎所有其他成员都是许多哺乳动物（包括人类）的致病菌。化脓链球菌也是10种致命的感染性疾病之一，每年50多万人因此死亡。人类的许多疾病都与这株细菌有关，包括中毒休克综合征、猩红热、链球菌性喉炎，以及一种特别恐怖的疾病——“坏死性筋膜炎”，它还有一个更惊悚的名字——“噬肉菌感染”。

因此，关于化脓链球菌的研究有显著的医学价值，这对于研究者更富吸引力。事实上，埃马纽埃尔正是为了理解化脓链球菌的致病性才开始研究它的CRISPR。她希望通过研究CRISPR，我们能找到对抗链球菌感染的办法，挽救更多人的生命。

幸运的是，研究者有更安全的方式来研究这些致病性细菌。当埃马纽埃尔找我谈合作的时候，她很清楚我的实验室只能开展体外研究，不能进行体内研究。我们会利用纯化的蛋白质、RNA或DNA分子进行体外实验，但不会操作活的细胞和噬菌体。我们不需要在羊血浸出液培养基里培养这种细菌，或者在密闭的实验室里工作，以避免这些致病菌的散播。我们仍然需要使用最常用的大肠杆菌来合成化脓链球菌中的蛋白质，但不必担心它们感染人类。

在从波多黎各返回加州的飞机上，我开始考虑谁来领衔这

个合作项目比较好。到了2011年，我们实验室的CRISPR研究团 74
队已经初具规模，有好几位博士后科学家、研究生和专职研究人员在探索CRISPR生物学的不同侧面，并进行工具开发。但是每个人似乎都忙于她或他自己的课题，我不愿意给任何人强行摊派工作。

但我马上想到，我有一个完美的候选人——一位非常有才华、工作也很勤勉的博士后科学家：马丁·耶奈克（Martin Jinek）。他来自捷克，马上要结束在我实验室的训练，已经开始面试教职，但他曾跟我提到，在伯克利的最后一年，他希望尝试一点新的工作。

马丁在很多方面跟布莱克截然相反。布莱克更外向、爱交际，马丁更含蓄、内敛。如果实验遇到了困难或者不熟悉的技术，布莱克会马上寻求他人帮助，而马丁会查阅资料，自己解决，当然，前提是马丁一开始不知道答案。事实上，他的生物学和生物化学知识非常广博，这可以从他高产、显赫的发表记录里看出端倪，而且他发表的论文涉及众多领域。最重要的是，他熟悉CRISPR领域。加入我们实验室的时候，他本来计划研究人体中的RNA干扰，当然，后来他跟布莱克和雷切尔密切合作，完成了CRISPR方面的许多课题。

我跟马丁简单介绍了一下跟埃马纽埃尔的合作课题，得到了他热烈的回应。他建议，我们应该加上迈克·豪尔（Michael Hauer）——一位来自德国的研究生，今年夏天他要来我们实验室访问。我欣然应允，众人拾柴火焰高嘛。

75 Csn1蛋白质的名字几经演变，最终，在2011年夏天，确定为Cas9。在我追踪Cas9相关研究的时候，虽然它变来变去的名字带来了一些麻烦，但是我从未怀疑过它的重要性。罗多尔·巴兰高和菲利普·霍瓦特在2007年的研究表明，如果使*cas9*基因失活，嗜热链球菌抵抗病毒入侵的能力会下降。此外，约西亚娜·加诺和席尔万·莫伊诺发现噬菌体基因组在CRISPR免疫反应过程中被切开之后，又进一步表明，如果使*cas9*基因失活，CRISPR就不会摧毁病毒的DNA。与之类似，在埃马纽埃尔使用化脓链球菌的实验中，*cas9*基因失活会导致CRISPR转录出的RNA分子残缺，并降低整体的免疫水平。最终，在2011年秋季，由维尔日尼胡斯·塞尼相克斯实验室和丹尼斯克公司的罗多尔·巴兰高、菲利普·霍瓦特共同完成的研究显示，*cas9*基因是嗜热链球菌中对于抗病毒反应的一个必需的*cas*基因。

随着我对Cas9的了解越来越多，我也越来越意识到Cas9在II类CRISPR免疫反应的DNA摧毁阶段可能扮演了关键角色。起码，在链球菌属里，它是一个必需基因，但是我们有理由认为，II类系统中的每一个关键成分在其他系统里都同样重要。不过，Cas9的功能究竟是什么，我们仍然不清楚。

马丁、我和埃马纽埃尔进行了一次Skype（网络电话）会议，开始商议Cas9实验要采取的策略。安排这次会议颇费周章：埃马纽埃尔当时在瑞典北部的于奥默大学（Umeå University），比

美国太平洋时间早了10小时，而她实验室里领衔CRISPR课题
的是克日什托夫·切林斯基（Krzysztof Chylinski），在维也纳大
学工作，这是埃马纽埃尔先前的工作机构。总之，这是一个相当
国际化的合作团队：一位人在瑞典的法国教授，一个在奥地利 76
的波兰学生，一个德国学生，一个捷克博士后，以及一位在伯克
利的美国教授。

我们终于找到了一个适合所有人的时间，然后就开始规划实验蓝图。从我们实验室的角度看，最初的目标相当直接：我们需要想办法分析、纯化Cas9蛋白质，这是埃马纽埃尔的实验室无法做到的。有了Cas9在手，我们就可以着手进行生化试验，鉴定Cas9是否如我们推测的那样与CRISPR的RNA分子相互作用，以及它在抗病毒免疫反应中发挥了什么功能。

埃马纽埃尔的博士学生克日什托夫给我们寄来了一个质粒，其中包含了化脓链球菌的*cas9*基因，然后迈克在马丁的细心帮助下开始蛋白质纯化的工作。首先，迈克把重组的DNA引入了不同类型的大肠杆菌，他系统地测试了几十种不同的条件，来优化Cas9蛋白质表达，这就像园丁筛选不同的土壤和肥料组合，以找出适合新花卉的最优生长条件。其次，迈克测试了纯化出的Cas9蛋白质的稳定性。有些蛋白质非常娇贵，使用一次之后就“变质”了，往往是因为蛋白质凝聚或者沉淀，会导致试管中的蛋白质溶液变成奶白色；另外一些蛋白质则可以反复冻融，状态依然稳定。我们很幸运——Cas9蛋白质很稳定。

最后，进行生化实验的时间终于到了。在迈克和马丁纯化、分离Cas 9蛋白质的过程中，我们就猜想，这个蛋白质如果具有切割DNA的功能，这可能要依赖于向导RNA。在我们研究过的
77 I类CRISPR系统中，向导RNA与多个Cas蛋白质结合，形成识别和切割DNA的分子复合体。我们设想，Cas 9的工作方式可能与此类似。事实上，氨基酸序列分析表明，Cas 9蛋白质里可能有两个独立的核酸切割模块，其中至少有一个会切割噬菌体的DNA。

迈克在我们实验室的工作马上就要结束了——他马上要返回德国，完成博士论文，而且已经订好了机票，但是，迈克和马丁下决心测试纯化的Cas 9酶是否可以切割DNA。他们参照埃马纽埃尔在化脓链球菌中的工作，合成出了CRISPR的RNA分子。然后，他们把这些RNA分子与Cas 9蛋白质和一些DNA样品混合起来。重要的是，这些DNA样品中有一段序列跟这些RNA配对。

像大多数科学探索一样，这次实验以失败告终。在接触Cas 9蛋白质和配对的向导RNA前后，DNA没有任何变化。要么迈克的实验设计不合适，要么Cas 9的确没有切割DNA的功能。迈克在实验室组会展示了他的结果，悻悻地返回德国了。这个夏天辛勤的分离、纯化、研究Cas 9的工作似乎是竹篮打水一场空。

在我们跟埃马纽埃尔、克日什托夫的合作进展过程中，马

丁开始跟迈克密切合作，并指导他的实验，但马丁也开始寻找教职。面试的时候，他的足迹也遍及世界各地，包括瑞士，他最终接受了苏黎世大学的工作邀请。不过，对我们来说，幸运的是，在迈克离开的时候，马丁的日程安排稍微不那么紧张了，[78]因此他可以从迈克遗留的问题入手，接手这个课题。他把注意力转向了Cas9，打算解决这个遗留问题：Cas9的功能到底是什么？

迈克和马丁的工作似乎表明了Cas9不能切割DNA，但是，实验本身是否可能有问题呢？这有许多可能，从最无趣的（比如，试管里的蛋白质降解了）到有趣的（比如，我们缺少了该反应必需的一个成分）。为了探索后一种可能，马丁和克日什托夫开始尝试不同的办法来设计检测DNA切割的实验。真是无巧不成书，他们很快发现，他俩长大的地方非常接近——克日什托夫在波兰境内，而马丁在当时的捷克斯洛伐克境内，他们都说波兰语，这极大地方便了他们通过Skype交流，商讨实验。

最终，克日什托夫和马丁进行的实验表明，除了向导RNA，他们还需要第二种RNA，叫作tracrRNA。埃马纽埃尔实验室发现，在化脓链球菌中，tracrRNA对于向导RNA合成是必需的。结果很简单，但我们却非常兴奋：与向导RNA分子里20个碱基完全匹配的DNA被干净地切开了。对照实验表明，这种匹配对于切割是必需的，如同Cas9蛋白质和tracrRNA同样是必需的。

本质上，这些结果以最少的成分模拟了CRISPR免疫反应在细胞内的进程——Cas 9和两个RNA分子代表了细胞内的分子，而DNA分子代表了噬菌体的基因组。最重要的是，基因组里有20个DNA碱基与向导RNA分子配对，这意味着，向导RNA与
79 DNA的一条链可以通过碱基配对形成双螺旋。这样的DNA-RNA双螺旋可能是Cas 9特异性切割DNA的关键之处。

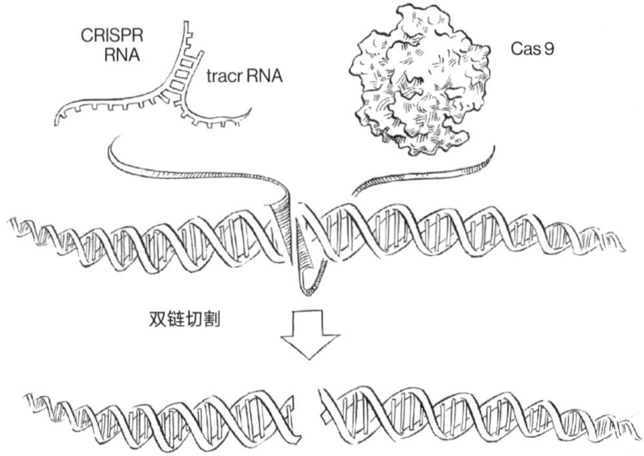

图11：Cas 9使用两个RNA分子切割DNA

我们无法直接看到DNA被切割，所以需要一种灵敏的检测方法监控试管内的DNA切割反应。一段含有50个碱基对的DNA双螺旋长约17纳米，大致相当于最细的头发丝直径的千分之一。即使是用最强大的显微镜也无法看到它，因此，马丁和克日什托夫采用了核酸研究人员最爱的两种工具：放射性同位素磷和凝胶电泳分析。放射性磷原子可以通过化学反应与DNA分子结合，使DNA在感光胶片上显影，由于DNA带有负电，它在电场中会向正极运动，凝胶中的空隙则起到了筛子的作用，使得

DNA可以根据大小在凝胶电泳中得到区分。如果DNA被Cas9蛋白质切开，那么我们就可以看到两条带，否则就只有一条带。 80

马丁进一步表明，Cas9蛋白质在向导RNA与DNA匹配的位置把DNA的双链都切开了。重要的是，向导RNA和tracrRNA分子在切割完DNA之后并未发生变化，因此可以被Cas9重复使用。

看到这些结果，我们意识到，我们澄清了这个DNA切割机器的几个关键环节，包括化脓链球菌和嗜热链球菌（以及其他含有类似CRISPR系统的细菌）中靶向识别噬菌体序列，进而摧毁噬菌体DNA的分子机制。DNA切割的三个关键成分是Cas9酶、向导RNA和tracrRNA。

这些结果令我倍感振奋，但与此同时，这也引出了一系列亟待解决的问题。为了理解Cas9酶究竟如何在RNA的指导下切割DNA，我们需要精确定位Cas9蛋白质中执行切割功能的区域。为了证明DNA切割的专一性，以及切割依赖于向导RNA与DNA序列的匹配，我们需要逐个碱基地改变DNA序列，并表明当RNA-DNA匹配不够完美的时候，切割就无法进行。要表明向导RNA和tracrRNA是如何工作的，我们需要对这两种分子进行系统的缺失突变，找出真正必需的RNA片段。

为了回答这些问题，马丁和克日什托夫进行了辛苦的工作，但很快，一个清晰的画面逐渐浮现出来。他们发现，Cas9

蛋白质会锚定在DNA双螺旋上，撬开DNA双链，使CRISPR的
RNA分子与DNA的一条链形成新的双螺旋，然后，Cas 9蛋白质
81 使用两个核酸切割模块把DNA的双链同时切开，制造出双链断
裂。事实上，Cas 9可以锁定并切割任何与向导RNA配对的DNA
序列。打个比方，向导RNA的功能就像GPS可以指导Cas 9精
确定位到目标区域，即向导RNA和DNA配对的位置。Cas 9是
一个真正可以操作的核酸酶，我们可以定制设计该RNA分子，
使它靶向锁定任何DNA序列。有了包含20个碱基的向导RNA，
Cas 9可以找到任何与其配对的DNA，并进行切割。

考虑到细菌与病毒在演化过程中鏖战不休，Cas 9的功能不难理解。配备了从CRISPR序列中转录出的RNA分子，Cas 9可以在噬菌体基因组中轻易地找到与之对应的DNA区域。这是细菌的巡航导弹——针对病毒的DNA精确快速地实施打击。

有了马丁和克日什托夫的实验结果，我们就可以着手解决下一个问题了：如果细菌用Cas 9蛋白质来切割特定的病毒DNA序列，那么，我们是否可以用Cas 9切割其他DNA序列，而不局限于噬菌体？马丁和我清楚基因编辑领域的进展以及它的潜力，我们也知道锌指核酸酶和TALEN的核酸酶的致命缺点。我们不无惊叹地意识到，我们已经误打误撞发现了一个新系统，它有望超越现有的基因编辑技术。

要把这个微小的分子机器变成强大的基因编辑工具，我们还需要更进一步的实验。目前为止，我们把一个复杂的免疫系

统还原成了几个可以分离、修饰并重新组合起来的元件。此外，通过精细的生化试验，我们理解了这些元件的功能，并推断出了其分子机理。下一步，我们要做的是，确认可以改装Cas9和向导RNA分子来靶向锁定并切割任何DNA序列。这个实验会真正展示 82
出CRISPR的全部威力。

这一步——改造CRISPR-Cas9分子机器——事实上包括了两小步：产生一个想法，再用实验验证它。

首先是要有想法。马丁向来一丝不苟，为了鉴定每一个碱基对功能的影响，他系统地修饰了RNA分子——包括用于靶向锁定DNA的向导RNA分子，以及把它和Cas9结合在一起的tracrRNA分子。有了这些知识，马丁和我进行头脑风暴，考虑如何把这两种分子组合到一起。我们可以把一个分子的尾巴跟另一个的头部融合起来，制造出杂合的RNA，如果可行，那会大大简化该分子机器，两条RNA分子——向导分子（CRISPR RNA）和协助分子（tracrRNA）——将合二为一。显然，如果CRISPR要用于基因编辑，简化的系统用途会更广。

基于这个想法，我们设计了实验。我们需要测试这个融合的RNA分子，并鉴定它是否依然可以指导Cas9切割对应的DNA序列。此外，我们的实验还可以回答Cas9蛋白质是否真的可以切割任何DNA序列，而不只是针对噬菌体的基因片段。

这时，我们意识到了这可能是一个重大突破，为了尽快完

成实验，我们并不想浪费时间寻找那些实验室没有的基因。于
是，出于方便，而不是偏好，我们决定使用一个来自水母的编
码绿色荧光蛋白质的基因，即GFP［GFP广泛应用于世界各地
83 的实验室，用于示踪细胞及其蛋白质成分。GFP对于生物技术
是如此重要，马丁·沙尔菲（Martin Chalfie）、下村修（Osamu
Shimomura）和钱永健为此荣膺2008年诺贝尔化学奖］。马丁
在GFP基因里选取了长度为20个碱基的5段区域，并针对性地
设计了5种配对的RNA分子。准备好了新的单链RNA分子之后，
我们就把它们与Cas 9蛋白质以及GFP基因放在同样的DNA切
割反应实验中——现在，这个酶促反应已经成了常规实验。然
后，我们静静地等待着结果。

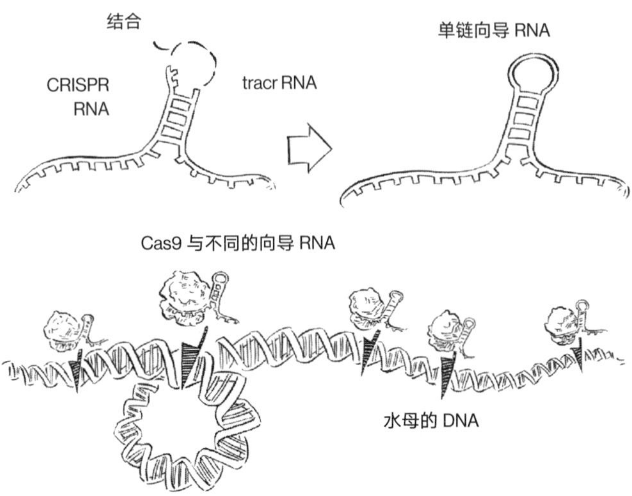

图12：CRISPR-Cas 9催化的DNA切割是可以调控的

当我们站在实验室的电脑前，马丁跟我细细讲解GFP实验数据的时候，我看到了一张漂亮的凝胶扫描图。果然，所有的GFP基因都在预期的位点被切开了。每一条单链RNA分子都像预期的那样工作了，在水母的GFP基因里锁定了预期的靶点，与Cas 9合作完成了精确切割。

我们做到了！在很短的时间里，我们构建并验证了一项新技
术。在锌指核酸酶和TALEN蛋白的研究基础上，这项新技术可
以用来编辑基因组——任何基因组，而不仅仅是噬菌体。利用 84
细菌的第五种防御系统，我们找到了改写生命密码的办法。

那天晚上，在厨房里做饭的时候，我脑海中仍然闪现着这些微小分子的图像，它们在翩翩起舞：Cas 9和向导RNA在细菌体内盘旋，寻找配对的DNA碱基。忽然，我情不自禁地笑出声来。细菌用这种方式来寻找并摧毁噬菌体，何其精妙！而我们能把这个如此根本的生物学过程改造并用于完全不同的目的，又是何其不可思议！这是一段纯粹的欢乐时光，一段愉快的发现之旅——这种感觉，正像是多年之前我在赫姆斯实验室的感受。

2012年6月，埃马纽埃尔和克日什托夫来伯克利参加一个学术研讨会，这让马丁和我有机会跟他们再次团聚。说来难以置信，虽然我们的合作进展如此之快，但我们基本上都在虚拟世界交流。经过无数次电话、视频和邮件讨论，我们终于坐在我伯克利的办公室里，为这次短暂但成果丰硕的合作而感到惊叹。

埃马纽埃尔和克日什托夫这次来，是为了参加第五届CRISPR研讨会。这次会议共有来自世界各地二三十位研究人员参加，大多数来自食品科学和微生物学领域，因为当时CRISPR还没有引起更大范围科学同人的关注。从2002年到2012年，这个领域里只有几百篇文献。不过，我们知道，情况很快会发生变化。

这次会议可以说恰逢其时。一方面，我们可以跟其他同行交流工作进展；另一方面，过去的几周，工作进展如此迅速，我们的精神高度紧张，我们也需要放松一下。

85 完成了GFP实验，我们决定让这个项目尽快收官，完成一篇研究论文。在马丁和克日什托夫即将完成实验，异国他乡的合作者启程来伯克利之际，埃马纽埃尔和我就动笔了。

我们的论文主要集中于阐释CRISPR在化脓链球菌里对抗病毒的防御机制，但是我们也想指出实验结果的深远影响。在论文的摘要部分，我们特地写了一句话，指出了这种可以切割DNA的酶对于基因编辑的用处。此外，在文章的结论部分，我们也点明了CRISPR在其他细胞类型中的应用潜力。提及了锌指核酸酶和TALENs之后，我们总结道：“基于Cas9蛋白质和定制RNA，我们开发了一套新的方法，它在基因靶向定位和基因编辑上有极大潜力。”

2012年6月8日，一个明媚的周五，当天下午，我在电脑上正式向《科学》杂志提交了论文。20天后，它在线发表了。世界从此而不同——不仅对我和合作者而言，也不仅仅对生物学领域而言。然而，在那一刻，我昂扬的情绪荡然无存，反倒感到从未有过的疲惫。

我感觉自己好像在电脑前连续坐了好几个星期了，于是站起身来——略感到一丝晕眩，踱步走出斯坦利楼。伯克利的校园绿意盎然，楼前圆形水池外的草地上空空荡荡。一个月前，春季学期结束了，往日熙熙攘攘的校园，现在安静得似乎有点不寻常。

当然，回头来看，这不过是暴风雨来临前的平静。

4. 指挥与控制

86 在我们的CRISPR论文发表大概一年以后，我来到了马萨诸塞州剑桥镇。这也是我第一次启程在美国各地讨论我们的发现和发明，此后，这样的旅行每月都会有一次。

那是2013年6月初，我来到哈佛大学的校园，准备与基兰·穆苏努鲁（Kiran Musunuru）会面，他是哈佛大学干细胞与再生生物学系一颗冉冉升起的新星。他的办公室在费尔柴尔德楼，20世纪80年代我在哈佛读博士的时候，经常来这里参加生物化学方面的讲座。30多年过去了，这栋建筑的外观并没有什么不同。不过，楼的内部完全翻新了。老旧的讲座大厅和过时的生化实验室不见了，取而代之的是洁白、宽敞、明亮的空间以及各种最前沿的仪器。在我访问的时候，这栋现代建筑空间里活跃着几十位研究者，他们在探索着细胞和组织生长最深处的奥秘。

在某种意义上，费尔柴尔德大楼的变化——特别是它从基础的生物化学到应用生物学的转变——也映照了我自己的思考和工作的演变。过去的一年似乎刮起了CRISPR-Cas 9的旋风，来自世界各地的无数研究人员，都争先恐后地把我们揭示的CRISPR-Cas 9的生物化学特征派上用场。他们已经借助这些新知识改造了无数种生物（包括人类）的DNA。无论是在学界还是在医院，CRISPR都被誉为基因操作的“圣杯”：它可以快速、便捷、精确地修复基因缺陷。转瞬间，我就从微生物学和CRISPR- 87
Cas生物学领域来到了人类生物学和医学领域。对像我这样研究高度专业化的学术中人来说，这简直是量子跃迁，仿佛在伯克利一觉睡去，醒来发现身处火星。

我跟基兰的会面也彰显了这项新技术引发的巨大期待。这次访问哈佛，本来也是为了讨论CRISPR在临床治疗上的应用，但基兰已经想在我前面了。我们还没来得及到他的办公室坐下，他就邀请我去他的实验室走一趟，他要向我展示他的研究团队利用CRISPR开发出的治疗遗传病的各种对策。

基兰解释到，他们的研究对象之一是镰状细胞病——在这种遗传病中，一个DNA碱基突变引起了红细胞供氧能力不足。他们已经使用CRISPR对突变的乙型球蛋白基因进行了精确编辑，把第17号位置上的碱基A替换成了正确的T。如果他们可以在实验室的人类细胞里优化这项技术，我们有理由相信，有朝一日也能在患者身上完成同样的壮举，这将为从源头上治疗遗传病奠定基础。

我跟着基兰走到了一个电脑工作站，屏幕上展示的是一长串的DNA序列，从左到右，从上到下。他指着最上方的两条序列解释道："这是来自两个人的血细胞中的乙型球蛋白基因序列，一个人身体健康，另一个患有镰状细胞病。"果然，正常人的第17号位置上是一个碱基T，而患者在这个位置上是A。

然后基兰指向了屏幕下方，这段DNA序列也是来自镰状细胞病患者的细胞，但是这些细胞接受了与CRISPR相关的三种
88 元件。其一是来自化脓链球菌中编码Cas9蛋白质的遗传指令；其二是CRISPR转录出的向导RNA，经过特殊设计，它可以识别乙型球蛋白基因上的突变位点；其三是人工合成的一段替代DNA——这是健康的乙型球蛋白基因，细胞可以在Cas9造成破坏之后用这段基因来修复缺口。基兰使用的是CRISPR-Cas9系统（往往简称为CRISPR）来靶向锁定基因组中的突变位点，进行切割，造成双链断裂，然后细胞启动内在修复机制，用健康基因取代缺陷基因。

目光转移到电脑屏幕的底部，我高兴地看到，实际情况正是如此：现在，镰状细胞病患者体内的DNA序列跟正常人的没有什么不同了。使用CRISPR，基兰的团队成功地把致病的碱基A替换成了正常的T，而丝毫没有影响基因组的其他部分。通过这样一个针对人类血细胞的简单实验，他们表明了CIRSPR-Cas9系统能够治疗困扰全球数百万人的疾病。

那天晚上，我沿着查尔斯河慢跑了一会儿。在哈佛读博士的时候，我曾无数次地跑过同样的路线，而现在，再次来到查尔斯河畔，仿佛又回到了校园时光。在跑步的时候，我的脑海里闪

现出读博士期间热烈讨论DNA修复的情形，话题的中心是我的导师杰克·绍斯塔克和他当时的博士研究生特里·奥尔韦弗取得的发现。那个时候，许多科学家对他们提出的细胞修复DNA双链断裂的模型感到不解，更无法理解玛利亚·贾辛和其他人的主意——利用这种修复模型来改写特定的DNA序列。但此前的锌指核酸酶和TALEN酶技术表明，这种策略是可行的，现在，CRISPR技术也用到了这种策略。而且，利用CRISPR进行基因 89
编辑还更为便捷。CRISPR是否会取代这些旧的技术，就像光盘取代磁带、磁带取代唱片？思索着这些问题，我在哈佛广场和朗费罗桥之间跑了个来回，满脑子想的都是CRISPR，眼前的城市风光仿佛是一个泡影。

一想到基兰实验室用到的方法可以推广到其他遗传病，我就感到激动。如果科学家可以安全有效地在人体细胞中应用CRISPR，如果在患者身上进行基因编辑的效果跟实验研究的一样好，那么，这项技术将重新塑造医学，前途无可限量。不过，要把这种期许变成现实，我们需要更多的人力、物力、财力，这远远超出单一实验室的力量。正是出于这方面的考虑，一些同行和我才考虑成立一家生物公司，专门研发基于CRISPR的疗法——事实上，这也是我此次访问剑桥镇的目的。我们的梦想是利用CRISPR来治疗遗传病，这将是前无古人的壮举。

2013年下半年，经过一连串马拉松式的会议，设想中的公司成员最终确定了下来，包括我和另外四位科学家：乔治·丘奇、基思·郑、刘如谦和张锋。2013年11月，我们从三家风险投资公司那里获得了4300万美元的赞助，成立了Editas Medicine；半年之后，埃马纽埃尔与他人联合创立了CRISPR Therapeutics，首轮融资2500万美元；2014年11月，第三家公司——因特利亚医疗公司（Intellia Therapeutics）——带着首轮投资1500万美元，也登上舞台。到了2015年年末，仅这三家公司就已募集了5亿多美元用于CRISPR开发，以治疗多种疾病，包括肺部纤维化、镰状细胞病、进行性假肥大性肌营养不良症和先天失明——所用的正是埃马纽埃尔和我最初开发出的CRISPR技术。

虽然CRISPR技术的医疗前景激动人心，但离临床试验还得
90 几年的时间。与此同时，这项技术在全球科学共同体里迅速传播，现在，在活体内进行基因编辑已经缩短到只要几天的时间了。有专家预测，CRISPR实现了许多实验生物学家的一个梦想，让许多以前只能想象的实验有望变成现实。我推测，这会使之前少数实验室才能操作的技术变得更加普及。在CRISPR出现之前，基因编辑需要复杂的操作流程、长期的经验积累以及充足的资金支持，而且只能在少数模式生物里进行。但是到了我初次访问哈佛的时候，那些之前从未接触过基因编辑的实验室都开始使用CRISPR技术了。

之前，在学术会议上提到CRISPR的时候，听众往往一头雾水；今天的情况已截然不同，CRISPR成了家喻户晓的名词。但这只是冰山一角。

当我结束剑桥之行，乘机返回旧金山的时候，我已经看到，一个指挥控制遗传物质的新纪元即将到来——在这个新纪元里，CRISPR彻底改变了生物学家的工具箱，让他们有能力随意改写基因组。从此，基因组不再是一个无法触摸、无法理解的文件，而是成了一个打开的文档，我们可以随心所欲地编辑。考虑到CRISPR的潜力如此巨大，我不敢相信从马丁和克日什托夫最初成功在试管演示了CRISPR切割DNA之后，事情会进展得如此迅猛。现在，科学共同体逐渐阐明了CRISPR的工作机制，我们也知道了如何用它来促进人类健康。

在我们2012年发表在《科学》上的论文里，马丁和克日什托夫展示了一个突破性的发现：从细菌里分离到的Cas9蛋白质，在两个RNA分子的帮助下，可以精确锁定DNA序列中的20 91
个碱基，并切开双链。这个RNA的功能就像GPS，可以精确制导，而Cas9是火力系统，实施最后打击。在受病毒感染的细菌里，CRISPR分子机器是细菌适应性免疫系统的一部分，它可以针对性地识别并摧毁入侵病毒的DNA。

2012年秋天，维尔日尼胡斯·塞尼相克斯和其同事报道了与之相似的工作，描述的是在产酸奶的细菌（同样属于链球菌属）中Cas9蛋白质的功能。跟我们一样，他们也发现了Cas9可以在与CRISPR的RNA配对的DNA序列上进行切割。不过，他们没有揭示出第二个RNA分子（tracrRNA）的关键功能，而我们的工作表明，tracrRNA对DNA锁定和DNA切割都至关重要。

在我们的论文里，我们事无巨细地描述了这套防御机制所需的各种分子元件，而且表明了设计新的CRISPR切割其他DNA何其简单。此外，我们更进一步，重新改造了向导RNA，把两个独立的RNA分子（向导RNA和tracrRNA）改造成了一个融合RNA分子，而且我们表明，这个融合RNA仍然可以帮助Cas 9识别并切割特定的DNA序列。我们也提出，这种防御系统可以用于精确编辑其他细胞的DNA。如果我们可以改写向导RNA中的20个碱基，使其与人类的特定基因配对，再把Cas 9蛋白质和新的向导RNA转移进人类细胞，CRISPR将对目的基因进行精确切割，引入双链断裂。

正如我们所提议的那样，在人类细胞中使用CRISPR会证实这种基因编辑的工作机制。我们有充分的理由期待它会成
92 功。我们也发现，Cas 9蛋白质和向导RNA结合得很紧密，这意味着它们在细胞内不难找到彼此。至于如何把它们送到细胞核（DNA所在的地方），一种可能是，我们提供一套“邮政编码”，让细胞完成这种“邮递”工作。在此之前，许多实验室都成功地把蛋白质和RNA分子从细菌转移到了人类细胞，我们手头也有许多分子工具，可以帮助CRISPR在人类细胞里高效工作。

我们只需要表明，CRISPR的确如同我们预期的那样工作。

于是，马丁把对Cas 9进行编码的细菌DNA和CRISPR转录的RNA分别转移进了两个质粒。第一个质粒里含有两条指令，其一对向导RNA进行了编码，其二告诉人类细胞要大量生产向

导RNA。第二个质粒包含了*Cas9*基因，但是它已经被“人源化”了，这意味着，它可以被人类细胞里的核糖体识别和解读。马丁把*Cas9*基因与生物学家常用的两个基因融合在了一起：一个非常小，是细胞核定位信号；另一个是绿色荧光蛋白，在紫外线的照射下会发出绿色荧光。

把这些分子元件组合起来，马丁和我也就相当于把人类细胞变成了合成CRISPR的微型工厂，它会大量合成出能够锁定并切割自身基因组的分子。不过我们知道，CRISPR不会像破坏噬菌体的基因组那样破坏人类细胞的DNA。人类（事实上，所有的真核生物）时刻都在遭受DNA损伤（比如，接触致癌物质，或者紫外线、X射线），为了修复受损的DNA，细胞演化出了复杂的分子机制来修复双链断裂。因此，在最简单的情形下，如果CRISPR成功切割了一个基因，细胞的反应就是把DNA重新接上，就像把两段钢管接起来。科学家把这个过程叫作非同源末端结合——顾名思义，这个修复过程不同于同源重组，不需要 93
一个与断口配对的DNA修复模板。

不过，非同源末端结合也有一个缺陷。正如一个修管工人在接上两个管子之前需要确定断口是干净的，细胞在修复DNA之前也需要确保DNA的断口是整齐的。要实现这一点，细胞有时需要添加或者切除少数几个碱基，这就会留下永久的遗传改变。这意味着，当一个基因被CRISPR锁定、切割，再被细胞修复之后，很可能会引入突变。这个乱糟糟的、容易出错的修复也提供了一个办法，方便我们检测基因编辑是否成功。对于要进行编辑的目标基因，我们只要在CRISPR处理之后逐一核查它的DNA序列，如果发现错误被修复了（虽然留下了涂改的痕迹），就证明CRISPR可以锁定目标基因并进行切割，否则就不会引入双链断裂，也无法启动非同源末端结合。

我们决定使用改造的CRISPR来锁定一个叫作*CLTA*的人类基因，这个基因在细胞内吞作用中发挥了作用，正是通过这个过程，细胞才能吸收营养、内化激素。我们组不研究内吞作用，但是之前大卫·杜鲁本（David Drubin）的实验室通过锌指核酸酶技术编辑过*CLTA*基因，而且他就在伯克利校区。

因此，我们知道编辑这个基因是可行的，我们也可以借此机会比较一下CRISPR与锌指核酸酶技术的优劣。当然，单是构建这个锌指核酸酶就得花好几个月的时间，且不说它的成本高昂（虽然当时跟大卫团队合作的生物公司没有收取任何费用，不过，按当时的市场价，每定制一个锌指核酸酶都要25000美元）。相比之下，马丁在他电脑前只花了几分钟的时间就设计好了CRISPR分子，合成也只要几十美元。毕竟，这是CRISPR
94 的最大优势之一——它使用起来非常方便，你需要做的就是从目标基因里选择20个碱基，然后把这段序列转换成与之匹配的向导RNA。一旦这些元件进入了细胞，向导RNA就会与对应的DNA配对，然后Cas 9就会把DNA切开。

第一次进行基因编辑测试，我们的“试验场地”是一株人类胚胎肾细胞系，叫作HEK 293。这是1973年从一个流产婴儿的肾脏细胞中分离到的细胞系，由于其易于培养，而且容易接受外源DNA，故深受细胞生物学家喜爱。当我们把两种质粒——一个编码Cas 9蛋白质，一个编码向导RNA——与一种脂类分子溶液混合，这些质粒就自动被包裹进脂类微囊里。然后，我们把这种混合物与HEK 293细胞混合在一起，脂类微囊就会与细胞膜融合，从而把其中的DNA送进细胞。进入细胞之后，质粒会被复制，DNA被转录、翻译，于是合成出Cas 9蛋白质和针对*CLTA*基因的向导RNA。接下来，切割DNA的分子机器需要进入细胞核，因为目标DNA序列在细胞核里。它需要找到正确配对碱基，再进行切割。最后，只要细胞通过这种方式修复断裂的DNA，我们就能检测到它。

马丁的实验表明，转化之后的人类胚胎肾细胞合成出了CRISPR元件。当他在显微镜下检查细胞的时候，他发现许多细胞都发出了荧光，这表示融合了绿色荧光蛋白的Cas 9蛋白质得到了表达。马丁收集了一部分细胞，提取出了RNA分子，他发现，这些人类细胞也的确合成出了大量的向导RNA分子。

到目前为止，CRISPR从细菌细胞移植到人类细胞的过程正
如我们所预料的那样发生了，剩下的一个问题是：CRISPR是否 95
编辑了人类的DNA？

马丁和一个新加入实验室的年轻学生亚历山德拉·伊斯特–塞莱斯基（Alexandra East-Seletsky）收集了更多的细胞，提取了DNA，分析了*CLTA*基因。结果确凿无疑：这个基因果然

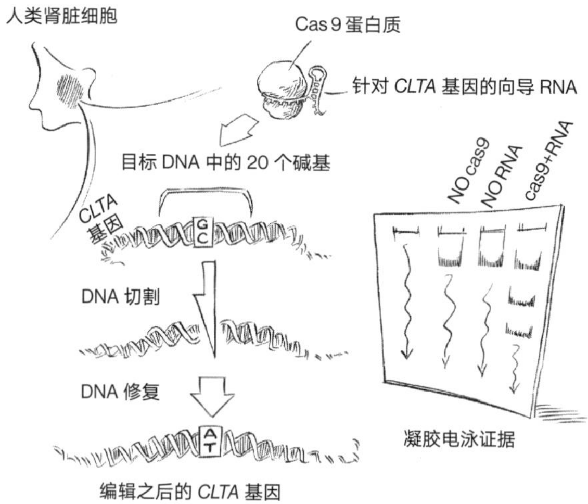

图13：利用CRISPR编辑人类
细胞中的DNA

被编辑过了，而且正是在跟向导RNA配对的区域。在外人眼里，这看起来没什么了不起——无非是凝胶电泳里的几个条带而已，但我们知道，这个结果非同凡响。

只要几步简单的操作，马丁和我就从人类基因组的32亿个碱基里选择出了一段DNA序列，并设计出CRISPR来编辑它，然
96 后看着这台分子机器完成了任务——这一切都发生在活细胞里。这次成功确证了这项新技术用于基因编辑的潜力，而且它是如此简单。转眼之间，CRISPR就赶上了过去20年里出现的其他基因编辑技术。

像半年前一样，我们一完成实验，就马不停蹄地写成了论

文，总结了最新的结果。在2012年发表的第一篇论文里，我们为把CRISPR开发成新的基因编辑平台指明了方向，第二篇论文则清晰地证实了这个新系统的威力。

在2012年年末，读到《科学》杂志把基因组编辑列为年度科学突破的第二名（第一名是希格斯波色子），但强调的还是老旧的TALEN技术，我感到了一丝讽刺——我们的第一篇CRISPR论文6个月前可是发表在贵刊上呐！我不禁开始思考，CRISPR未来还会给学术界带来什么影响。

令人高兴的是，2013年新年伊始，就有6篇关于CRISPR的重磅论文连续发表（我们的也算在内），描述的实验也大体类似：使用CRISPR系统在细胞内进行基因编辑，正如我们在2012年第一篇论文中提到的。麻省理工学院的张锋教授和哈佛大学的乔治·丘奇教授在他们的工作发表之前给我打过招呼，他们的论文1月3号在《科学》杂志在线发表了。到了1月底，我们实验室的工作与另外三篇论文也发表了，后者分别来自国立首尔大学的金镇秀教授、洛克菲勒大学的卢西亚诺·马拉尼奥斯（Luciano Marraffini）教授、哈佛大学医学院的基恩·郑教授。

那是一段热火朝天的时光。埃马纽埃尔和我2012年夏天发表的第一篇论文启发了他人展开类似的后续工作，这让我感到兴奋。当然，后来围绕着CRISPR专利权的纷争，这些论文的内
容和发表时间才又被人细细剖析，也闹了一些不快，但起初我们 97
都是怀着友好的初衷交往，并因为研究的意义而真心感到激动。

对比这6篇论文的时候，我意识到，研究人员已经编辑了十几个不同的基因。更令人兴奋的是，它们涉及了不同的细胞类型。除了我们使用的胚胎肾脏细胞，CRISPR还编辑过人类白血病细胞、人类干细胞、小鼠神经母细胞瘤细胞、细菌细胞，以及斑马鱼受精卵（斑马鱼是遗传学研究中的另一种常见的模式生物）。CRISPR不仅取得了成功，而且表现出惊人的多功能性。只要有Cas 9蛋白质和向导RNA，任何细胞的任何基因似乎都可以被锁定、切割、编辑。

CRISPR带来的兴奋之情在2013年5月又得到进一步强化：MIT的鲁道夫·贾尼克（Rudolf Jaenisch）实验室报道，他们繁育出了CRISPR编辑过的小鼠。仅仅在6年前，诺贝尔奖就颁发给了制造转基因小鼠的方法，因为小鼠是研究人类遗传学最常用的模式动物。在过去20多年里，这套方法一直是在小鼠中研究人类疾病或者癌症的最好方法（事实上也是唯一方法），虽然有点费事，但的确有效。早在1974年，贾尼克首次在小鼠中引入了外源基因，制造出了转基因小鼠。15年后，他的研究再次登上媒体头条，因为他们是使用这项技术的开拓者之一。现在，贾尼克再次成功使用CRISPR对小鼠进行了基因编辑，这不仅替代了传统方法，而且提示CRISPR也可以在其他动物身上进行基因编辑。

之前的基因编辑方法，需要胚胎干细胞、大量的杂交或者
98 繁育很多代的小鼠。事实上，许多博士论文的工作就是制造
并鉴定一个单一突变的小鼠品系。使用一套经过精简设计的

CRISPR操作流程，贾尼克团队在一个月内就轻松完成了同样的工作：他们把CRISPR的元件通过显微注射直接引入受精卵，然后把基因编辑过的胚胎植入雌鼠的子宫。此外，他们还表明，CRISPR可以同时使用多条向导RNA，于是Cas 9在小鼠胚胎中同时编辑了多个基因——在小鼠中一次编辑多个基因，尚属首次。

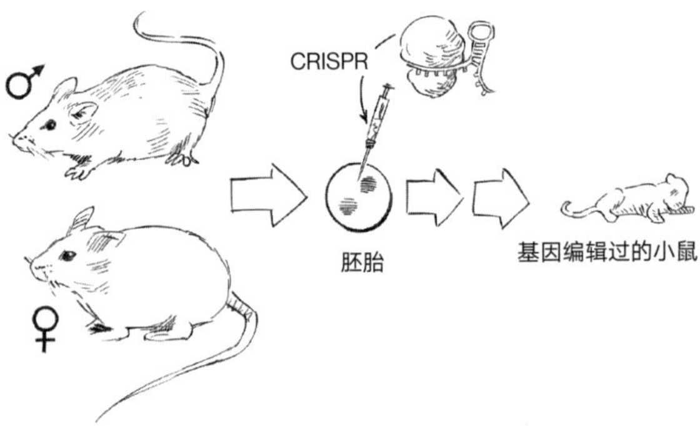

图14：用CRISPR创造出基因编辑小鼠

贾尼克的工作里最激动人心的部分——起码在遗传学家看来——是这种基因编辑方法非常简便，而且几乎可以拓展到所有的生物体。虽然最初的技术只是应用于小鼠的胚胎干细胞，但是CRISPR可以注射到任何物种的生殖细胞（卵细胞和精子）
或者胚胎，由此引入的遗传突变会进入身体的所有细胞，并永 99
远传给后代。不过，我当时还没想到的是，把CRISPR应用到人类胚胎会引发极大的争议——当然，这是后话了。

2013年夏，惊叹于CRISPR技术的传播之迅猛，我开始记录使用过该技术的细胞类型和生物。一开始，我还来得及更新这个清单，在1月份的时候，它包括斑马鱼、细菌、小鼠和人类细胞；到了2月份，就添加上了酵母、果蝇和线虫。到了2013年年末，又加上了大鼠、青蛙和蚕。截至2014年年底，又加上了兔子、猪、羊、海鞘、猴子。在此之后，当我再做报告的时候，我不得不向听众坦承，我的记录已经跟不上该技术应用的脚步了。本来是细菌用来抵抗病毒的蛋白质和RNA分子，结果被我们用于精确编辑各种动物的基因组——虽然我见证了这一切，但还是感到不可思议。

而且，它并没有局限于动物。虽然植物学家上手慢了一点，但他们很快就发现，CRISPR也可以用来编辑农作物和其他植物的DNA。2013年秋天，一连串论文报道了CRISPR成功应用于基因编辑大米、高粱和小麦。一年之后，这个清单又拓展到了大豆、番茄、橙子和玉米。

利用CRISPR编辑过的动植物的名单还在继续增长。截至2016年，科学家已经成功对卷心菜、黄瓜、土豆、番茄、狗、雪貂、甲虫、蝴蝶进行了基因编辑。即使是病毒也不例外，虽然它们不能独立复制，但也具有遗传物质，也可以用CRISPR来编辑。

与此同时，虽然人类是最后一批用上CRISPR的物种之一，但是，在人类身上使用的CRISPR编辑基因比其他任何动物的
100 都多。科学家已经使用CRISPR来修正肺部纤维化中的遗传突变，更正了镰状细胞病和乙型地中海贫血症患者的基因突变，更正

了进行性假肥大性肌营养不良患者肌肉细胞中的突变。科学家使用CRISPR编辑并修复了干细胞，后者可以分化成身体的其他细胞或组织类型。科学家也使用CRISPR编辑了人类癌细胞中的上千个基因，这有助于发现新的药物靶点和新的治疗方案。

如果说还有什么事情比看到CRISPR迅速应用于越来越多的物种更令人激动，那就是看到基因编辑技术的极限不断被拓展。在20世纪80年代，如果编辑单个基因的效率能达到1%，科学家就很满意了；到了21世纪初，其效率提升到了接近10%，而且人们有了更多的方式来改写基因。现在，有了CRISPR，基因编辑技术变得格外强大，以至于人们开始谈论"基因组工程"，这反映了科学家掌控活细胞基因组的水平达到了何其精湛的地步。

在把CRISPR用于不同生物的过程中，科学家开发并优化了与基因编辑有关的许多技术。除了简单地切开DNA、在基因组中引入新序列，科学家也可以使一些基因失活，调整遗传密码的序列，甚至包括更正单个碱基错误，正如基兰·穆苏努鲁向我展示的那样。反过来，这些进展也使得科学家能够在动植物身上尝试新的实验。所以在我们进一步讨论基因编辑技术的各种应用之前，我们有必要理解这项强大工具的诸多潜在用途。

***

2014年春，我儿子安德鲁六年级的科学老师邀请我到他们

101 课堂上跟同学们讲一讲CRISPR是什么。接到这份邀请，我倍感荣幸，但也有点忐忑：我该怎么向这些孩子讲解基因编辑呢？他们对DNA才刚刚有基本的了解啊。

我决定带一个3D打印模型，其中包括Cas9蛋白质和结合了DNA的向导RNA。这个模型已经成了我办公室的“镇室之宝”，亮橙色的RNA、湛蓝的DNA与雪白的像橄榄球一样大的蛋白质通过磁力吸引紧紧缠绕。对于孩子来说，其中的分子细节也许有点太多了，我心想，不过到时候我可以在课堂上把这个模型传开，让大家近距离观察和触摸。

我低估了学生的好奇心。我还没来得及把模型传给他们，他们就弄明白了怎么在Cas9切割的位置把DNA打断，并把DNA从CRISPR复合体中抽取出来。看来，我对跟孩子交流复杂概念的担心纯属多余！

跟学生讲解的时候，我把CRISPR比喻成一把分子剪刀：它可以用20个字母精确锁定一段DNA序列，进而切开双螺旋。不过，科学家可以用它来完成许多其他类型的基因编辑。因此，更好的比方可能不是剪刀，而是瑞士军刀，因为CRISPR的功能实在是太丰富了。

CRISPR最简单的，可能也是最广泛的应用，是切开基因，制造双链断裂，进而诱发细胞修复损伤。这是一个容易出错的过程，也会留下独特的痕迹——在CRISPR切割位点的两侧会插入一段短DNA或者缺失一段DNA（合称为插入缺失突变）。虽然科学家还无法控制CRISPR切割DNA之后的修复过程，但他们已经意识到，这类基因编辑非常有用。

毕竟，基因只是遗传信息的携带者，好比一栋房子的建筑
蓝图。基因编辑的目的不是改写蓝图，而是改变房子的实际构 102
造。这通常意味着，我们要改变蛋白质。

在基因表达的过程中，DNA的信息最终被翻译为蛋白质的序列，这个过程遵循的是分子生物学的中心法则。首先，在细胞核内，DNA转录出一个临时拷贝，叫作信使RNA（mRNA）。信使RNA是一条单链，它的序列跟DNA模板是对应的（一个重要的区别是T被换成了U）。然后信使RNA被运送到细胞核外，呈递到核糖体（合成蛋白质的工厂），信使RNA上的碱基信息被翻译成氨基酸信息，也就形成了蛋白质。翻译的过程遵循的是遗传密码表：每3个碱基组成了一个三联体密码子，它对应于一个特定的氨基酸（由于密码子有64种可能，而氨基酸有20种，因此一个氨基酸可能对应于多个密码子，此外，还有3个终止密码子代表终止信号）。核糖体从信使RNA的一端开始，逐个密码子地解析其中的信息，向多肽链上不断添加新的氨基酸，直到读完全部信使RNA，整个过程很像制造汽车的生产线。这个系统的一个重要特征是，核糖体必须维持在正确的密码子阅读框里，只要稍有差错，翻译出的蛋白质就完全乱套了。

为了更好地理解这个过程，设想一下如果错了一个字母，

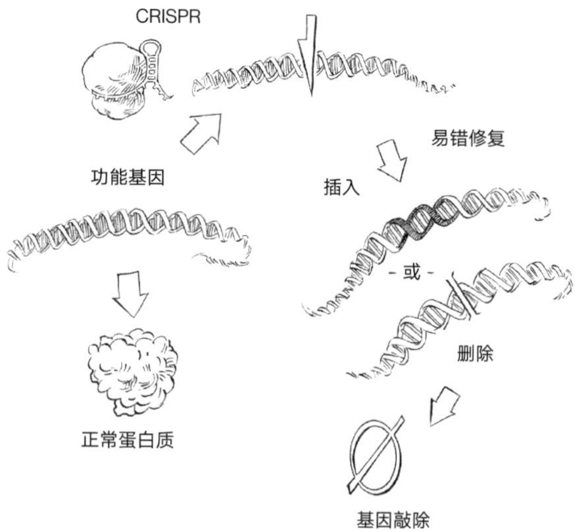

图15：用CRISPR制造出基因敲除

这个句子会变成什么样："The dog bit the mailman in the leg"——你可能会读成"Hed ogb itt hem ailmani nt hel eg"。与之类似，如果核糖体在阅读信使RNA的时候发生了移框，就会翻译出错误
103 的蛋白质。此外，如果终止密码子提前出现，翻译过程也会提前终止，基因表达也就无从谈起。

CRISPR最核心的威力就在于此——它可以摧毁一个基因合成蛋白质的能力。如果一个基因里多了或少了一段DNA，它的信使RNA也会随之出错。这样的突变往往会阻断DNA的正常转录，导致蛋白质无法合成，或者即使合成出来也有严重突变。无论如何，这些蛋白质通常无法行使其正常功能。遗传学家把这种状况称为"基因敲除"（knockout，或KO），就好像拳击手在比赛中被“击倒”，基因的功能被彻底“敲除”了。

当动物遗传学家开始使用CRISPR的时候，他们选择的是那些敲除之后有明显后果的基因。他们最爱的一个靶点是*TYR* 104
基因。该基因最早出现于5亿多年前，广泛分布在动物、植物和真菌中，它合成的蛋白质叫作酪氨酸酶，参与合成一种重要的色素：黑色素。在人类身上，*TYR*基因突变会引起酪氨酸酶不足，导致I型白化病，这种遗传病也会引起视力缺陷、皮肤发白和眼睛发红。如果我们用CRISPR来编辑小鼠的*TYR*基因，那么小鼠是否也会患上I型白化病呢？2014年，得克萨斯大学的一个研究团队设计了针对*TYR*基因的CRISPR，并把它注射进了小鼠受精卵。结果非常惊人：虽然这些小鼠的双亲都有正常的黑毛、黑眼睛，但是幼崽里却出现了白毛、红眼睛。对此，唯一的解释是*TYR*基因被破坏了，于是皮肤、毛、眼睛颜色发生了变化，变化的后果不能再明显了。

DNA测序确认了*TYR*基因发生了变化。选择*TYR*基因的一个好处是研究者可以直观地看到结果。通过统计黑色幼崽（没经过基因编辑）和白色幼崽（经过基因编辑）的数量，我们就可以准确衡量CRISPR的效率。这样，当不同实验室优化CRISPR设计的时候，我们就可以追踪效率的变化。在得克萨斯大学进行的研究中，11%的小鼠后代完全是白色的，更多的则是黑白夹杂的颜色。仅仅一年之后，一个日本的研究团队报道了同样的实验，但是他们对CRISPR进行了细微的改进，编辑效率达到了97%——40只小鼠后代中有39只有完全均一的白化病症

状。在短短几周之内，这个团队就精确彻底地改变了一整代小
105 鼠（以及它们的后代）的遗传组成，这在自然界中是前所未有的。

基因敲除只是科学家优化CRISPR基因编辑的策略之一，但是，这还不是基因工程的主要目的。基因编辑的一个主要目标，起码就医学应用而言，是治愈遗传病，因为许多遗传病都源于关键基因的失活。这些时候，基因敲除无济于事，因为患者体内的关键基因本来就失活了，科学家需要的是找到办法靶向锁定、编辑、纠正基因突变。

幸运的是，细胞还有第二套用于修复双链断裂的分子机制——同源重组，它比异常重组要更精确、更有分寸，因为它只对序列特别相似的DNA片段进行重组。事实上，早期的基因编辑研究者经常使用这套办法。

同源重组类似于摄影师将一组彼此有重叠的风景照拼成全景图。为了保证拼接正确，他必须把中央照片的边缘部分与四周的照片准确地重叠起来。如果全景照的中央部分少了一块，他可以重新单独拍一张，通过同样的方法重新拼出全景图。如果真实的风景变了，比如这里竖起了一座高塔或者那里倒了一棵大树，摄影师只需要把对应的部分更新即可。

结果表明，细胞内有些酶在执行类似的剪切与复制功能。我们先前讨论过，异常重组容易出错，因为细胞很随便地就把断裂的双链接上了，类似于摄影师匆匆忙忙地用缺了一角的风

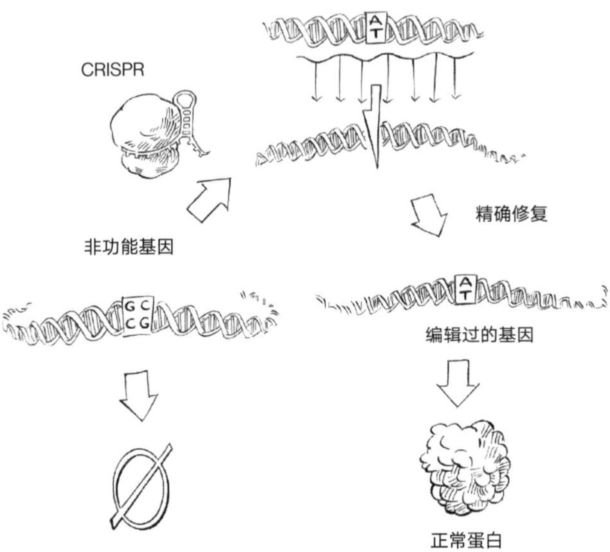

图16：利用CRISPR修复突变基因

景画拼出全景图。但是，如果细胞内同时还有另一个较完整的
同源基因，细胞就会选择更好的办法来修复：它把第二个DNA 106
片段复制到破碎的染色体里，同时维持着末端完美的重叠。这个策略意味着，突变基因在被CRISPR切开之后，一段正常的基因会替换掉它。研究者只要把CRISPR与修复模板同时引入细胞，细胞就会替换上新的片段。

除了对基因进行细微调整，研究者也可以利用CRISPR切 107
除或者反转大段的DNA，从而大刀阔斧地改造基因组。这种方法利用了细胞的另一个特性：它会竭尽全力维系染色体的完整。研究人员给Cas9蛋白质配备两个不同的向导RNA，使它在两

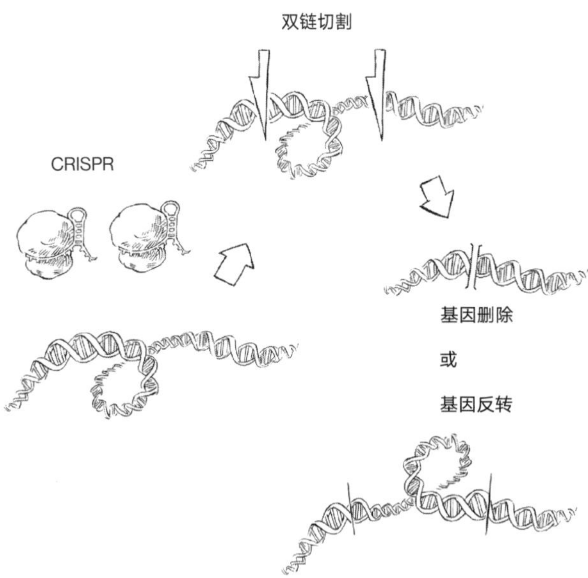

图17：利用CRISPR进行基因删除或基因反转

个相邻的基因里切开DNA，这时，细胞有三种方式进行染色体重组。

现在，由于DNA断口的数量多了一倍，细胞的第一个选择是加大马力，进行末端结合修复，把两个断口结合起来。不过，由于细胞内分子运动的不规律性，进行修复的时间很短，如果
108 两个断口之间的DNA片段漂走了，细胞就会采取第二个选项：放弃中间的这一段DNA，把两侧的染色体结合起来。这就好比老式电影的剪辑师从胶片里剪去某些场景：先在两个地方切开胶片，丢弃中间部分，再把断口接上。

此外，还有第三种可能：中间那段DNA没有漂走，但发生了反转。这时，负责末端结合修复的酶仍然盲目地把这一段DNA重新接起来，没管它的方向。

除了基因编辑，CRISPR还有别的用途。科学家可以把CRISPR这个分子机器拆开，让切割功能失活，不再直接编辑DNA，而是改变DNA被解读、转录和翻译的方式。好比木偶艺人通过暗线来操纵木偶的动作，科学家可以通过这套非剪切的CRISPR指导细胞的行为，相当于对基因组进行“远程操作”。

这些应用还是离不开实验室对CRISPR-Cas 9进行的早期研究。通常而言，一个蛋白质里包括成百上千个氨基酸，大部分氨基酸用来维持其三维结构，只有少数的氨基酸作为关键的化学基团参与催化反应。当马丁最初鉴定出Cas 9蛋白质的催化功能
的时候，他找到了参与切割DNA双螺旋的几个关键氨基酸。当 109
把这几个氨基酸突变之后，他创造出了一个失去了DNA切割能力的Cas 9蛋白质，当然，它仍然能与向导RNA相互作用，并与对应的DNA序列紧密结合。我们把催化核心拆解开，改造之后的Cas 9不能再切割DNA了，但它依然可以寻找并精确锁定目标基因。类似的研究也由维尔日尼胡斯·塞尼相克斯和其同事报道了。

与此同时，齐磊（Lei Qi）从伯克利分校博士毕业之后不久，就在加州大学旧金山分校（VCSF）建立了自己的实验室。与UCSF的另外两位教授——齐纳森·魏斯曼（Jonathan

Weissman)和温德尔·林恩（Wendell Lim）合作，齐磊证实了这种不切割基因的CRISPR也有它的用武之地（他们称之为CRISPR干扰系统）。改良版本的CRISPR可以让科学家在不影响细胞DNA的情况下改变基因的表达水平。打个比方，这就好比为基因表达添上了旋钮，我们可以把基因开启或者关闭、调大或者调小，就像调整灯光的亮度。

这套CRISPR干扰系统的功能有点像分子送货员。这时，科学家的目的不再是锁定目标基因并切割DNA，而是把Cas9或向导RNA与等待配送的蛋白质结合起来，然后通过改造的CRISPR把该蛋白质运送到细胞内的特定基因上。这些蛋白质可以增强或者减弱目标基因的表达水平。

基因表达是一套复杂的多层次控制系统，它控制着对蛋白质进行编码的DNA信息何时表达、表达多久。可以说，这套控制系统对生物学的重要性不亚于遗传信息本身。组成人体细胞的近五万亿个细胞含有相同的基因组（除了生殖细胞和不含细胞核的血红细胞），但是这些细胞是高度多样化的，它们形状不同、大小各异，组成了复杂的组织、器官，表现出独特的性质与功能。有些细胞攻击血液中的病原体（免疫细胞），有些可以收缩舒张并把血液运送到全身（心肌细胞），还有一些可以在中枢
110 神经系统里储藏记忆（脑细胞）。而免疫细胞、心肌细胞和脑细胞之所以不同，就在于基因表达模式的差异。此外，癌症和遗传病之所以发作，往往不是因为某些基因失去了功能，而是基因表达的方式出错了。

事实上，调控基因表达的能力跟编辑基因的能力本身几乎一样重要。不妨把细胞想象成一个大型交响乐团，它由两万多种不同的乐器组成。在一个健康的细胞里，各种乐器的声音构成了完美的平衡；在癌细胞或者受感染的细胞里，平衡被打破了，有些乐器的声音太强，有些则太弱。有时候，为了使交响乐团恢复正常，直接编辑DNA可能失之武断——这就好比直接移走或者替换掉某种乐器。这个时候，CRISPR干扰系统就为我们提供了一种更精细的方式来调控基因。

现在，有了完整的CRISPR工具箱，科学家几乎可以对基因组的组成和基因表达进行精细的控制。无论是通过异常重组还是同源重组，无论是通过一刀剪切、多刀剪切抑或一刀都不切，科学家有无数的选择。而且，科学家仍然在继续优化这些工具。研究人员已经构建了可以发出荧光的CRISPR，从中可以看到基因在细胞内的三维结构；也构建出了可以靶向锁定信使RNA的CRISPR，可以进行独特的基因调控；还可以在基因组内引入“条形码”，用DNA语言记录细胞的历史。如此等等，不一而足。人们感到，就CRISPR应用而言，没有做不到，只有想不到。考虑到它惊人的多样性，我们可以大胆预言，CRISPR将逐渐成为各个领域生物学家的必备工具。

看到这些惊人的技术开花结果，接受它的科学家从一开始 111
的少数几位迅速发展到成百上千位，而且它还在不断优化，我们感到无比兴奋。任何发明家或者创新者都知道，新技术被其他人接受的这种满足感是无与伦比的。而且，对任何新技术来说，大规模应用也是进行优化的最快途径。

CRISPR研究迅速进入井喷期，原因起码有二：一是其功能多样，二是其适用范围广。随着CRISPR工具箱得到拓展，我们可以对基因组里的任何碱基或基因施加影响。如本书之前提到的，利用CRISPR，我们有希望找到新办法来治疗癌症和遗传病，在动植物中的应用会帮助我们提高粮食产量、消除特定的病原体，甚至复活已经灭绝的物种。因此，在利用CRISPR进行基因编辑的第一篇论文发表的几个月之后，《福布斯》杂志就将因此永远改变整个生物技术行业。

但是CRISPR在生物技术舞台如此炫目，真正的原因是它功能强大、价格低廉、使用方便。CRISPR使得所有科学家都能进行基因编辑了，之前的工具（主要是锌指核酸酶和TALENs）不易设计而且价格昂贵，这限制了它们的使用。鉴于此，许多实验室，包括我们的在内，对于利用基因编辑技术都颇为犹豫。然而，现在有了CRISPR，我们可以很轻易地设计出向导RNA，再加上Cas9蛋白质，通过标准流程完成实验，这只要几天的时间，而且不需任何额外的培训。唯一需要的是含有CRISPR的质粒，而
112 这也可以通过非营利组织爱得基因（Addgene）获取，他们有一个很大的质粒储备仓库，而且还在不断扩张，他们也提供质粒分配服务。

爱得基因有点像是奈飞公司（Netflix，美国的视频节目供应商），只不过它提供的是质粒。自从马丁和我提交了CRISPR论

文，我们就把质粒提交给了爱得基因保管，就像电影公司把电影授权给奈飞。许多实验室在构建出CRISPR质粒之后也相继效仿我们。爱得基因对每一个质粒都精确备案，在网站上提供了详细描述，并复制出上千个拷贝，分发给有需要的顾客。对学术实验室来说，这要花多少钱呢？2016年，每份质粒的价格是65美元。通过缓解质粒生产商的负担并满足质粒消费者的需求，爱得基因确保了世界上的任何学术和非营利机构都可以获得研究材料，包括使用CRISPR必需的各种元件。仅2015年，爱得基因就往80多个国家寄出了约60000份与CRISPR相关的质粒。

信息技术的发展也使得基因编辑变得前所未有的简单。许多软件包使用先进的算法，综合考虑各种设计参数，同时根据实验数据来选择目标序列，为研究者提供了一套自动化、一站式服务——目的就是为研究者提供编辑目标基因的最佳CRISPR分子。科学家并没有因为有了软件而变懒，事实上，科学家现在可以进行更复杂、更精微的基因编辑实验了——对基因组中的每个基因都设计出了CRISPR，从而进行全基因组层面的筛选。

正是由于CRISPR的这些特点，新生代的科学家只要通过基本的训练就能完成在几年前无法设想的工作。在这个新兴领
域，一些现象已经司空见惯：过去需要多年实验室训练才能完 113
成的工作，现在一个高中生就能胜任了。有些专家推测，以现在的技术，任何人只要花2000美元就可以建立一个CRISPR实验室。其他人则估计，一些热情的技术迷会尝试在家里进行基因

编辑，很快会出现一批自己动手的生物黑客。CRISPR甚至成了众筹资本追捧的对象，它为开发和传播自己动手的基因编辑试剂盒（DIY gene-editing kits）募集了超过5万美元。只要130美元，每个募捐者就会收到一份试剂盒，“在家里，你就能对细菌的基因组进行精准编辑”。

CRISPR把基因编辑带进了千家万户，这注定会使这项曾经鲜为人知的技术变成很多人的嗜好或者技艺，就像自家酿制啤酒（事实上，经过基因编辑的酵母可以酿制出新风味的啤酒，这是CRISPR的又一例新奇有趣的应用）。从许多方面而言，这都令人激动，但是这个强大技术快速传播的背后也有许多事情令人不安。

如今，人人都可以使用CRISPR技术，这固然可以加速研发的节奏，但是这项技术是否有被滥用的风险呢？在世界各地，科学家已经开始使用CRISPR对许多新物种进行基因编辑，不用多久，它也会用到人类身上。

我们要如何权衡其中的利弊得失？我们是否有望就应当如何使用CRISPR达成共识？我们是否有能力阻止它被滥用？

所谓“能力越大，责任越大”，人类操控生命密码的能力已经非常高超，但我们的责任呢？无论是从个体层面，还是从人类整体的层面，我们的准备都非常不足。在本书的下半部分，我会探讨CRISPR革命带来的困境，以及它蕴含的巨大机遇。这是一项前无古人的考验，但我们必须要通过它。兹事体大，我们别无选择。

下篇
任务

5. CRISPR 生物园

想象一下这些东西：在货架上放几个月都不会变坏的西红柿，能更好地应对气候变化的植物，不再传播疟疾的蚊子，肌肉 117
特别发达的警犬和头上不再长犄角的奶牛。

这些生物听起来像是天方夜谭，但事实上，有了基因编辑，它们已经出现了，以后还会更多。在本书写作之际，CRISPR已经给世界带来了革命性变化。在接下来的几年里，这项新技术会为我们提供更高产的粮食、更健康的牲畜、更有营养的食物。再过几十年，我们也许就可以通过转基因猪来为人生产移植器官，我们可能也会复原猛犸象、会飞的蜥蜴和独角兽。不，这不是玩笑。

我不无激动地想到，我们正在走进地球生命历史的一个新纪元——在这个新时代，人类能掌控地球上其他物种的基因组。不久，CRISPR就会使得我们实现人类自史前时代就有的梦想：让大自然屈服于人类的意志。当这种意志用于建设性的工作时，我们会取得令人赞叹的成就；但当它用于破坏性的事情时，也会带来意外的，甚至惨绝人寰的灾难。

118 科学界已经感受到了经过基因编辑的动植物带来的影响。比如，研究者利用CRISPR在模式动物里更精确、更灵活地制造出了人体疾病模型——除了小鼠，研究者已经在猴子身上模拟了自闭症，在猪身上模拟了帕金森病，在鼬身上模拟了流感。CRISPR技术最有趣的一个应用，是科学家可以用它来研究不同生物的代表特征，比如墨西哥蝾螈的四肢再生、鳉鱼的衰老，以及甲壳类动物的骨骼发育。当世界各地的研究者给我发来他们使用CRISPR的实验记录和结果时，我总是很高兴——比如，有人发现了蝴蝶翅膀斑纹的遗传学基础，或者在基因层面解析了酵母感染的发病机制。这些实验揭示出了自然世界的新面相，或者阐明了生物在遗传层面上的相似性。这都让我激动不已。

基因编辑还有别的应用，有些听起来就像科幻小说。例如，我惊讶地了解到，许多研究组使用CRISPR来改造猪的基因，使它们能更好地长出人类的器官，从而解决移植器官短缺的问题。此外，有些公司开始使用基因编辑技术来提供定制宠物，比如基因编辑过的迷你猪，只有小狗那么大。还有一些直接来自科幻电影里的情节，比如，有些实验室在进行所谓的“复活灭绝物种”，即通过克隆或基因工程复原已经灭绝的生物。我的朋友贝丝·夏皮罗（Beth Shapiro）——加州大学圣克鲁斯分校的一位教授——正在使用这项策略来复苏某些已经灭绝的鸟类，以便研究它们与现代鸟类的关系。沿着类似的思路，也有人开始使用CRISPR把大象一步步地改造成猛犸象。

119 讽刺的是，CRISPR也可以用来灭绝某些我们不希望看到的动物或者病原体。是的，早晚有一天，CRISPR会用于彻底摧毁一个物种。10年前，在我刚开始涉足研究细菌适应性免疫系统的时候，怎么也想不到会有这一天。

显然，CRISPR的某些应用可能增进人类的福祉，另外一些应用则属于娱乐或者恶作剧，还有一些则无比危险。鉴于CRISPR应用得越来越快，我越来越意识到理解它的风险有多重要。

CRISPR使得我们有能力迅速并且不可逆地改变地球的生物圈，按人类的意志改写任何生物的基因。但是，我认为目前亟需讨论CRISPR的风险。这是生命科学的一个激动人心的时刻，但是我们不能让自己被潮流裹挟而去。我们有必要提醒自己，虽然CRISPR有巨大的潜力造福世界，但是改变物种的基因组，对生态系统可能产生无法预料的后果。我们有责任尽早考虑潜在的后果，并在全球范围发起公开、包容的对话，讨论如何才能最好地使用基因编辑。事不宜迟，否则就为时已晚。

2004年，欧洲的一组科学家解决了一个长久以来困扰大麦育种人员的难题：他们发现了一个使大麦抵抗真菌的基因突变。通常情况下，只要感染了这种真菌，植物就会患上白粉病，全欧洲种植大麦的农夫都曾深受其害。这株突变株可以追溯到20世纪30年代逃避德国侵略的埃塞俄比亚西南部人，他们在自己的粮仓里收集了许多大麦的种子。大约10万年前，埃塞俄比亚的 120
土著居民开始种植大麦，于是，自然界出现了这个基因突变（叫作*Mlo*基因）之后，它就被培育作物的农夫保留了下来。

数千年的农业发展史，正是人类影响下的演化进程，换言之，自然出现的突变被人工选择保留了下来。正如农学领域的开拓者路德·伯班克（Luther Burbank）在1901年的一篇讲演中评论的，物种并非铁板一块，无法改变，而是“具有可塑性，就像陶艺工人手里的陶土或者画家帆布上的色彩，它们可以塑造成更美丽的形态，表现出更美丽的色彩，变成前所未见的样子”。事实上，*Mlo*基因突变最初是从一株德国的大麦品系里发现的，而它在1942年被X射线照射过。科学家很早就发现，种子接受射线辐射（比如X射线或者伽马射线），或者浸在化学试剂中之后，其基因组里会出现许多突变，我们可以筛选出有用的突变株，进而培育它。

人工诱变的突变株里往往有成百上千个基因突变，如果某个基因突变在许多突变株中都出现（比如*Mlo*基因），这些植株可能同时具有某种有用的特征——比如，抵抗真菌。在研究者鉴定出*Mlo*突变基因之后的10年里，人们在其他许多植物里也发现了该基因突变，而且也与抵抗白粉病有关。这提示了一种激动人心的可能性：我们可以主动改写*Mlo*基因，让更多植物都能抵抗白粉病。

这是基因编辑的巨大潜力之一。与传统的育种方法（自然
121 突变、诱发突变和杂交）相比，CRISPR技术使得科学家可以精确操作基因组了，这是前所未有的突破。2014年，中国科学院

的研究人员使用多种基因编辑工具——包括CRISPR——改写了普通小麦（学名：*Triticum aestivum*）里的6个*Mlo*基因。要知道，普通小麦是世界上最重要的粮食作物之一，得到这些耐受白粉病的突变体是一项了不起的成就。此外，我们不必担心会有其他副作用，因为发生改变的只有*Mlo*基因。现在，无论是基因敲除、基因改写、基因插入或者基因删除，科学家都可以在单个碱基层面以前所未有的精确度进行操作，这对任何基因、任何DNA序列都成立。

图18：在植物中引入DNA突变的方法

制造出能耐受白粉病的植株只是CRISPR在农业中应用的 122
一个例子。CRISPR诞生不久，它就被用于制造抗细菌感染的大米，能天然抗虫的玉米、大豆、土豆，不会褐变或过早腐败的蘑菇。在美国加州的一组研究者也在试图使用CRISPR技术改造甜橙的基因组，以拯救美国的橙子种植业，因为这里的橙子遭受了一种叫“黄龙病”的细菌感染，它已经重创了亚洲的许多果园，现在也威胁着佛罗里达、得克萨斯和加利福尼亚州的果园。在韩国，科学家金镇秀（Jin-Soo Kim）和他的同事希望可以对香蕉进行基因编辑，从而保护一种珍稀的卡文迪许品种，后者正在受到一种不断蔓延的土壤真菌的威胁而濒临灭绝。在世界其他地方，研究人员甚至开始尝试把细菌的整个CRISPR系统插入植物里，让后者也有全新的抗病毒机制。

我对利用基因编辑生产更健康的食物格外感兴趣。不妨举两个突出的例子。第一个与大豆有关，每年，它为我们提供了大约5000万吨的豆油。不幸的是，大豆油里包含的反式脂肪酸水平太高，可能会引起高胆固醇和心脏疾病。最近，明尼苏达Calyxt公司的食品科学家使用TALENs基因编辑技术改写了大豆的两个基因，使得种子分泌出的反式脂肪酸含量大大降低，整体的油脂成分接近橄榄油。在基因改造的过程中，没有引入任何外源DNA，也没有造成意外突变。

第二个例子是土豆，这是世界上第三大食物来源，仅次于小麦和大米。为了延长其保质期，土豆需要低温保存很久，但这
123 可能会诱发所谓的“低温甜化”现象，淀粉会分解成葡萄糖和蔗糖。在这之后，任何涉及高温的烹调过程（比如炸薯条和薯片的时候），这些糖类会转化成丙烯酰胺，这是一种神经毒剂，也是潜在的致癌物。低温甜化也会使薯片变成棕色，而且带有苦味，这是巨大的浪费，薯片加工厂每年为此要丢弃15%的土豆。通过

基因编辑，Calyxt的研究者很快就解决了问题，他们使土豆基因组里负责分解淀粉的基因失活了。结果，使用新品种的土豆时，薯片中丙烯酰胺的水平降低了70%，薯片也不再变色。

食品科学家为如此简便易行的基因编辑技术而感到欢欣鼓舞。但是，一个无从回避的问题是，厂家和消费者会像接受传统诱变那样，接受基因编辑过的植物吗？抑或基因编辑植物会面临转基因作物那样的命运吗？转基因作物是人类巨大的福祉，我认为，它们遭遇到的抵制是不合理的。

随着CRISPR技术传播到世界各地，我发现，我有必要补习与食品有关的政治学。考虑到基因编辑很可能会重演转基因技术的命运，我打算从转基因生物的发展历史中汲取教益。第一步，我打算先来澄清“当我们谈论转基因生物的时候，我们在谈论什么”，于是，我调查了不同的政府组织和公益团体对“转基因生物”的定义。

美国农业部对转基因技术的定义是“为了特殊用途而对动植物进行可遗传的改良，无论是通过基因工程还是其他传统方法”。这个宽泛的定义囊括了最新的基因编辑技术，以及传统的突变育种技术。事实上，按照这个定义，我们吃的几乎所有食物，除了野生蘑菇、野生草莓和野生动物，都可以说是来自于转基 124
因生物。

不过，关于转基因生物的一个更常见的界定，是指那些被

DNA重组和所谓的基因嵌入技术改变了遗传物质的生物。1994年，第一例商业种植的转基因生物获得消费许可——这是一种腐烂得更慢的西红柿新品种，叫作Flavr Savr。从此之后，美国开发出了50多种转基因作物，并获得商业种植许可，包括菜籽、玉米、棉花、番木瓜、大米、大豆、西葫芦等。2015年，美国92%的玉米、94%的棉花和94%的大豆都是转基因生物。

这些转基因作物带来了可观的环境和经济效益。有了抗虫棉，棉花的产量会更高，对化学杀虫剂和除草剂的依赖会更低。遗传工程也拯救了整个夏威夷的番木瓜种植业，避免了大规模的病毒感染。很快，人们就意识到，转基因技术也可以用来保护其他水果（比如香蕉和李子），使之免受新发性传染病的威胁。

虽然有这些好处，而且数以亿计的人都摄入了转基因食物，并没有任何问题，但转基因食物仍然饱受攻击、严格的审查和尖锐的抗议，大多数批评并没有坚实的根据，这些反对的声音往往只关注少数研究，他们声称转基因作物有害消费者或环境的健康。比如，有人声称摄入转基因土豆会让大鼠患上癌症，转基因玉米会杀死君王斑蝶——但是，这些报道都被众多后续研究否定，而且受到了科学界的广泛谴责。虽然转基因生物受到了消费品市场最严格的监管，但专业机构的共识是，转基因食
125 物跟传统食物一样安全。支持转基因食物的组织包括美国联邦政府部门、美国医学会（AMA）、美国国家科学院、英国皇家医学学会、欧盟、世界卫生组织。尽管如此，仍有60%的美国人认为转基因食物不安全。

科学界与公共舆论对转基因食物的安全有如此大的分歧，着实令人担忧。在我看来，这部分反映了背后更大的一个问题：科学家与公众之间的交流出了问题。从我开始涉足CRISPR研究的短短几年来，我就发现，要在这两个世界之间维持一种建设性的、开放的对话非常有挑战，与此同时，我也深知，为了推动科学发现，这样的交流又很有必要。

一个关键点是，提到转基因生物，人们好像总觉得它有点儿不自然，甚至邪恶。事实上，我们吃的每一种食物几乎都被人为改造过，比如选育种子时用过随机诱变。因此，“自然”与“不自然”并没有截然清楚的区分。中子辐射创造出了红葡萄柚，秋水仙素诱发了无籽西瓜，苹果园里长满了基因型完全一致的苹果——现代农业的这些现象都不是自然出现的，但我们大多数人都在摄入这些食物，毫无怨言。

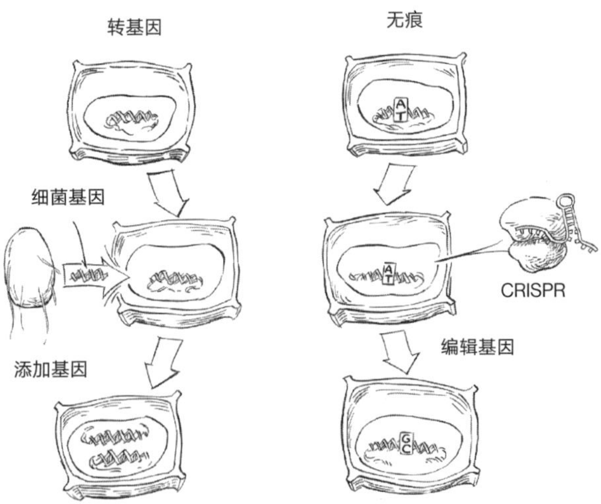

图19：转基因生物与无痕基因编辑的生物

与CRISPR相关的基因编辑技术会进一步模糊转基因食品与非转基因食品的界限，因而让辩论更加复杂。在一般的转基因作物里，外源基因被随机插入基因组，这些外源蛋白质为转基因生物赋予了新的特性；与此相反，基因编辑的过程并不引入外源DNA，而是对生物体的基因组进行微调，比如改变某些
126 蛋白质的表达水平。从这个意义上说，基因编辑过的生物与化学和辐射诱发的突变体没有区别。此外，科学家也在研究新方法，使用CRISPR在植物体内进行“无痕编辑”。比如，科学家可以在实验室里合成、纯化、组装CRISPR分子（正如我们在2012年《科学》上发表的那篇论文里所展示的那样），然后导入植物细胞，使其马上作用于基因组。短短几个小时之内，Cas9和它的向导RNA就会完成基因编辑，之后它们就被细胞内的天然回收系统清除。我希望，假以时日，通过无痕编辑产生的农作物能够赢得公众的接纳。

不过，围绕着基因编辑生物，争议也在慢慢发酵。之前一直抵制转基因生物的激进分子，在2016年春天对CRISPR技术发起了第一次抗议，一些CRISPR研究者甚至受到了人身威胁。

127 农业公司、农民、消费者以及政府官员面临的一个最大挑战是如何对基因编辑作物进行分类和监管。许多科学家把基因编辑的农作物归类为新杂交技术的产物，而抗议者觉得它们就是转基因作物，科学家不过是“新瓶装旧酒”。归根结底，这里的争论可以说是结果与过程之争：监管机构是要把新作物当作结果，还是应该同时考虑其开发过程？回到上文提到的白粉病，

科学家通过基因编辑的手段制造出了这种突变株，然而同样的突变株也可以由传统突变手段获得，这种情况下是否有必要区分不同的技术路径？

目前，新出现的遗传改造作物要通过一系列让人头晕眼花的监管环节，对它们的监管权也分散在食品药品监督管理局、环境保护署、美国农业部三个机构，审批程序冗长、昂贵，有些要求重复、累赘又显失公平。由于费用过于高昂，许多小公司无力进入转基因作物领域，结果，几家大公司垄断了市场。我不无惊讶地发现，即使在学术机构，研究转基因作物也困难重重，因为限制非常烦琐。

好消息是，这种局面正在发生变化。美国农业部不动声色地通知公司，新培育的基因编辑作物不需要农业部的批准，不过，他们仍需要取得美国食品药品监督管理局的批准。通过基因编辑得到的可以抗除草剂的油菜，现在已经获准在加拿大使用，在美国农业部的影响下，它也有望在美国获得批准。与此类似，Calyxt的科学家使用TALENs技术制造出的基因编辑大豆和土豆，就越过了美国农业部的审批，其他30多种转基因作物也是如此。虽然CRISPR初出茅庐，但杜邦先锋公司（美国最早的
种业公司）预测，CRISPR制造出的植物产品将在2020年前上 128
市。

2015年，白宫科学与技术政策办公室宣布，鉴于转基因领域的新技术层出不穷，现在有必要修订1992年发布的管理规定。

转基因产品的销售也经历了一些波折，2016年的联邦法律规定，含有转基因成分的食品必须在包装上进行相应标注。

监管层面的这些改变无疑是重要的，但是，如果公众对转基因食物仍持抵制态度，全社会就无法从CRISPR的巨大潜力里充分受益。生物技术可以帮助我们实现粮食安全，消除营养不良，应对气候变化，治理各种环境问题。不过，如果科学家、公司、政府和社会公众不能齐心协力，进步就不会到来。我们每一个人都可以为此做出一点贡献，但首先，我们需要保持头脑的开放。

农业市场对CRISPR的兴趣不仅仅限于农作物，还包括畜牧业，后者在不久的未来也会广泛使用基因编辑。不过，考虑到转基因作物的前车之鉴，经过基因编辑的动物可能要面临许多类似的监管障碍，甚至更强烈的反对意见。在这里，我们可能收获多多，但也可能错失多多。

在美国，已获许可供人消费的第一例转基因动物是一种快速生长的转基因三文鱼，叫作AquAdvantage——但这是开发商花费逾8000万美元，与FDA鏖战21年的结果。基因嵌入的三文鱼生长激素水平更高，与传统饲养的三文鱼相比，转基因
129 鱼从孵出到上市的时间缩短了一半，而且营养成分相同，对鱼或者消费者也没有额外的健康风险。支持者争辩说，高产地饲养三文鱼有利于环境，因为他们会减少人们对野生鱼群的依赖，降低美国进口的三文鱼数量（目前美国95%的三文鱼来自国

外），而且运输过程中的碳排放也只有传统方式的1/25。尽管如此，转基因三文鱼还是遭到了严厉抵制的声音，反对者把这些动物叫作“怪兽鱼”，并声称这样的三文鱼会危害消费者的健康，危及天然鱼类的生态系统。2013年，《纽约时报》的一份调查显示，75%的受访人员拒绝食用转基因鱼。消费者批评的声音也促使美国60多家超市连锁店——包括一些零售业的龙头公司，比如Whole Foods、Safeway、Target和Trader Joe's——纷纷保证不出售这些三文鱼。

事实上，AquAdvantage三文鱼不是科学家创造的第一种供人食用的转基因动物。早在2002年，一个日本科研团队就把菠菜的一个基因引入了猪，改变了猪的代谢脂肪酸的通路，使猪的营养成分更健康，但是这项工作却饱受谴责，这些猪最终也没有进入市场。也是在这段时间，加拿大的一个团队创造出了所谓的“环保猪”，这种对环境友好的转基因猪包含了一个来自大肠杆菌的基因，这提高了动物利用植酸（一种含磷化合物）的效率。普通猪粪里含有大量的磷，它们会渗入河流、湖泊，引起蓝藻爆发、水生动物死亡、更多温室气体排放，环保猪的粪便中，磷含量降低了75%，这对地球生态和养猪场周边的居民来说，都是利好消息。尽管有证据表明这些环保猪是安全的，但消费者仍然拒绝接受它们，最终，该科研项目被撤资，最后一只环保猪在2012年被安乐死。

在这种背景之下，新的转基因动物的前景并不乐观。但 130
是，如上文所述，这取决于监管机构和公众如何界定“转基因”。

AquAdvantage三文鱼融合了钦诺克三文鱼的生长激素基因和大洋鳕鱼中的一段启动子序列。现在，设想一下，如果科学家不引入任何外源基因，仅仅通过编辑三文鱼的基因组就能够提高其本身的生长激素水平，那会怎么样？消费者和监管机构是否仍然认为这样的三文鱼是转基因生物？

考虑到CRISPR研究的节奏和基因编辑应用于畜牧业的速度，在不久的将来，这个问题还会出现。科学家已经在实验室里制造出了基因编辑过的动物，它们早晚会被管理机构提上议事日程。许多转基因动物不仅会像AquAdvantage三文鱼那样长得更快，也会长得更壮。

借助精准基因编辑，科学家已经改造出了所谓“双肌化”（两倍肌肉）的奶牛、猪、绵羊、山羊，它们非常强壮，就像是动物中的健美冠军。这些新品种并非实验室里创造出的怪兽，实际上，科学家的灵感来自于大自然，就像大麦里出现的耐受白粉病的突变体。

肉牛养殖户是了解“双肌化”特征的，因为它多见于两种常见的肉牛品系——比利时蓝牛（Belgian Blue）和皮埃蒙特牛（Piedmontese）。平均来说，这些牛的肌肉比例更高，脂肪更少，精肉部位更发达，总体肌肉含量平均要高20%，它们是肉牛养殖户梦寐以求的品种。1997年，三个实验室同时发现，这种独特的肌肉特征源于一个突变基因，叫作肌肉生长抑制基因（*myostatin*），它就像是身体肌肉组织生长的刹车系统。研究者发现，这两种肉牛的*myostatin*基因出现了不同类型的突变：比利时蓝牛缺失了11个碱基，皮埃蒙特牛中有1个碱基突变。更重 131
要的是，该基因编码的蛋白质都失活了。之前，研究者敲除了实验室小鼠的*myostatin*基因，结果导致小鼠个头大了两三倍，而且更壮硕。在某种意义上，大自然在牛身上也进行了类似的实验。

肉牛不是唯一会表现出“双肌化”的动物。特塞尔绵羊是一种流行的荷兰品种，因其瘦肉多、肌肉健硕而驰名——它的*myostatin*基因也突变了。同样发生*myostatin*基因突变的还有惠比特犬，这是一种赛犬的后裔。跟同等重量级别的狗相比，它们的加速度最大，因而速度最快。有一种类型的惠比特犬，胸肌宽大，四肢发达，颈部威武，它们的*myostatin*基因中缺失了两个DNA碱基。另一些惠比特犬是杂合子，因为它们同时具有一个正常拷贝和一个突变拷贝的*myostatin*基因。来自国立卫生研究院的一个研究发现，速度最快的惠比特犬实际上是杂合子，因为它们肌肉更多，但又不是过多——这符合遗传学上的“刚刚好原则”（Goldilocks）。

有些人也表现出双肌化的特征。2004年，来自柏林的一组医生发表了一篇引人注目的研究文章，他们描述了一个生来就肌肉显著的男孩。随着年龄渐长，他的肌肉更加发达，4岁的时候他就可以单手举起3千克重的哑铃。考虑到他的体征跟双肌化的动物类似，而且家族历史上出现过大力士，医生推测这背后有遗传学上的原因。经过分子层面的一些探查工作，他们发

132 现，这个男孩的两个*myostatin*基因里都含有敲除突变，而他的母亲（之前是一位专业的运动员）是一个杂合子，只有一份突变基因。肌肉肥大（这是医生对双肌化的叫法）在人群中非常罕见，除了德国的这个案例，另一个被确诊的例子来自美国密歇根州。

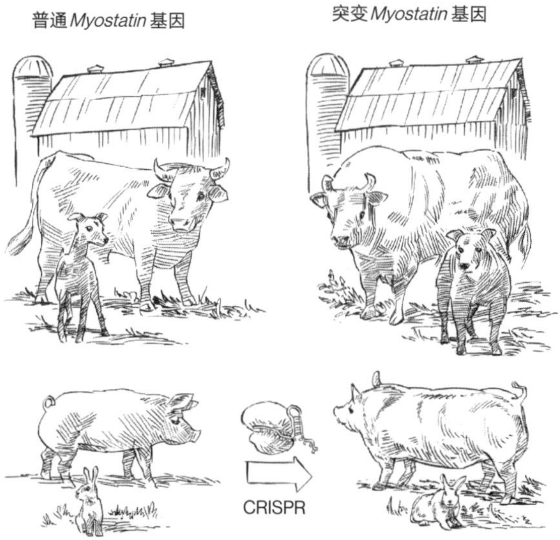

图20：双肌化的动物，既有天然产生的，也有CRISPR制造出来的

科研人员正在探索是否可以通过精准敲除*myostatin*基因来
治疗肌肉萎缩症。有人开始幻想在正常人身上敲除*myostatin*基
133 因来培养大力士——不过，我认为这种做法欠妥，下一章将详
细论述。

在动物身上，我们有必要使用基因编辑来改进特征，制造新品种。首先，对动物基因组的微小改进可以显著提高食物产

量。科学家已经使用基因编辑来培育出新品种的双肌化奶牛、猪、绵羊、山羊和兔子。如果养殖户获得了这些动物品种，这对消费者的营养摄取无疑是利好消息。对养殖业而言，一个重要的目标是养出脂肪更少、精瘦肉更多的动物，而基因编辑为此提供了一个简便的途径。一篇报道显示，基因编辑猪比普通猪的瘦肉含量高了10%，脂肪含量显著降低，而且肉质更嫩，与此同时，肉的营养价值或动物的发育、饮食、整体健康未受影响。鉴于我们没有向这些猪的基因组里引入外源基因，生产商希望监管部门会同等对待这些猪与比利时蓝牛（后者自然突变产生出了双肌化）。

由于CRISPR大大方便了一次性编辑多个基因，科学家可以同时引入许多新的特征。比如，中国科学家精确编辑了陕北山羊中的*myostatin*基因和控制毛的生长的生长因子基因。在人类中，这种生长因子的天然突变会导致睫毛变长，在猫、狗和猴子中，该基因突变与毛的长度有关。科学家选择陕北山羊进行基因编辑是为了获得更好的肉质和更长的羊毛（这可以用来生产优质山羊绒）。他们共编辑了862个山羊胚胎，并把416个转移到了代孕母羊体内，其中93个生下了幼崽，10个含有双突变基因。这种山羊还能接受进一步的改造，以生产出更多的肉和山 134
羊绒。

科学家还可以使用基因编辑工具来筛选动物性别，饲养的鸡只孵育出雌性后代（在蛋鸡场，出生不久的雄鸡也会被挑出来），人工饲养的鱼都是不育的（这样就不会入侵自然鱼群），养牛场里只留下雄性(因为雌性的产肉率更低)。另外,科学家改造了牛的基因组,使牛群可以耐受一种导致牛群嗜睡的寄生虫。人们也改造了猪的基因组,使它们长得更快。在澳大利亚,一个研究团队改造了鸡的基因组,移除了鸡蛋中的一种常见过敏原,还有人在奶牛身上进行过类似的尝试。

科学家还可以通过基因编辑使动物变得更健康、更抗病,最近在猪身上的实验证实了这一点。养猪业面临的一大疾病叫作猪繁殖与呼吸综合征(Porcine Reproductive and Respiratory Syndrome, PRRS),这是一种由蓝耳病毒(Porcine Reproductive and Respiratory Syndrome Virus, PRRSV)引起的疾病,俗称"蓝耳病"。20世纪80年代末在美国首次被鉴定出来,之后迅速传播到北美其他地区、欧洲和亚洲。因为这种疾病,美国的养猪场每年损失5亿多美元,产量降低了15%。这种病也给动物带来了很大的折磨,受感染的猪表现出一系列症状,包括食欲不振、发烧、母猪的高流产率、猪崽的高死亡率以及呼吸困难。目前,科学家尚未制造出有效的疫苗,为了预防继发性细菌感染,只能依赖大剂量的抗生素,除此之外,我们似乎束手无策。

蓝耳病毒要感染猪,需要借助猪体内的CD163受体——受此启发,密苏里大学的一个研究团队向*CD163*基因中引入了突变,从而制造出抗病毒的猪(这个策略有点像给门换锁来防止偷走了钥匙的小偷再次入室盗窃)。密苏里的研究者使用CRISPR编辑了猪体内的*CD163*基因,然后把这些动物(连同作为对照组的正常猪)送到了堪萨斯州立大学,在那里,这些猪接受了近10万颗病毒颗粒的注射。结果，经过基因编辑的猪完全健康，没有丝毫病毒感染的迹象，而对照组的猪都表现出了典型的繁殖与呼吸综合征。

通过敲除宿主体内的关键基因来阻断病毒入侵，这个策略非常有效，其他研究者纷纷效仿。比如，英国的一组科学家针对非洲猪瘟病毒（African Swine Fever Virus，ASFV）也取得了进展。类似于蓝耳病毒，非洲猪瘟病毒的传染性也很强，而且目前没有疫苗。但是非洲猪瘟病毒更加致命，有些病毒株的致死率高达100%，受感染的猪7天之内就大出血死亡。为了阻止肆虐的病毒进一步传播，养殖户不得不隔离并杀死整个猪圈的猪。

来自英国的这组科学家注意到，有几种在非洲的野生猪，包括疣猪，似乎可以抵御该病毒。他们的目光集中到了一个基因上，它似乎是野生猪抵御病毒的原因所在。跟普通家猪相比，疣猪身上的这个基因有几个碱基的差异，因此，科学家对家养猪的这个基因进行了微小的改动，使它跟野生猪匹配，而没有影响其他基因。现在的问题是，经过基因编辑的猪，是否像野生疣猪一样，对非洲猪瘟病毒免疫呢？他们正在进行实验来回答这个问题。不过，另一个也许更重要的问题是，公众是否会接受这种基因编辑过的动物？研究人员相信消费者不会因为这一点改变而抱怨，特别是因为自然界里本来就有这种改良版本。

针对畜牧动物基因编辑的另一个例子，来自明尼苏达的Recombinetics公司。公司的研究者们通过基因编辑取得了一个

136 不小的成就：让奶牛不再长角了。他们进行这项研究是抱着人道主义的初衷——为了避免再割牛角。在美国和欧洲的乳制品行业中，割牛角是一项常见但残酷的操作。牛角增加了养殖户的危险，也给牛自身带来了不必要的麻烦。养牛场里通常的做法是，在牛幼年的时候用烙铁把新生的牛角烫掉，但这会破坏牛的身体组织，也给牛带来极大的压力和痛苦。仅在美国，每年就有超过1300万头小牛要经受割角之痛。

图21：其他即将面世的基因编辑动物

事实上，有些牛是不长角的，比如常见的安格斯牛。2012年，德国的一个研究小组发现，牛不长角是因为它们的1号染色体上 137
有一个突变，缺失了10对碱基，同时插入了212对新的碱基。受此启发，Recombinetics公司的科学家通过基因编辑在蓝丝带奶牛的基因组里引入了同样的突变，结果，他们制造出了没有角的新品种。要知道，蓝丝带奶牛是牧民在过去几百年里经过不断配种、优化得到的品系，在此之前，谁也没有想到我们能实现这种改进。这样出生的两头小牛，叫作Spotigy和Buri，它们将免受割角之苦。

展望未来，监管人员和消费者在思考这些基因编辑动物的时候，需要权衡结果与手段孰轻孰重：我们到底更在乎最终的生物体还是创造生物体的过程？传统的杂交配种可能需要很多年才能繁育出不长角的牛群，基因编辑能让我们更高效地实现这个目的。如果CRISPR技术可以杜绝不人道的做法（比如割角）、减少抗生素的使用、保护牲畜免受致命的感染，把新技术束之高阁是否明智？

除了动物饲养人员和食品科学家，生物医学研究者对编辑动物基因组也有兴趣，他们的目的是通过基因编辑的动物来提取新药，或者测试新疗法，以挽救更多人的生命。

动物实验跟人类疾病研究息息相关。无论是用动物来验证特定疾病的遗传基础、评估新药的效果，还是测试新疗法的疗效，关键一点是要有一个可靠的动物模型，尽可能模拟患者的生理特征和遗传原因。为此，CRISPR提供了一条高效便捷的途径。

138 自从20世纪开始，生物医学研究领域内最常用的哺乳类模式动物一直是小鼠，它跟人类有99%的遗传相似性。除了跟人类的遗传相似度高，小鼠还有其他方面的优势。小鼠具有类似人的生理特征，比如免疫力、神经系统、心血管系统、肌肉骨骼系统等。由于个头小、较温驯、繁殖力强，它们也易于生存。它们的生命进程更快——小鼠的一年大致相当于人的30年。这意味着，人的整个生命周期在实验室小鼠身上只要几年就能研究完。也许更重要的是，我们有许多方法对小鼠进行遗传改造，模拟人类的许多疾病和症状。每年，有数以百万计的小鼠出生并运送到世界各地，目前有超过3万种品系可供选择，广泛用于癌症、心脏病、失眠、骨质疏松症等疾病研究。

不过，小鼠模型也有其局限性。对于许多人类疾病——比如肺部纤维化、帕金森病、阿尔茨海默病、亨廷顿病等，小鼠没有表现出人类的典型病症，对新药的反应与人类也相差甚远，这些缺点都限制了实验室研究向临床应用的转化。

CRISPR可以帮助解决这个问题，因为它可以使我们选择其他动物构建疾病模型，而且效率跟构建小鼠模型一样高。在灵长类动物身上，这一点已经有所体现。第一只转基因猴出现于21世纪初，当时的研究人员使用病毒载体把外源基因投递到了猴子的基因组里，但是，在CRISPR出现之前，人们还无法对猴子进行精确的基因编辑。2014年年初，情况发生了变化。一组中国科学家把CRISPR注射进食蟹猴的单细胞胚胎，从而制造出了基因编辑猴，这跟一年前制造出基因编辑小鼠的办法类似。[139]在这项研究中，科学家使用CRISPR同时编辑了两个基因：一个与人类的严重免疫缺陷症有关，另一个与肥胖有关。显然，它们都有明确的健康后果。在这之后，其他研究者在食蟹猴中引入了一个跟癌症高度相关的基因突变（该突变出现在50%的癌细胞里）；在恒河猴中制造了引起进行性假肥大性肌营养不良症的基因突变。基因编辑也已用于探索神经系统障碍，因为猴子模型特别适用于研究人类行为和认知异常。这样对待猴子，我也感到不安，但我同时也知道，我们亟需找到合适的治疗手段来缓解许多人的痛苦。这些转基因猴可以作为病人可靠的替代品进行试验，使科学家在不伤害人体的情况下寻找治愈疾病的良策。

自从有了CRISPR，猪也成了研究人类疾病的常见模式动物，这是因为它跟人类有解剖学上的相似性，而且猪的孕期较短，每窝产崽较多。我认为，如果有合适的指导方针，人们会更容易接受使用饲养动物进行医学研究。事实上，基因编辑猪已经用于模拟色素缺陷、失聪综合征、帕金森疾病、免疫疾病，而且这份清单还在继续增长。

许多科学家认为，猪也可以为人类提供药物。在不久的未来，我们可能就会用猪作为生物反应器来生产有价值的药物，比如用于临床的人类蛋白质，由于蛋白质过于复杂，难以从头合成，从活细胞中收获则更可取。当然，科学家也在尝试其他饲

养动物来生产药物。FDA批准的第一种由饲养动物生产的药物
是一种抗凝剂，叫作抗凝血酶，它来自转基因羊的羊奶。另一种
140 被批准的药物来自转基因兔的兔奶。2015年，FDA批准了另一
种蛋白质药物，它来自转基因鸡的蛋清。

从药物提取的角度来说，转基因动物比活细胞培养有更多好处，包括产量更高、成本更低、容易扩大规模。CRISPR为科学家提供了更好的遗传操作手段，制造出更适合的转基因动物，从而进一步提高药物产量。比如，在猪体内进行的实验表明，CRISPR可以用来进一步改造猪的基因组，把对应的基因替换成人类版本，使它们更适合于生产供人使用的蛋白质。考虑到目前世界上销量最好的一批药物都是源于蛋白质，基因编辑对这个领域的影响不可估量。

有些科学家对猪还抱有更高的期望，希望它们能源源不断地为我们提供可移植的器官。实际上，这样的主意不算新了，人们一直都认为猪是一种很好的候选动物，原因无非是，它们容易饲养，繁殖迅速，而且猪的器官跟人的器官大小接近。但是，这个想法迟迟没有实现。对医生和患者来说，最主要的一个问题是，人体对移植器官会产生免疫排斥反应。即使是人与人之间的器官移植都有许多问题，跨物种器官移植成功的案例更是凤毛麟角。

141 毫无疑问，我们亟需器官移植的新方案。仅在美国，目前就
有12.4万人等待器官移植，但是每年只有大约2.8万人能获得

移植器官。据估计，在美国每10分钟就有一位新增病人需要移植器官，每天有22个人因病情加重而无法再接受器官移植，甚至在等候移植器官的时候死去。显然，供体短缺是造成这种悲剧的最主要原因。

有了CRISPR等新技术，我们就可能利用猪生产移植器官。之前，研究者集中于把人的基因转入猪的基因组，希望这样产生的移植器官可以避免人体的免疫排斥。现在，通过基因编辑，我们可以改造猪的基因，减少人体的排斥反应。此外，我们也可以剔除猪基因组里的病毒序列，避免后者在器官移植之后发生转移，感染人体。最后，通过克隆技术，我们可以把多个改造基因整合到一起，引入同一只动物体内。正如某生物公司的CEO（首席执行官）所言，我们的目的是“不限量地供应移植器官”，并根据客户需求提供定制服务。

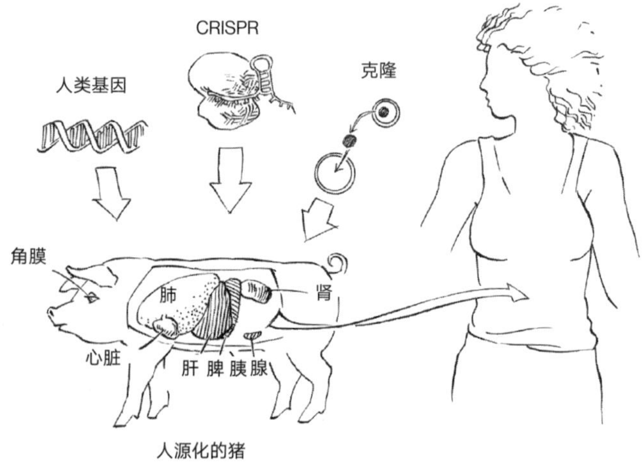

图22：使用人源化的猪生产移植器官

目前，这些技术还在初级阶段，但是我们正在不断取得进步。利用经基因工程改造的猪作为移植器官的供体，一颗移植
142 肾脏在狒狒体内维持了6个月，一颗移植心脏在另一只狒狒体内维持了2年半。该研究领域吸引了数千万美元的投资，一家叫作Revivicor的公司已经计划每年养殖1000头猪，它们在最先进的猪圈里长大，公司同时配备有手术室和直升机平台，如有需要，可以随时提供新鲜器官。看起来，跨物种器官移植进入临床试验已经指日可待。

在我的故乡夏威夷岛上，有多姿多彩的动植物，我从小在它们的环绕下长大，现在，看到CRISPR可以改造各种生物，我感到新奇，但也有一丝担忧。我希望，基因编辑可以减少牲畜的痛苦，让畜牧业对环境更友好，而不仅仅是更赚钱。基因编辑的模式动物，比如小鼠或猴子，可以帮助我们更深入地理解人类疾病，经过基因编辑的猪可以作为未来器官的供体，但我希望在此过程中，我们也同样尊重动物福利。

不过，有了CRISPR，似乎无法避免有人把基因编辑技术用于其他目的。比如最新繁育的迷你猪，这是由中国的华大基因组研究院创造的，这些可爱猪崽在一次生物技术峰会上一亮相就引起满堂轰动。成年的迷你猪体重约30磅（1磅≈453.6克），类似于中型犬，而农场喂养的猪体重往往超过200磅。华大基因公司最初繁育这些迷你猪是为了方便科学研究，因为体形太大的猪不便于实验人员操作。他们编辑了跟生长激素通路有关的基因，使猪不再对生长激素做出反应，于是繁育出了迷你猪。

这些迷你猪对研究的确有帮助——中国的一个研究小组把迷你猪改造成了人类帕金森疾病的模式动物。不过，华大基因公司也开始把这些迷你猪作为宠物出售，每只售价人民币1万元。有朝一日，消费者甚至可以通过基因编辑定制宠物，选择特定的 143
毛色或者斑纹。

有些生命伦理学者，比如哈佛医学院的让汀·伦斯霍夫（Jeantine Lunshof），担心遗传改造会“用于满足人类的独特的审美偏好”，但我认为这不一定是坏事。毕竟，在任何一个宠物公园，你可以同时发现4磅（1磅≈0.45千克）的吉娃娃和200磅的大丹犬一起嬉戏，要知道，它们可是同一个物种。其实，杂交也是一种基因工程，只不过结果更不确定、效率更低。我甚至愿意争辩道：“同样是为了改造基因，CRISPR比杂交更优越。”迷你猪的健康状况跟普通猪没有区别；相比之下，狗的许多品种都有严重的健康问题。拉布拉多犬容易患上30多种遗传病，60%的金毛会得癌症，小猎犬容易感染癫痫，骑士查理王猎犬（由于骨骼变异）容易出现癫痫和慢性疼痛。但是这些健康问题并没有阻止人们继续按照自己的偏好筛选狗的基因与外貌。

无论你是否喜欢，经过基因编辑的猫和狗很快就会面世了。2015年年末，来自中国广州的科学家首次使用CRISPR敲除了小猎犬身上的*myostatin*基因，从而制造出了双肌化的品种。这两只健硕的狗被命名为赫拉克勒斯和哮天犬，分别代表希腊神话中的超人英雄和中国神话中的天狗。一位科学家表示，繁育肌肉更发达的小猎犬，初衷并不是制造新的宠物，而是用于生

144 物医学研究。不过他也同意，这些狗在警察和军队中可能有用。该研究团队在论文的末尾表示，CRISPR可以“制造出更受人喜爱的新品种狗”。

可以预见，有了基因编辑技术，消费者很快就可以定制各种各样的狗了。但人类的想象力不会到此为止，如果基因编辑可以去除牛角，那么为什么不可以让马头上长出角，从而让马变成独角兽？如果我们可以给动物添加上某些器官，那为何要在此止步？加州大学伯克利分校的研究人员利用CRISPR制造出了甲壳类动物的变异体——其新的部位长成了腮，爪子变成了腿，钳子变成了触角，用于游泳的四肢变成了可以爬行的四肢。已经有人开始梦想着用CRISPR制造出传说中的怪兽，比如编辑科莫多龙的基因，让它们长出双翼，当然，在一份权威的生物伦理学刊物上，他们也大方地承认，由于基本物理学的限制，这些翼龙无法喷火，“这是头体形巨大的两栖类动物，样子有点像欧洲或者亚洲文化中的龙，翅膀不能支撑飞行，但可以抖动”。

在一批科学家利用CRISPR创造新生物的时候，另一些科学家尝试利用CRISPR来复活已经灭绝的生物。事实上，早在CRISPR出现之前，就有人进行过这样的尝试。如果已灭绝物种的某些特点在现有的某些物种里依然存在，科学家就有可能把它“复制回去”，创造出跟灭绝物种近似的生物体。在欧洲，研究人员使用这种策略复活了原牛，它是一种在17世纪初灭绝的原始牛。在加拉帕戈斯群岛上，人们复活了2012年灭绝的平塔岛象龟。如果人们细心保存了已灭绝动物的组织体，克隆也不失为一种策略。比如，比利牛斯山羊在1999年灭绝了，但是西班牙的科学家从最后一只山羊的皮肤活检样品里提取出了它的遗传物质，然后移植到了家养山羊的卵细胞里（科学家1996年克隆“多莉羊”时使用的是同样的策略）。结果，代孕的母羊顺利分娩，但科学家还没来得及为第一只复活的生物欢呼，新出生的小羊就在几分钟后死去了。目前，来自俄罗斯和韩国的科学家正在使用同样的克隆技术，利用从俄罗斯东部获得的猛犸象组织样品来复原长毛猛犸象。 145

CRISPR为复活灭绝的物种提供了新的途径——这跟科幻电影《侏罗纪公园》里复活恐龙的情节类似。在电影里，科学家从琥珀中保存的蚊子化石里提取出了恐龙基因，把它注入到青蛙的DNA里。不幸的是（或者幸运的是，这取决于你对恐龙的态度），DNA的双链并不稳定，不可能保存6500万年仍完好无损。不过，电影原著作者迈克尔·克莱顿（Michael Crichton）的整体思路没错。

哈佛大学的乔治·丘奇（George Church）实验室采取了类似的策略来复活长毛猛犸象。一个关键的起点是，他们从两只死于2万到6万年之前的长毛猛犸象身上获得了高质量的全基因组序列。有了基因组，科学家就可以事无巨细地分析猛犸象和现代大象（它们是近亲）的基因异同（类似于找茬游戏——译者注）。结果发现，两者有1668个基因不同，这些基因的功能往往与感知温度、皮肤上的毛的发育和脂肪组织的形成有关——鉴于长毛猛犸象生活在冰天雪地里，这一点并不意外。

2015年，利用大象细胞作为起点，丘奇实验室利用CRISPR对其中14个基因进行了编辑，把它们替换成了猛犸象的版本，但是理论上，他们完全可以编辑更多基因。

146 要使现代大象完全变成猛犸象，需要改造150多万个碱基，不过，我们不能保证编辑过的胚胎细胞可以顺利发育。即便大象果真能生出来猛犸象，没有了它原来的自然环境和象群部落，它还是真正的长毛猛犸象吗？还是说，它们是具有长毛猛犸象风格特征的新型大象？

自从我第一次听说类似的实验，我就在脑海里不断地思考：这到底值得鼓励，还是应受谴责，抑或介于两者之间？在我和许多科学界同人看来，这仍然是一个没有定论的问题。不过，有一点是明确的：在针对动物进行的各种CRISPR操作里，一些比另一些更可取。而每次面对一个新的状况时，我都要经过一番新的思考。

讲真的，复活长毛猛犸象的意义何在？或者一般而言，复活任何灭绝物种的意义何在？一个回答可能是惊奇感——科学为我们认识自然、改造自然提供了可能，复活灭绝物种则充分体现了这种可能性，我们为此感到惊叹。有人排着队去动物园，或者去非洲探险旅游，就是为了近距离观察狮子和斑马。设想一下，如果跟一头活生生的猛犸象面对面，那该是一种怎样的情感体验？除此之外，改造大象的基因组也可能是为了保护濒危的亚洲象，或者减少苔原地带的碳排放。

此外，支持复活灭绝物种也可能是出于伦理上的原因。如
果是人类引起的物种灭绝，而我们现在有能力来复原它们，我
们是否有义务这么做？恒今基金会（Long Now Foundation）是领
衔支持“复活灭绝物种”运动的组织，它的宗旨是“通过拯救濒
危物种和复活灭绝物种来增加生物多样性”，手段包括基因工程 147
和保育生物学。在他们准备复活的物种清单里，有旅鸽（它们在
19世纪因为人类的捕猎而灭绝）、大海雀（为了获得它们的绒毛，
人类在16世纪就把它们赶尽杀绝了）、胃育蛙（由于迁徙的人类
引入的一种致病真菌，它们在20世纪80年代灭绝）。

不过，我们无法确定复原的物种在今天的世界里活得如何，重新引入它们对人类是否有风险。就像把现存的物种释放到陌生的环境可能引起生态灾难，复原的物种有可能给新环境带来巨大的灾难。此外，由于我们从未复原过灭绝物种，我们无从得知这会带来多大的影响。

此外，反对复活灭绝物种还有若干不错的理由，其中一点是，我们必须考虑动物伦理和动物福利（那些反对定制宠物的人也指出了这一点）。这些动物受了多少折磨——比如动物在克隆过程中不可避免地会伤残或者流产，如果某些科学研究对人类健康毫无助益，我们是否还有理由进行这些动物实验？当我们努力复活灭绝动物或者定制宠物时，我们是否忽视了去保护濒危动物，以及被虐待、被忽视的其他动物？一个更基本的问题是，如果我们可以避免进一步改造自然，我们是否应该适可而止？

CRISPR迫使我们思考这些棘手的，甚至是无解的问题。归根结底，人与自然该如何相处？早在基因工程出现之前，人类就已经开始改造动植物了。如果我们过去从未尝试过约束人类对
148 环境的影响，为什么应当约束新工具？与我们对地球所做的一切（无论是有意还是无意为之）相比，基于CRISPR的基因编辑是否更不自然、更加有害？这些问题，恐怕没有简单的答案。

不过，现在有一种基因编辑的策略，看起来比之前的做法更加危险，我指的是一种叫“基因驱动”（gene drives）的革命性技术。之所以如此得名，是因为生物工程人员能够以前所未有的速度“驱动”新基因在大自然中散播，它类似于环环相扣的链式反应，势不可挡。

基因驱动技术就像基因编辑领域的其他发展一样，进展快到令人目不暇接。在人们提出理论设想之后的一年，基因驱动就在果蝇和蚊子身上得到了应用。基因驱动技术利用的是一种特殊的遗传方式——水平基因转移。

一般而言，在双倍体物种进行有性生殖时，子代从父母身上各得一套染色体，这意味着，每个基因有50%的概率传播到下一代。但是，有一些DNA序列——称为“自私的基因”（即转座子——译者注），它们在每一代的基因组中都可以提高其概率，但未必给后代带来任何适应性优势。2003年，演化生物学家奥斯汀·伯特（Austin Burt）提出了一套办法，可以利用这种基因使某些特征在种群内迅速传播，确保后代有100%的概率继

承这段DNA。但他的想法在当时还无法实现，因为还没有可用于基因编辑的、容易操作的DNA剪切酶。

但CRISPR出现了。2014年夏，在乔治·丘奇的实验室里，凯文·埃斯维特（Kevin Esvelt）率先提出了一个新方法：利用高效的基因编辑来设计、构建基因驱动。究其本质，这套办法依赖 149
于“基因嵌入”技术，研究人员利用CRISPR在精确的位点切开DNA，然后在断口处引入新的DNA序列。不同的是，在基因驱动技术里，这段新的DNA序列里也包含了对CRISPR进行编码的遗传信息。就像科幻小说中可以自我复制的机器，一个含有CRISPR的基因驱动可以把它自己复制进新的染色体，这使得它在一个种群内能以指数级的速度增长。埃斯维特推测，通过把CRISPR与其他遗传元件（比如抗病基因）组合起来，科学家不仅可以用CRISPR复制自身，而且能复制任何DNA序列。

后来发现，基因驱动的实际效果跟理论预测的一样惊人。2015年初，来自加州大学圣地亚哥分校的伊森·比尔（Ethan Bier）和他的学生瓦伦蒂诺·甘茨（Valentino Gantz）首次报道他们在果蝇中使用CRISPR成功进行了基因驱动，他们驱动的是一种突变的色素基因。结果，97%的果蝇都变成了这种新的浅黄色，而不是通常的棕黄色。不到半年，该团队拓展了他们最初验证概念的报道，把基因驱动运用于蚊子。这一次，他们不再简单地改变它们的体色，而是来驱动一个能使蚊子抗恶性疟原虫（*Plasmodium falciparum*）的基因，要知道，每年数以千万计的人因为这种寄生虫而患上疟疾。基因驱动在野生蚊子中的成功率更高，达到了99.5%。

如果说第一种被驱动的基因（色素基因）似乎无关紧要，第二种被驱动的基因（抗疟原虫的基因）可能还有益，那么不妨考虑一下第三个例子。英国的一组研究人员——其中包括最先提出基因驱动概念的奥斯汀·伯特——创造了一种传播力极强的CRISPR基因驱动，会导致雌性蚊子不育。由于不育性状是隐性的，这些不育基因会在种群内快速传播，频率不断增加，越来越
150 多的雌性蚊子携带两份拷贝，一旦达到临界点，种群就会崩溃。这种策略不同于传统的切断疟疾传播路径，它代表了一种更强悍的工具——我们可以用它来限制物种的繁殖，灭绝整个物种。

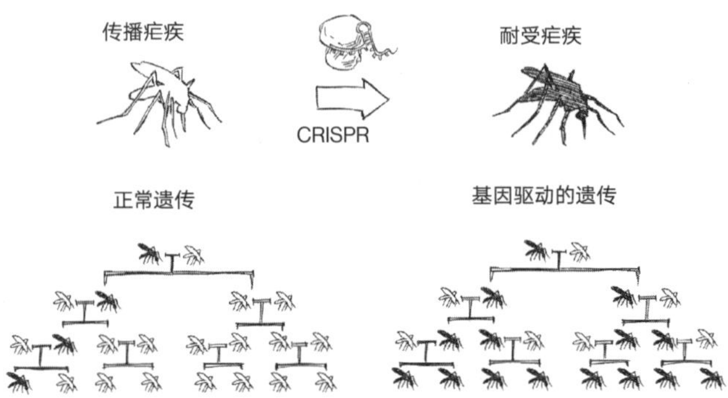

图23：使用CRISPR在蚊子中构建基因驱动

这不是科学家第一次使用基因工程来控制昆虫的数量了。几十年里，一种常见的做法是向环境中释放不育的雄虫，北美洲和中美洲的某些农业害虫几乎因此绝迹。另外一种办法是由一家英国公司开发出来的，这家公司叫作Oxitec，它会把一种致

命的基因嵌入到蚊子的基因组里，而且在马来西亚、巴西和巴拿马，已经有人开始进行田野试验了。尽管如此，这些策略都具有内在的自限性，换言之，自然选择很快会清除掉这些遗传改变。因此，要想控制蚊子的数量，就需要不断释放大量改造过的昆虫。

相比之下，基于CRISPR的基因驱动能自我维持，这种遗
传模式比自然选择更优越，经过这样的基因修饰的昆虫会把特 151
定的性状无限传播开。正是这种彻底性使得基因驱动如此强大，但也值得让人警醒。据估计，如果圣地亚哥实验室里的一只果蝇在第一次基因驱动实验时逃逸，它可能已经把CRISPR基因和浅黄体色的性状，传播到了全世界20%～50%的果蝇里了。

与此同时，那些进行基因驱动研究的科学家也直言，我们需要在展开后续实验前仔细权衡利弊，而且出于安全考虑，我们有必要拟定一套指导方针，要防止基因驱动的生物意外散播到大自然。最明显的一些安保设施当属严防严控，比如物理屏障（把生物跟环境隔离开），或者生态屏障（把实验室建在完全不适合该动物生存的环境中）。在最近的一个学术研讨会上，我听了伊森·比尔的报告，他向观众展示了许多图片。他们设置了重重的隔离措施，来防止实验昆虫的意外逃逸。万一这些安保设施都失效了，科学家也做好了应急预案，理论上，这可以使逃逸的基因驱动失效。其中一个办法叫作逆向驱动，它相当于基因驱动的“解药”，因为它可以把基因组中引入的改变再变回去。

当然，无论我们的实验设计和事先谋划多么周密，我们也很难预测特定基因驱动在环境中的后果，也无法保证基因驱动不会失去控制，并打破生态系统的脆弱平衡。最近，这些风险反映在一份由美国国家科学院、工程院和医学院起草的报告中，报告支持正在进行的基因驱动研究和有限范围的田野试验，但并不建议把基因驱动释放到自然环境。

而且，我们无法确保这些强大的技术不会落在那些毫无底
152 线的人手里——这些人甚至会主动寻求这些技术。ETC小组（一个生物技术监督组织）担心，基因驱动（他们称之为“基因炸弹”）可能会被别有用心的人改造成生物武器，用于军事用途，来攻击人类的微生物组或者主要食物来源。

虽然基因驱动听起来有点可怕，但我们也知道，把它锁在实验室里亦非良策。奥斯汀·伯特写道：“显然，我们这里描述的技术不是儿戏。考虑到某些物种给人类带来的许多痛苦，我们也无法把这项技术束之高阁。”基因驱动可以帮助我们应对农业、物种保护、人类健康方面的全球性问题，而且比之前的对策更加精准。目前已经在提议阶段的应用包括：逆转耐受除草剂和杀虫剂的农作物的耐药性，以挽救部分农业；通过控制甚至清除某些入侵物种，比如亚洲鲤、海蟾蜍、老鼠等，来促进生物多样性；清除某些传染病，比如莱姆病（致病细菌通过蜱虫传播）以及血吸虫病（血吸虫病会通过钉螺传播）。但目前，基因驱动的最主要目标还是蚊子。

蚊子是地球上对人类造成痛苦最多的物种。每年，上百万的人死于蚊媒疾病或病毒——疟疾、登革热病毒、西尼罗河病毒、黄热病毒、基孔肯雅热病毒、塞卡病毒，不胜枚举。基于CRISPR的基因驱动也许是我们解决这类问题的最好武器，无论我们是选择清除蚊子携带的特定致病菌还是清除所有蚊子。基因驱动除了比杀虫剂更安全，还有另外一番魅力：这是以生物手段来解决生物问题。

也许有人会问，蚊子在地球上已经存活了数亿年之久，我们现在疾风骤雨似的把它们全部抹杀，是福是祸？说来难以置信，
科学家认为这不是什么大问题，如一个昆虫学家所言：“如果我 153
们明天就彻底清除了蚊子，生态系统不过会打个嗝儿，然后生活还会继续。”如果他是对的，如果我们可以彻底消除蚊媒疾病，而风险又很低，我们是否有理由不去这么做？

我之所以提出这个问题，是因为我也在寻找答案。事关重大，今天我们面临的许多紧迫的科学议题都与此有关。对于这些新兴生物技术应当如何用于动植物界，我们必须集思广益、群策群力。通过更有效的对话和更深刻的省察，我相信我们可以回答上述问题。

尽管如此，像许多科学家一样，我有时忍不住会想，我们在动植物中进行的基因编辑都是为了另一项任务而进行的排练。当然，这个目的并不稀奇，埃马纽埃尔和我最初开展合作研究的时候就在考虑它了，那就是：有一天，基因编辑可以帮助治愈人类的疾病。

6. 治病救人

154 2015年岁末，我在做着学期末例行的收官工作：给学生打分，安排来年的科研目标和经费预算。不过，与此同时，我也在准备另一项完全不同的任务：2016年1月，在一年一度的达沃斯世界经济论坛上，我要和美国副总统乔·拜登共同做一次演讲。

与美国副总统一齐受邀讲演，印证了人们对CRISPR在医学中的应用充满了信心。我已经决定要参加这次达沃斯峰会，跟来自政府和私立机构的领袖一道讨论全球关切的议题。这是我第二次参加达沃斯会议了，上一次我也是受邀来讲CRISPR技术以及它对全球经济和社会的影响，包括它对全球医学的影响。

副总统拜登此番邀请，再次证明了CRISPR技术对公共健康领域的显著影响力。除此之外，拜登也要举行一次新闻发布会，届时他将和多位科学家、医生一道为奥巴马总统的一项新计划揭幕：联合多方力量，攻克癌症。这延续了20世纪60年代美国太空计划的传统，那一次我们把人类送上了月球，这一次的“癌
155 症登月计划”，旨在召集全美最优秀的头脑来攻克癌症。拜登的儿子在跟脑癌斗争多年之后，最近刚刚去世。这使得这次发布

会更令人动容，而且再次提醒我们，癌症给人类带来了多少痛苦和灾难。

幸运的是，我说服了一个同事替我完成1月份的授课任务，这样，我就可以提前赶赴达沃斯，参加拜登的新闻发布会了。事实上，这是一次非常精彩的发布会。我从其他与会人员那里学到了很多东西，许多科学同人从事的是与癌症相关的研究、药物研发和临床治疗工作。在听他们分享这个医学领域的最新进展时，我才意识到，在1995年我父亲接受黑色素瘤治疗之后，这个领域已经取得了惊人的进步。当然，要找到真正有效的癌症治疗方案，我们还有很长的路要走，离彻底治愈就更远了，这再次提醒了我，CRISPR也许能帮助治疗癌症。

新闻发布会上，在我讨论CRISPR技术及其对癌症治疗的潜在影响时，我看着电视摄像头和在场的大批记者，忽然感到自己灵魂出窍，仿佛正在从新闻记者的视角打量着这一切，同时也疑惑，这个研究RNA的生物化学家怎么会跟一群整天想着如何治愈癌症的医生坐在一起。坐在主席台上，想到自己这些年的研究历程，到今天跟美国副总统一道讨论重大公共健康议题，我感到既荣幸又谦卑。

越来越多的科学家、政治人物以及公众逐渐意识到，未来基因编辑对治疗乃至治愈疾病会发挥重要作用。因此，除了联邦政府向这个领域提供经费，一些私募基金也参与了进来。很快，在数亿美元风险投资的支持下，一批科学家（包括埃马纽埃

156 尔和我在内）联合起来，成立了三家创业公司，两个在马萨诸塞州剑桥镇，一个在瑞士的巴塞尔。在我们写作本书的时候，这三家公司都已经上市了。在互联网亿万富翁肖恩·帕克（Sean Parker）的资助下，宾夕法尼亚大学正在开展美国首例基于CRISPR的临床试验。在旧金山湾区，一家生物技术研究院联合了加州大学伯克利分校、加州大学旧金山分校、斯坦福大学开展研究，脸书公司的马克·扎克伯格与妻子、儿科医生普利西拉·陈为其慷慨赞助了5亿多美元。在旧金山湾区，我也有幸筹建了创新基因组研究所（Innovative Genomics Institute），旨在利用CRISPR和类似的生物技术引领基因工程革命，攻克疾病。

如果说我们能从这些新闻中解读出什么信号，那就是，未来的生物医药将越来越依赖于CRISPR，公共机构和私人部门也将形成联盟。而且，我们很快就会看到CRISPR可用来预防疾病，因为证据就在我们眼前。

在模式动物中进行的临床前研究表明，CRISPR可以在活体动物中精准编辑突变基因。2013年12月，中国的一个研究团队利用CRISPR在小鼠基因组（含有28亿个碱基对）里定位并修复了一个单碱基突变，这是人类首次在活体动物中使用CRISPR治愈了一种遗传病。要知道，仅仅在不到一年之前，我们才发现来自细菌的CRISPR分子可以在实验室培养的人类细胞中进行基因编辑。

这个消息令人倍感振奋，但我并不意外，因为我知道这个技术正在迅速发展。尽管如此，这仍是一项了不起的成就：作为第一例高度精准的遗传治疗，它代表着一个医学新时代的到来——这意味着，几千例由单一基因突变引起的人类遗传病现 157
在可以被治愈了，这一切都要归功于CRISPR技术。

中国的这项实验成功治愈了患有先天性白内障的小鼠。在接下来的几年，科学家利用CRISPR在小鼠中治愈了肌肉营养不良症，以及各种肝部代谢综合征。与此同时，利用组织培养的人类细胞（它们往往来自于患者的组织样品），研究人员修复了越来越多的DNA突变，而后者往往都与严重的遗传病有关，从镰状细胞病、血友病、囊性纤维化到重症复合免疫缺陷。无论这背后的病因是碱基错误、碱基缺失、碱基多余或者大段的染色体异常，CRISPR都能解决。

基因编辑的临床应用远不止把突变基因变回正常状态，有些科学家尝试利用CRISPR来抵御病毒感染，就像细菌演化出的分子防御机制那样。事实上，第一例用于人体的基因编辑针对的正是患者自身的免疫细胞，使得它们可以抵御病毒入侵。另外，通过结合基因编辑和癌症免疫疗法（这是另一项重大医疗突破，患者的免疫系统经过“训练”可以追踪并消灭癌细胞），医生首次成功挽救了一位患者的生命，这也是一个里程碑。

自然，这样的突破让我们都很兴奋。通过靶向锁定疾病的遗传原因，基因编辑可以彻底逆转疾病的进程，这一点已经足够让人激动。更令人激动的是，CRISPR经过改造之后还可以靶向锁定新的DNA序列，即治愈新的疾病。鉴于CRISPR的巨大潜力，过去几年里不断有医药公司来找我，询问CRISPR技术的进
158 展，或者如何将其用于新的治疗方案。

但是，基因编辑的临床应用仍处于初级阶段。事实上，临床试验才刚刚起步，未来仍有些重大问题需要解决。过去几十年，基因治疗的诺言迟迟没有兑现，这提醒我们，医学进展几乎总是要比想象中的更复杂，CRISPR也不例外，从实验室通往临床的道路注定是漫长而曲折的。

研究人员面对的诸多难题包括：要选择何种类型的细胞进行基因编辑？是应该编辑体细胞，还是生殖细胞？这些正是当今医学界最重要的议题，也引发了最激烈的辩论。

根据其DNA是否会传递给后代，人体细胞可以分为生殖细胞和体细胞。人类要繁衍生息，离不开生殖细胞，正是它们组成了生殖细胞系，延续着人类基因。卵子和精子是人体中成熟的生殖细胞，不过生殖细胞系还包括卵子和精子的前体，以及胚胎发育早期的干细胞。体细胞是生物体内的其他所有细胞，它们组成了心脏、肌肉、脑、皮肤、肝脏等组织器官——体细胞的DNA不会传给后代。

研究小鼠的遗传学家（以及动物繁育人员）已经开始利用CRISPR来改造动物的生殖细胞。这是因为，使用生殖细胞系是证明该技术治愈潜力的最简便途径。通常，等到携带致病突变

的小鼠长到成年再来纠正错误，恐怕为时已晚，因为受精卵中
的一个错误已经被复制到数十亿个后代细胞里了，这使得我们 159
不可能彻底清除疾病的影响。打个比方，在报纸排版阶段更正错误和等报纸已经出版并分发出去之后再更正错误，显然前者要来得容易。通过编辑生殖细胞系，科学家可以在胚胎发育的起始阶段引入CRISPR，纠正突变。随着胚胎发育成长，修复了
的DNA也会传递到后代的每一个细胞，包括后代体内的生殖细 160
胞系。

虽然编辑小鼠的生殖细胞系有益于科学研究，但要应用于人类，还有许多严峻的安全风险与伦理争议。我们是否应当改造一个尚未出生的个体的基因组？要知道，人体的基因组一旦改变，就很难再复原了。我们作为智人这个物种，是否准备好控制自己的演化，有目的地对我们的基因组进行突变（而不是任由自然摆布），并承担起相应的责任？这些都是棘手的、难解的议题，在本书最后两章我会展开讨论。

从伦理角度来说，编辑体细胞来治疗遗传病，要比编辑生殖细胞争议更少，因为我们所做的改变不会影响后代。不过，就实际操作而言，体细胞编辑要更加复杂。原因如上所述，修改一个生殖细胞中的遗传突变，要比修改人体中大约50兆个体细胞来得容易。要编辑体细胞，科学家必须解决一系列新问题——但是，如果我们致力于帮助病人，就不能退缩。在这些情况下，编辑生殖细胞已经于事无补，编辑体细胞势在必行。

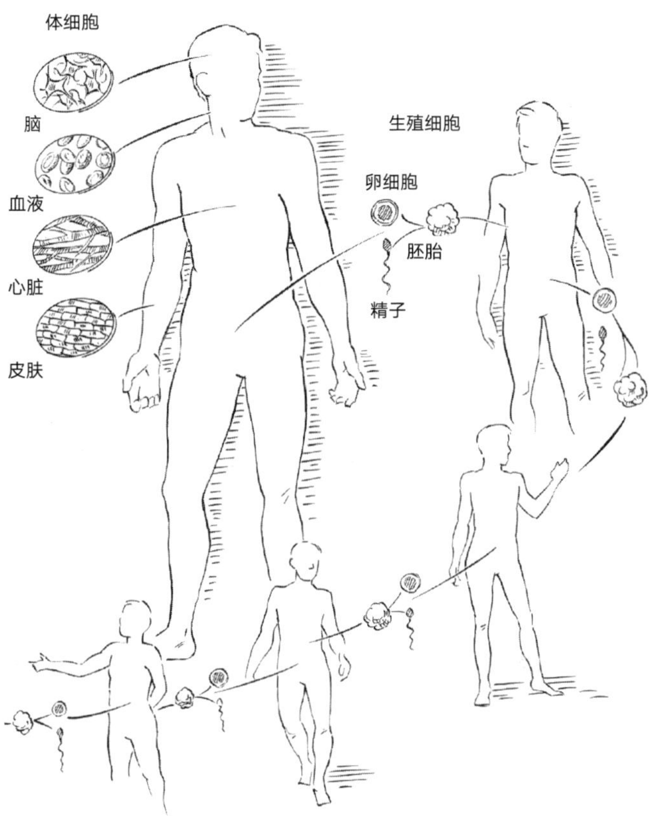

图24：体细胞与生殖细胞的区别

通过基因编辑来逆转人体内疾病的进程？这听起来似乎非常困难，特别是患者从生下来就有这种疾病，而且现在已经长大成人，疾病可能已经根深蒂固，改变患者的DNA也许不足以抵消遗传病的积弊。

显然，就此而言，CRISPR也有它的局限性。有些疾病的遗传学原因并不清楚，还有些疾病，比如精神分裂症和肥胖，遗传因素的作用很复杂，牵涉到多个基因，而每一个基因都发挥了微小的作用。鉴于在人类中编辑单个基因的安全性及效率尚无 161
法保证，短期之内我们更不可能同时编辑多个基因。

目前，用CRISPR治疗单基因遗传病的希望最大。这些疾病源于单基因突变，导致蛋白质失去功能或者无法合成。如果我们能在突变造成不可逆的后果之前，通过基因编辑修正突变基因，那么我们就可以通过一次干预实现终生治愈的效果。与此相反，目前常见的治疗遗传病的方法往往都是权宜之计，比如移植外源器官或者重复摄入药物。重要的是，通过CRISPR治疗，医生不必编辑患者体内的所有细胞就能治愈遗传病。固然，所有细胞都携带着基因突变，但症状往往只在特定组织里显现出来；换言之，只有在这些组织里，突变基因的功能才比较重要。比如，免疫缺陷主要涉及的是白细胞，亨廷顿病主要涉及的是脑内的神经元，镰状细胞病影响的只是血红细胞，囊性纤维化的症状主要在肺部。既然遗传病的后果往往表现在局部，临床治疗也只需要对症下药。

当然，这并不是说，把CRISPR精确送到病灶很容易，更何况还要进入细胞内部。如何投递CRISPR？这是编辑体细胞的第一个巨大挑战。

现有的投递策略可以分为两大类：体内基因编辑，以及体

外基因编辑。在前者，CRISPR直接送到患者体内，等候它发挥效果；在后者，患者的细胞被提取出来，经过体外编辑之后再移
162 植回体内。相对而言，体外编辑要更加容易，而且科学家目前已经掌握了编辑细胞的方法，我们离体外编辑患者的细胞只有一步之遥。体外基因编辑的另外一个好处是，在注入患者身体之前，我们可以严格控制编辑细胞的质量。

体外基因编辑需要医生从患者体内取出病变细胞，这使得它尤其适于治疗与血液有关的疾病。通过综合使用基因编辑、血液捐赠和输血疗法，医生可以从患者体内取出血细胞，利用CRISPR进行基因编辑，然后输回血液循环系统。

最有希望通过体外CRISPR疗法得到治疗的两种遗传病是

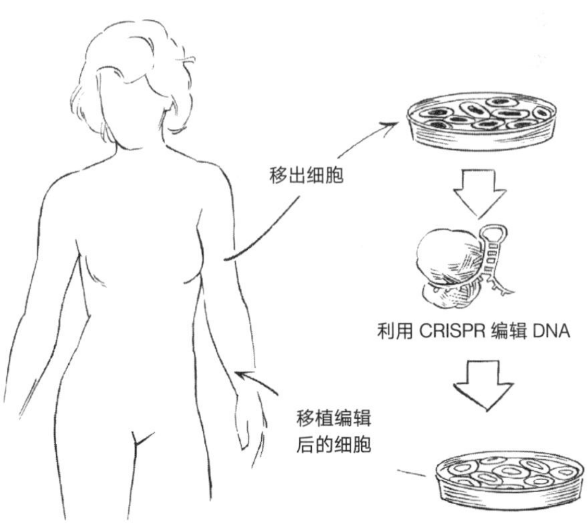

图25：体外CRISPR疗法

镰状细胞病和乙型地中海贫血症，它们的病因都是血红蛋白的分子突变。血红蛋白是血红细胞中的主要蛋白质成分，它们携带着氧气从肺部运到身体各个组织。这些分子缺陷源于乙型球
蛋白基因上的DNA突变（该基因将两条独特的蛋白链进行了编 163
码，使之组成了血红蛋白分子）。

其实，镰状细胞病和乙型地中海贫血症都可以通过骨髓移植得到治愈。当医生把骨髓从一个健康人的身体移植到患者体内以后，骨髓中丰富的血液干细胞就会分化出更多的血红细胞，让患者终生不再患病。但是，这种干细胞移植的问题在于，跟患者免疫类型吻合，而且愿意不辞辛苦捐献的供体少之又少。即使找到了这样一个配对供体，患者的身体也能够接受移植细胞，这个过程仍然有风险，许多患者会出现所谓的“移植物抗宿主病”（相当于免疫排斥的逆过程），甚至因此死亡。

基因编辑有可能解决这个问题，因为它用的是患者自身的干细胞，这样，患者既是供体，也是受体。如果医生从患者的骨髓里分离出干细胞，利用CRISPR修复其突变的乙型球蛋白基因，然后把编辑后的细胞输回患者体内，既不必担心供体来源的问题，也不必担心免疫排斥的问题。许多实验室通过令人信服的工作表明，我们可以在实验室里对患者的细胞进行精确编辑，而且编辑后的细胞可以大量分泌功能正常的血红蛋白。研究人员甚至进一步表明，经过编辑的人类细胞在有免疫缺陷的小鼠身上也可以正常行使功能。目前，许多研究机构和商业公司都在紧锣密鼓地工作，努力把这套办法早日用于人类患者。

考虑到体外基因疗法的最新进展，我们有理由对体外基因编辑的临床试验感到乐观（基因疗法和基因编辑的区别在于，前者是把新的、健康的基因导入基因组，而后者则是直接在基因组里修复突变基因）。一家叫作蓝鸟生物技术（Bluebird
164 Bio）的公司已经在开发治疗乙型地中海贫血症和镰状细胞病的产品，他们采取的办法是把新的乙型球蛋白基因导入血液干细胞。另外，葛兰素史克（GlaxoSmithKline）公司通过类似的方法把重症复合免疫缺陷患者缺失的基因引入其基因组。对比基因疗法和基因编辑，它们基本的干预策略是一致的：从患者体内取出细胞，在试管里纠正突变，然后把新细胞输入患者体内。不过，基因编辑可能更安全一点，因为它对基因组的干扰更小。

首次针对人体细胞进行的体外基因编辑临床试验表明，这套办法很有潜力。讽刺的是，第一例临床试验选择的不是遗传病，而是艾滋病。虽然这次临床试验在CRISPR技术出现之前就开始了（用的是锌指核酸酶技术），它的成功预示着，我们完全可以使用基因编辑来对抗这种顽疾并治疗多种遗传病。

事实上，人群中有少数的幸运儿对人类免疫缺陷病毒（又称艾滋病病毒）有天然的耐受能力。我们都知道，白细胞是人体免疫系统的基石，而艾滋病病毒攻击的正是人体的白细胞。正常情况下，白细胞表面的CCR5蛋白质是艾滋病病毒入侵白细胞的几个关键部位之一，这些幸运儿的独特之处在于，由于*CCR5*基因内部缺失了32个碱基对，CCR5蛋白质出现了突变，变得更短了，这使得艾滋病病毒无法在细胞表面“着陆”，因而无法感染细胞。

在非裔和亚裔人群里，绝大多数人的*CCR5*基因里都没有这种突变，但是这种突变在高加索后裔中却比较普遍：10%～20%的高加索后裔携带一份突变拷贝，而纯合子个体（携带两份突变拷贝的人）则对艾滋病病毒完全耐受。在世界范围内，1%～2%的高加索后裔如此幸运，他们大多数生活在欧洲 165
的东北部。突变的CCR5蛋白质对这些人似乎没有什么负面影响，他们在其他方面完全健康，甚至某些炎症性疾病的发病率更低。唯一已知的风险是，他们对西尼罗河病毒的敏感程度可能稍高一点。

不消说，医药企业投入了巨资来开发可以阻断艾滋病病毒与CCR5蛋白质相互作用的药物，希望可以保护更多的人。最新的研究表明，我们可以实现这一点——即，通过编辑*CCR5*基因本身来防止艾滋病病毒在CCR5蛋白质处锚定。研究人员利用CRISPR在实验室组织培养的细胞里都达成了目的。不过，第一例在人体受试者中成功编辑*CCR5*基因的荣誉，属于加利福尼亚州一家叫作Sangamo临床治疗的公司，而且他们使用的是ZFN技术。

Sangamo公司的研究人员跟宾夕法尼亚大学的医生合作，对敲除*CCR5*基因的基因编辑药物进行了临床试验。早期试验的主要目的是测试药物的安全性，在此之后，研究人员想知道这些被编辑的细胞（它们的DNA在实验室里被改造了）是否会被患者的身体接受，以及是否有严重的副作用。结果表明，基因编辑可以有效逆转疾病的进程。

Sangamo公司的研究人员首先从参与临床试验的12名艾滋病病毒阳性患者身上提取出了白细胞，然后把这些白细胞送到实验室进行清洗，再通过ZFN技术在*CCR5*基因的第155个碱基处进行精确切割。在此之后，细胞修复了双链断裂。但通过异常重组的黏合也容易引入错误，结果，修复之后的基因失去了活性，无法合成出正常的CCR5蛋白质。接下来，研究人员在实验
166 室里对编辑过的细胞进行增殖。最后，每个患者都接受了自己被编辑过的细胞，研究人员对他们追踪观察了近9个月。

研究人员总结，引入*CCR5*基因被编辑过的免疫细胞是安全的。也许这不是惊人的发现，但它无疑是一个令人鼓舞的信号——基因编辑有可能用于临床治疗，体外编辑和实验室细胞培养也是一条可行的途径。这次的研究结果里还隐藏着更激动人心的数据。医生们发现，编辑后的细胞不仅能在体内存活较长时间（这表示移植细胞已被身体接受，并稳定复制），当短暂中止普通抗逆转录病毒疗法时，患者的艾滋病病毒水平反弹得更慢。换句话说，这表明ZFN治疗成功降低了感染——与使用常规药物不同，我们只是在患者的基因组中引入了单个碱基的改变。

虽然ZFN技术捷足先登，但现在研究者已经在使用CRISPR来探索其他治愈艾滋病的方法。一个办法是用CRISPR来靶向锁

定艾滋病病毒的基因，从患者的基因组中把入侵的DNA"揪"出来，从而保护患者不受艾滋病病毒的威胁。另外一个办法叫作"激活并消灭"，它使用一种失活的CRISPR版本来主动唤醒休眠的病毒，然后再用现有的药物杀灭它们。

无论是用来治疗遗传病还是病毒感染，体外基因编辑在临床治疗上都有巨大的潜力。不过，不是所有疾病的病根都在血液里。对于身体组织疾病，医生不能指望取出受损细胞，然后再把它们植入体内，这项操作对患者的伤害太大，而且风险很高。为了治疗这类疾病，我们需要把CRISPR引入患者体内的病灶组织，以发挥出其最佳效果。要实现这一点，我们还有很长的路要

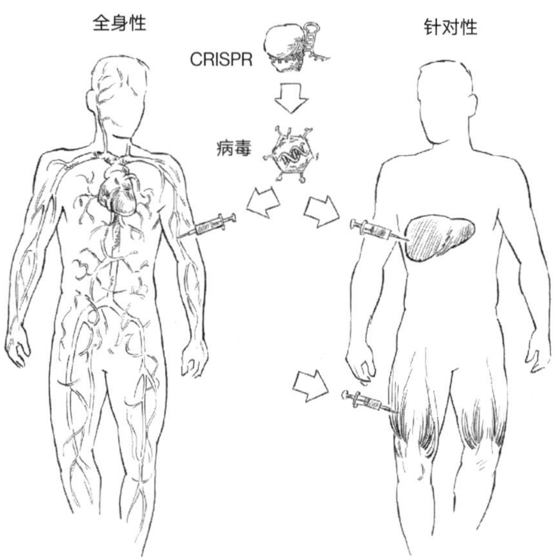

图26：利用CRISPR进行体内基因编辑

167 走，不过，这个领域已经取得了显著进展，未来更让人期待。

在体内基因编辑技术成熟到临床应用之前，科学家还有一系列问题需要解决（体外基因编辑技术巧妙地避开了这些问题）。首先，医生需要知道如何把CRISPR精确投递到病灶组织；其次，我们要保证这不会引起患者的免疫排斥反应；最后，Cas9蛋白质和向导RNA必须在人体内足够稳定，确保完成基因编辑。

为了应对这些挑战，一些CRISPR研究者把目光转向了他们最爱的投递工具：病毒。病毒极为擅长把内部的遗传物质运送到宿主细胞——在数百万年的时间里，它们一直在强化这项本
168 领。病毒对于要感染的组织和器官的选择性极高，有些病毒用起来也足够安全。多亏了几十年来不断发展的基因工程，我们已经改造了许多特异性的病毒来向人体内投递DNA，而且不会感染宿主，因为它们的唯一功能就是运送研究人员装载上的治疗物质。

这种用于投递遗传物质的病毒一般叫作载体。对体内基因编辑来说，一个特别有用的载体是腺相关病毒（AAV），这是一种无害的人类病毒。腺相关病毒会引起微弱的免疫反应，但不会导致任何疾病。这种病毒载体可以轻易地装载上治疗用的基因（包括编码Cas9和向导RNA的基因），而且可以把这些遗传物质有效投递到宿主细胞内。更重要的是，我们可以改造该病毒，使它不会像其他病毒那样嵌入人类的基因组。这一特征可

以避免DNA意外插入到基因组的某些敏感位点——之前，许多临床实践失败就源于此。

腺相关病毒还有另一个吸引人的特征，就是它天然的多样性。通过分离不同的病毒株，再重新混合、配对，研究人员获得了一系列的腺相关病毒载体，可以用于许多组织和细胞。比如，一种腺相关病毒株可能特别适合把CRISPR投递到肝脏细胞，另外还有一些毒株也许最适合中枢神经系统、肺部、眼睛或者心肌、骨骼肌。

在肌肉中，我们最早看到了体内基因编辑疗法治疗遗传病的惊人效果。虽然这项技术目前仅在小鼠模型中得到过验证，但是我们有充分的理由相信，它在人体内同样有效。

进行性假肥大性肌营养不良症（Duchenne muscular 169
dystrophy，DMD）是世界上最常见的肌肉营养不良疾病。这一致命的肌肉萎缩性遗传病大约在每3600个男婴中就有一例。进行性假肥大性肌营养不良症患者在出生时没有明显症状，但是从4岁起，症状就开始出现，且进行性加重。患者肌肉会严重退化，到了10岁，患者往往要靠轮椅才能行动，还会出现多种并发症，包括呼吸困难、心肌衰竭，大多数人活不过25岁。

*DMD*基因位于X染色体上，是已知的人类基因中最大的一个，它的好几种突变形式都会引起进行性假肥大性肌营养不良症。该基因编码的蛋白质叫作抗肌萎缩蛋白，可以帮助肌肉收

缩。在进行性假肥大性肌营养不良症患者体内，该蛋白质无法正常行使功能，患者因此得病。这种病更容易在男性中出现，因为男性只有一条X染色体（另外一条是从父亲身上遗传来的Y染色体），于是，只要*DMD*基因上出现一个突变，男性就无法合成出健康的抗肌萎缩蛋白。女性有两份X染色体，因此携带着两份*DMD*基因拷贝，即使一份拷贝突变了，但只要另外一份拷贝正常，她也不会表现出任何异样。不过，虽然这一代女性看上去没有问题，她们却是突变基因的携带者，因此，她们的男性后代就有50%的概率继承突变基因，出现疾病（鉴于这种遗传模式，*DMD*属于X染色体连锁的隐形遗传病）。

CRISPR能否用来治疗进行性假肥大性肌营养不良症？目前尚无结论。我们还需要数年的研究和临床试验来回答这个问题，但最近的小鼠实验显示，体内基因编辑有望成功。2015年年末，至少有4个独立的实验室成功地把CRISPR投递到患有肌营养不良症的成年小鼠体内，大大缓解了它们的疾病症状。研究人员把CRISPR的遗传指令“打包”，用腺相关病毒作为载体，
170 直接引入肌肉组织或者血液循环系统，修复了骨骼肌和心肌细胞。他们成功启动了健康的抗肌萎缩蛋白基因。经过治疗，小鼠的肌肉力量显著恢复。

我是从得克萨斯大学西南医学中心的埃里克·奥尔森（Eric Olson）教授的报告中得知这些数据的，当时就为体内CRISPR疗法取得的进步感到振奋。这项工作也让我相信，有朝一日我们可以治疗甚至治愈更多的遗传病，而不仅仅是进行性

假肥大性肌营养不良症。比如，麻省理工学院（MIT）的一个团队用CRISPR靶向锁定另一个基因，并使用更适合于肝部的腺相关病毒载体，治愈了酪氨酸血症（tyrosinemia）。在人类中，这种疾病会引起酪氨酸过量积累，严重损害肝部，如果治疗不及时，患者会在10岁之前死去。在小鼠模型中，研究人员利用CRISPR修复了受损基因，逆转了疾病进程。

腺相关病毒载体也可以把CRISPR送到成年小鼠的脑部、肺部以及视网膜细胞，所有这些都可能最终用于治疗人类遗传病，包括亨廷顿病、囊性纤维化和先天性白内障。事实上，在西方社会，第一例被批准的基因治疗药物使用的正是腺相关病毒载体，有可能第一例基于CRISPR的基因编辑药物也是如此。

不过，腺相关病毒载体只是研究者投递CRISPR的多种策略之一。仅就病毒而言，我们还有一系列改造过的病毒工具，可以作为“特洛伊木马”使用。每一种病毒都各有其利弊。比如，腺病毒（adenovirus）会引起常见的感冒和其他疾病（它会协助其他病毒——即腺相关病毒——进行后续感染）。研究人员对腺病毒进行改造，剔除了内部的感染基因，改造后的载体比腺相
关病毒的运载能力更强，可以携带更大片段的治疗基因。慢病 171
毒（大名鼎鼎的艾滋病病毒就属于慢病毒）经过改造之后，也成了实验室常用的病毒载体。它的运载能力跟腺病毒接近，但是它可以把遗传物质永久嵌入受感染的基因组。这个特点对实验室的基础研究有帮助，但是在体内治疗的时候，科学家就需要关闭它的嵌入功能。

除了使用病毒，我们还有其他办法进行投递。依赖于纳米技术的进步，研究人员能够操作亚显微层面的结构，他们目前正在探索使用脂类纳米颗粒把CRISPR运送到体内。这些载体不易降解、容易合成，这也有助于我们把Cas9蛋白质和向导RNA精确有序地投递到患者体内。携带着CRISPR的病毒载体会在细胞内存留很长时间，这可能会在编辑的过程中带来问题（稍后还会提到），但脂类纳米颗粒投递的CRISPR可以迅速发挥作用，然后被细胞循环利用。

除了用于治疗各种遗传病，CRISPR还有另外一种渠道变革人类健康。它有可能彻底颠覆对另一种疾病的研究和治疗，这种疾病也是目前人类最为恐惧的顽疾之一：癌症。

癌症始于DNA突变，有些是从出生时就有，有些是在成长过程中逐渐累积起来。显然，基因编辑可以用来消除这些致癌突变来帮助治疗，甚至预防癌症。不过，这还不是CRISPR最有用的地方——起码，目前还不是。

CRISPR是现有癌症疗法的支持手段或先进的工具，而不是一种癌症疗法。它加深了我们对癌症生物学的理解，也加速了
172 免疫细胞疗法（借助人类自身免疫系统的力量来对抗癌症）的发展。在这两个方面，CRISPR都有重要价值。在我们与癌症旷日持久的斗争中，我们需要不断扩大武器库，而CRISPR是其中的一张王牌。

在CRISPR对医学所做的众多贡献里，这一点也是我个人最期待的。即使你自己没有罹患癌症，你可能也知道身边的人因为这种疾病而受苦，或者早逝。我的父亲死于黑色素瘤，这对我触动很深，我也深知克服癌症是何等艰巨的任务。在美国，癌症是第二大死因，仅次于心脏病。在过去的几十年里，虽然早期诊断和治疗已经大大提高了癌症患者的存活率，但是日常生活中，因癌症而死去仍屡见不鲜，令人悲痛。仅在美国，每年就有150万个新增癌症病例，每年有50万人死于癌症，平均每天一千多人死于癌症。

与癌症相关的DNA突变有时是遗传来的，有时可能源于自发突变，还有时可能源于接触烟草或者其他致癌物质的诱变。在过去的十来年，越来越多的研究人员开始使用DNA测序来分析并记录癌症细胞中特有的DNA突变。人们期待，只要能找到这些突变，我们就可以针对性地设计药物来抑制细胞癌变。

但问题是，其中的信息太多了，关键的致癌突变埋藏在众多无关紧要的突变里。事实上，癌症的一个关键特征，就是基因组中DNA突变的频率升高，这使得我们难以鉴定出引起癌症发作的关键突变。

在CRISPR出现之前，科学家寻找和分析致癌突变的手段相当有限：他们从患者的组织活检中鉴定出若干突变，然后在 173
小鼠模型中研究其中最有可能相关的一小部分。但现在，研究人员有办法精确复制致癌突变了，而且效率比之前大大提高了，癌症研究注定要进入一个爆发阶段。现在，我们不必费时费力地挑选携带正确突变的细胞（这个过程的成功率只有百万分之一，非常艰辛），也不必花好多年的时间哺育有独特缺陷的小鼠模型，研究人员现在可以利用CRISPR一步到位地引入多个突变，这使得我们可以更好地理解基因突变对细胞生长失调所起的作用。

比如，在哈佛医学院进行的一项研究里，本杰明·艾伯特（Benjamin Ebert）的团队希望搞清楚急性髓细胞白血病（一种白细胞癌症）的遗传学病因。他们设计出了8个CRISPR来编辑8个不同的基因（对每一个基因位点设计出不同的向导RNA）。之前，这种类型的多基因编辑是无法想象的，但是有了CRISPR，这就变得易如反掌。首先利用造血干细胞，他们编辑出了所有不同的突变组合，接下来把编辑后的干细胞注入小鼠的血液，然后观察哪些小鼠会患上急性髓细胞白血病（这相当于体外治疗的逆过程）。最后，通过交叉验证这些动物中哪些基因被CRISPR导致失活了，艾伯特的团队推断出，这些突变既是白血病发生的充分条件，也是必要条件。类似这样的实验，对于推进癌症研究至关重要。

CRISRP最大的优势之一是它可以同时编辑多个基因。不像之前的基因编辑技术，CRISPR的设计非常容易，一个高中生都
174 可以掌握——事实上，它是如此简单，以至于我们可以设计程序让计算机来完成。现在，科学家正在把计算机科学和基因编辑结合起来，深入探索基因组，不带任何成见地寻找新的致癌

基因。

我们暂且不深入探讨技术细节，但就其效果而言，这项技术的目的是让研究人员可以编辑或敲除基因组里的每一个基因，而且一步之内就可以完成所有操作。MIT的一位教授——大卫·萨巴蒂尼（David Sabatini），是这种“全基因组敲除筛选技术”（genome-wide knockout screen）的先驱之一。不过，他关心的问题不是“哪些基因突变导致了癌症”（这是艾伯特团队的工作），他们希望回答的是“哪些基因突变能阻止癌症发生”。换句话说，他们想知道哪些基因是癌变细胞的生存和致病所必需的。经过一番令人叹为观止的努力，萨巴蒂尼团队利用四种不同的血液癌症回答了这个问题，发现了一组全新的癌症发作的必需基因。通过鉴定出白血病和淋巴癌的遗传敏感位点，这些实验揭示了可能的化疗药物新靶点。

其他实验室的后续试验揭示了其他类型癌症的关键基因，包括结肠癌、颈椎癌、黑色素癌、卵巢癌以及胶质母细胞瘤（一种十分凶险的脑癌）。研究人员甚至利用全基因组敲除筛选技术找到癌细胞入侵血管或其他组织并继续生长（即癌症转移）的又一遗传因素。

不过，从更好地认识癌症，到更好地治疗癌症，可能是一个缓慢的过程，但我们不可低估这些研究的重要性。随着医学越来越个体化，科学家和医生要面对大量的信息，这能帮助他们对癌症患者做出更精准的诊断，进而找到针对性的治疗方案。

175 基因编辑工具可以告诉我们，哪些突变最能预测癌症，哪些突变使得癌症对药物耐受，从而帮助我们更好地理解这些信息。

毫无疑问，基因编辑会促进我们对癌症的理解，它也会帮助我们赢取与癌症斗争的胜利。就此而言，基因编辑最有潜力的一个应用是辅助近几年最受关注的一种疗法——免疫治疗。

免疫治疗是癌症治疗的一个革命性进展。它跟传统的癌症治疗方式，包括外科手术、放疗和化疗都有所不同，免疫治疗利用患者自身的免疫系统来围捕并杀死癌细胞，这称得上是一种典型的范式转移。

癌症免疫治疗背后的核心观念是对人体免疫系统进行微调，特别是针对T细胞，这是免疫系统的大部队。科学家可以改造T细胞，使它们识别癌细胞表面的分子特征，从而帮助T细胞对癌细胞发起免疫反应，进而清除它们。问题的关键，是设法充分释放T细胞的潜力。

一个潜在的突破是所谓“检查点抑制剂”（checkpoint inhibitors），这种药物可以阻断这种抑制作用，使免疫系统攻击癌细胞。另外一个办法是对T细胞进行遗传改造，使它们可以精确打击患者体内特定的癌细胞。其实这也是一种体外治疗，它叫作过继性T细胞疗法（adoptive cell transfer，ACT），正是在这里，基因编辑登上了舞台。

过继性T细胞疗法的基本目的，是帮助T细胞更好地靶向锁
定癌细胞。T细胞里引入了一个新的基因，它可以合成出一个新
的蛋白质受体，这个受体经过特殊的设计，可以识别并靶向锁 176
定癌症的分子标记。但是，这有一个问题：T细胞本来就有一个
天然的受体基因，而同时具有多个受体基因会引起混乱。现在，
研究人员可以利用CRISPR来敲除外来的受体基因，从而为替换
新基因腾出空间。不仅如此，我们现在还可以引入其他类型的
基因编辑，让T细胞更强大。

现在看起来，基因编辑有可能把癌症免疫疗法向前继续推进，把它变成一种现成的治疗手段，每一种特定类型的癌症都有一种对应的经过基因编辑的T细胞，这样，患者就可以根据自己的情况针对性地选择所需的T细胞。目前，这种类型的细胞转移正在进行临床试验，2015年末的一个故事展示了它惊人的潜力。事实上，这个故事的主角——蕾拉·理查德（Layla Richards）——是通过临床基因编辑而保住了性命的第一人。

伦敦的蕾拉是一名1岁大的婴儿，她患有急性淋巴细胞白血病（ALL），这是最常见的一种儿童癌症。她的医生承认，蕾拉的白血病是他们见过的最糟糕的状况。虽然98%的儿童在接受治疗之后病情都会好转，但蕾拉不同，经过了化疗、骨髓移植和抗体药物治疗，她的状况依然毫无起色。利用蕾拉自己的T细胞进行体外基因编辑，再输回体内——这条路也走不通，因为她的免疫系统现在非常脆弱，体内甚至没有足够多的T细胞供医生提取。要知道，白血病影响的正是白细胞，而后者是免疫系统的基石。

眼看着蕾拉的状况日益恶化，回天乏力的医生开始提供安宁疗护，希望能减轻她死亡前的痛苦。但就在最后一刻，另一个方案突然出现了。

蕾拉就诊的医院里有一个分支机构正在使用TALENs编辑
T细胞，这些细胞本来是由法国一家叫作Cellectis的生物技术公
司为过继性细胞疗法的临床试验而准备的。在征得了蕾拉父母
和Cellectis公司的同意之后，蕾拉的主治医生们决定试一试这
177 些尚未正式检测过的细胞，这也是首次人体试验。像这种情况，
就属于同情用药（compassionate use）[1]。

蕾拉接受的T细胞比较特殊，原因如下：首先，这些T细胞含有一种专门针对所有白血病的新的受体基因；其次，这些T细胞经过改造，不会对蕾拉自己的细胞产生免疫反应（在一般情况下，这种情况会发生，因为供体和受体会发生免疫排斥）；最后，这些T细胞的另一个基因也被编辑了，它们仿佛有了一层隐身衣，可以在蕾拉体内存活更久。

在接受了细胞转移的几周之内，这个1岁的女孩出现了奇迹般的转变——她的白血病开始对编辑后的T细胞起反应了。随着她的健康逐渐恢复，蕾拉开始接受新一轮的骨髓移植。几个月内，她的癌症彻底消失。起初，人们认为这无异于豪赌，因为这种治疗手段只在小鼠中测试过。结果却大获成功，这也进一

1 同情用药是指在现有的所有疗法都不奏效时，使用目前尚未获得正式许可，还在探索阶段的治疗手段。——译者注

步鼓励了人们在免疫治疗中使用基因编辑。

鉴于蕾拉和其他案例的疗效，基于CRISPR的临床治疗公司已经开始与专供癌症免疫治疗的公司深入合作，强强联合，把各自的平台结合起来。Editas公司已经和Juno医疗公司签署了数百万美元的独家协定，开发T细胞疗法；Intellia医疗公司也跟医药产业界的巨头Novartis联合，探索类似的癌症免疫疗法。美国国立卫生研究院已经批准了宾夕法尼亚大学的研究人员进行涉及CRISPR编辑细胞的临床试验，这在美国还是首例。2016年10月，来自中国四川大学的研究人员首次把CRISPR编辑过的细胞用于治疗人类患者。这些值得敬佩的努力会帮助基因编辑技术进一步发展，造福更多患者。

我真诚地希望蕾拉的故事有朝一日变成稀松平常的治疗，
变成基因编辑挽救生命的一个普通案例。当然，我们正在一点 178
点地走向这个光明的未来。不过，在此之前，我们还需要解决基因编辑的一个重大缺陷——CRISPR编辑的精确性并不能达到100%。如果我们不解决这个问题，蕾拉们的奇迹就难再现。

CRISPR——起码就我们在细菌中发现的最初版本而言——在锁定和切割DNA时是会出错的，这一点，在我们进行第一次实验时就很明显。

在我们明白了CRISPR的基本功能之后，马丁开始设计实验来衡量Cas9蛋白质和向导RNA进行DNA切割的准确性。这种微型巡航导弹似乎能够识别跟向导RNA配对的所有DNA序列，追踪它们并精确地发动攻击。但是，这种精确性的限度在哪里？ CRISPR的向导RNA识别的是含有20个碱基的片段，如果另外一个片段只有一两个碱基不同，CRISPR还能区分开它们吗？如果我们希望把细菌的这种防御系统用于人类，并安全地进行基因编辑，我们必须回答这个问题。

马丁发现，当他用一整套CRISPR分子机器来识别这些只有一两个碱基差异的DNA片段时，Cas 9蛋白质有时也会进行切割。它毕竟不同于电脑上的Ctrl+F（寻找功能键）那么精确，如果你搜索“子曰”，绝对不会出来“子日”的结果。看起来，CRISPR偶尔也会犯错误——把碱基读错。

后来，我的实验室跟哈佛大学的刘如谦（David Liu）团队合作，更细致、更深入地重复了这些实验。我们逐一检测了所有不
179 同的DNA突变，来推断哪种类型的脱靶序列（即与向导RNA不是100％匹配的序列）仍然能识别目标序列，并进行剪切。其他的实验室也进行了类似胞内实验，结果表明，脱靶的CRISPR切割会带来意外改变，而且是永久性的改变。

可以肯定，几乎所有药物都有某种程度的脱靶效应，不过，只要综合效应利大于弊，医生和政府监管者一般就会网开一面。比如，抗生素在杀死致病菌的同时也会杀死有益菌群，化学治疗杀死癌细胞的同时也会杀死健康细胞。说到底，这里的挑战是如何提高特异性，使药物与靶点结合得更紧密，因为只要靶

点稍有不同，药物就不会与之结合。

通常来说，某种程度的脱靶效应也是不可避免的，这也是为什么市面上的每种药物都会注明副作用。但是，基因编辑的副作用格外危险。毕竟，普通药物的副作用，在患者停药之后就会停止；而基因编辑一旦脱靶，造成的改变就永远不可挽回了，而且这些改变会随着该细胞的增殖而不断复制，散播到所有子细胞里。虽然大多数的脱靶效应不至于摧毁细胞，但我们从疾病和癌症中早就认识到，即使是单一突变也可能给生物体带来灭顶之灾。

幸运的是，像其他的生物基因编辑技术一样，CRISPR的脱靶编辑位点往往是可以预测的，因为它们影响的只是那些跟向导RNA匹配程度最高的DNA序列。比如说，如果CRISPR靶向锁定基因甲中一段20个碱基长的DNA序列，但是基因乙中有一段类似的DNA，差别只有1个碱基，那么，CRISPR就有一定的可能同时编辑基因甲和基因乙。这两段序列相差越大，脱靶效应出现的概率就越低。

研究人员逐渐摸索出了对策。许多实验室通过编写计算机 180
算法，可以自动搜索人类基因组中的30多亿个碱基，来检索是否含有与目标序列类似的序列。如果有多个可能的脱靶序列，研究人员就会在计算机算法的辅助下选择新的区域进行尝试（科学家往往可以在目标基因内部选择不同的靶点进行编辑）。不过，问题在于，无论计算机算法设计得多么精良，它可能也无法穷尽所有的脱靶位点。

鉴于这些问题，研究人员采取了第二种策略，即，假定我们对脱靶位点一无所知，检测它们的唯一办法就是通过实验来寻找那些不该出现的新突变。这种办法不需要计算机预测，但需要实验验证。对任何一段DNA进行编辑之前，科学家都会一个不漏地测试培养细胞中相关的DNA序列，来决定哪一种的脱靶效应最弱，直到有了这些知识并找到了最优靶标，他们才会进行临床试验。

要避免脱靶效应，还有第三个策略。事实上，科学家已经在这方面取得了很好的进展 —— 对CRISPR进行改造，提高它识别目标DNA的精确度。比如，科学家已经成功拓展了CRISPR识别DNA的必需序列，这大大减少了错配的概率 —— 这就好像是使用更长的电脑密码，来减少其他人猜中的可能。通过改造天然的Cas9蛋白质，比如在不同的位点调换几个氨基酸，科研人
181 员 —— 包括哈佛医学院的基思·郑和MIT的张锋 —— 开发出了新式CRISPR，它比天然CRISPR的脱靶率更低。

最后，CRISPR的剂量会影响脱靶效应的强弱。一般而言，细胞获得的Cas9和向导RNA越多，这些分子在细胞内存活的时间越长，出现脱靶效应的概率就越大。关键是，向细胞投递的CRISPR的量要刚刚好，确保只有正确的DNA序列才被编辑。

目前，研究人员还在实验室里不断优化这些策略，确保有

朝一日CRISPR可以用于人类。根据这种进展速度推测，在不久的将来，它的准确性就会大大提升，足以胜任临床应用。

到今天，CRISPR技术也不过才出现短短几年，但是几乎所有疾病的治疗方案都有可能因CRISPR而改变。除了癌症、艾滋病，以及我们目前讨论过的遗传病，从已经发表的科学文献里，我们发现，CRISPR可能用于治疗的疾病清单越来越长：软骨发育不全、慢性肉芽肿病、阿尔茨海默病、先天性耳聋、肌萎缩侧索硬化、高胆固醇血症、糖尿病、泰-萨克斯病、皮肤疾病、脆性X染色体综合征，甚至不育症。从理论上而言，几乎所有跟突变或者DNA缺陷有关的病理现象，CRISPR都可以逆转突变，把缺陷基因替换成健康版本。

由于CRISPR可以对任何DNA序列进行精确定位并修复，它被吹捧成了万能灵药，可以消灭一切疾病。但是事情永远不会这么简单。许多疾病——从孤独症到心脏病——都没有明显的遗传学原因，或者是由遗传变异和环境因素的复杂、综合
作用所致。在这些例子里，基因编辑的用处可能不大。另外，虽 182
然基因编辑可以修复培养皿中的人类细胞，但要在临床的人类患者中证实它的疗效，还需要好几年的时间。目前，利用基因编辑来辅助癌症免疫疗法或治疗癌症，研究人员已经取得了一定的临床成功，但是对其他疾病效果如何，尚待研究。

此前的基因工程技术，包括基因治疗和RNA干扰，也曾受到过类似的追捧，被誉为最终改写医学的突破性进展，但数百

个临床治疗失败的例子无疑对这些热情浇了一盆冷水。当然，这并不是说，基因编辑一定会遭遇同样的挫折，我们只是想提醒各位同人，要抱有更切实际的期望，通过更细致的研究、更一丝不苟的临床试验，来平衡我们的激动之情。

在我们写作本书的过程中，基因编辑的临床治疗正如火如荼地展开，学术界和商业圈都为之一振。这个领域的新发现层出不穷，平均每天有5项新研究浮出水面。投资人向创业公司投入了10亿多美元，支持开发基于CRISPR的生物技术工具，并用于临床治疗。

我满怀热情地观察着CRISPR带来的这些惊人进展，并感到激动不已。不过，对于一个方面的应用，我有一些顾虑，这就是用CRISPR来改写人类的基因组，因为这会带来永久的改变。我认为目前不应该进行这样的尝试，除非我们充分考虑了编辑生殖细胞引发的各种争议。如果我们还没有对安全性和伦理问题有充分的理解，如果我们没能创造机会让所有的利益相关人参与讨论，科学家最好暂时不要编辑生殖细胞系。不过，说真
183 的，我们是否哪天可能会具备这样的智力和情操，来掌握我们的遗传命运？——从我最初意识到CRISPR的惊人潜力的那一刻，这个问题就在我脑海里久久萦绕，至今尚无答案。由于这一点以及其他原因，我逐渐意识到，在本章提到的实验操作与生殖细胞系编辑之间，有一条明显的鸿沟。我们是否要跨过这道鸿沟？我们必须三思而后行。

7.盘算

2014年春，在我首次参加达沃斯会议的一年之前，我开始 184
感到自己正在与世界各地的同行一道塑造CRISPR未来。

不到两年之前，我们在《科学》杂志上发表了论文，描述了CRISPR如何用于基因编辑，这项技术的进展日新月异，影响力不仅波及整个科学界，也包括社会大众。由于主流媒体对基因编辑研究的热情报道，公众对于CRISPR的兴趣开始高涨。随着使用CRISPR技术的相关研究不断加速，许多科学家都开始思考，CRISPR对自己的实验探索有何帮助——他们是否可以开发出基因编辑的新技术，或者找到新方式来使用它？总之，科学家的眼光还专注于实验室，并没有参与更广泛的公共讨论。

跟这些同行差不多，我自己也跟实验室里的成员一道，继续探索、开发CRISPR，并开始花越来越多的时间致力于理解如何在人类患者身上进行基因编辑、如何应对挑战。事实上，这些工作在许多学术机构里已经开始了，几家初创的生物技术公司也在进行类似的研究。我们感到自己正在和世界上的同人们一道，探索CRISPR技术的工作原理，探明其操作遗传信息的巨大

潜力，这令我们倍感振奋。最让我感到激动的是，我们的努力有
185 望给从农业到医学的许多领域带来积极的改变。但是，偶尔在
午夜梦回的时候，我也意识到学术圈外的人也在密切注视着这
个生机勃勃的领域，其中也有人另有企图。

差不多在这个时候，本书的另一位作者，塞缪尔·斯滕伯格（当时他还是我实验室里的博士生），收到了一封电子邮件，她自称克里斯蒂娜，是一位创业者。她询问的是，塞缪尔是否对加入她的新公司感兴趣，公司的研究者们也在研究CRISPR，而且她还希望跟塞缪尔当面谈谈他们的商业计划。

乍看起来，克里斯蒂娜的邮件并不特殊。考虑到CRISPR的进展和传播如此迅猛，而且它很可能颠覆生物技术市场里的多个环节，每一周似乎都有一个跟基因编辑有关的新公司、新产品或者新的颁发执照面世。但是塞缪尔很快就会发现，克里斯蒂娜的计划非常不同。

他们约在伯克利校园附近的一家高档墨西哥餐厅见面，塞缪尔一开始并不知道接下来会发生什么，所以也没做什么准备。她在邮件里写得很模糊，但是，当面交谈的时候，克里斯蒂娜打开了话匣子，进一步谈了她对CRISPR技术的愿景的看法。

克里斯蒂娜一边喝着鸡尾酒，一边谈得眉飞色舞。她告诉塞缪尔，她希望能为一些幸运的伴侣提供第一批健康的“CRISPR定制婴儿”。这些宝宝将会通过体外受精在实验室里出

生，但他们有一点很特别：他们通过CRISPR引入了定制的DNA突变，可以清除一切可能出现的遗传病。为了吸引塞缪尔作为科学顾问加盟，克里斯蒂娜向他保证，她的公司只在人类胚胎中引入能够预防遗传病的突变，而不会制造任何跟预防疾病无关的DNA突变。

克里斯蒂娜没有谈具体的实验操作，因为塞缪尔对此非常熟悉，知道这个过程并不困难。要按她设想的方式编辑人类基因组，当时科学界都已经很清楚临床医生所需的所有技术了： 186
分别获取未来父母的精子和卵细胞，在实验室进行体外受精，把预先设计好的CRISPR分子注入受精卵，进行基因编辑，再把

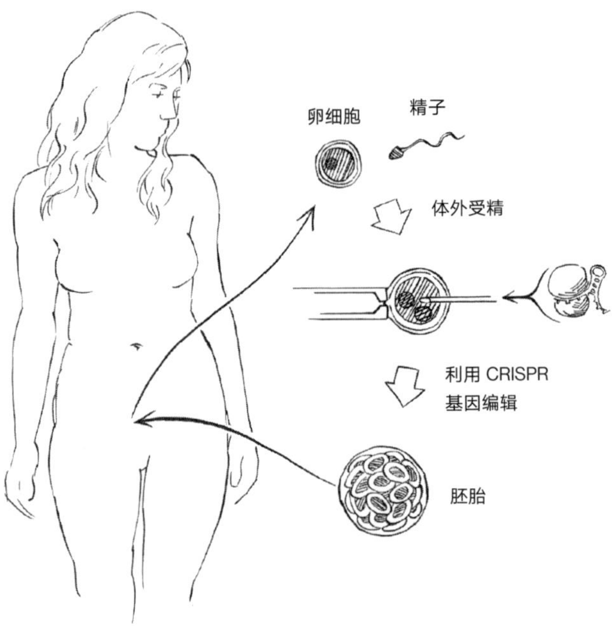

图27：展望——在人类胚胎里进行基因编辑

编辑后的胚胎植入母亲的子宫。余下的事情就交给大自然了。

晚饭还没进行到饭后甜点，塞缪尔就找借口告辞了，他受够了。虽然克里斯蒂娜一再说服他，但他们的对话还是让他不寒而栗。塞缪尔感觉，克里斯蒂娜仿佛中了CRISPR的蛊，迷上了它的魔力及其所敞开的可能性。塞缪尔后来告诉我，他从她的眼神里瞥到了一丝普罗米修斯式的狡黠，这让塞缪尔推测，除了她说的治疗遗传病，她还有其他更大胆的遗传改造计划。

如果他们的对话早几年发生，塞缪尔和我可能会认为克里
187 斯蒂娜说的是异想天开。没错，对人类进行遗传改造，这是不错的科幻小说题材，也蛮适合对人类“自我演化”的可能性进行哲学和伦理学式的沉思。但是除非人类的基因组可以像大肠杆菌那样可以轻易在实验室被改造，否则要进行这种弗兰肯斯坦式的计划，希望渺茫。

时移世易，现在我们不能再对这类想法一笑置之了。毕竟，把改造人类基因组变得像改造大肠杆菌的基因组一样简单，这恰恰是CRISPR取得的成就。事实上，在塞缪尔跟克里斯蒂娜会面的一个月之前，首批被精准基因编辑改造过的猴子诞生了，这意味着，这离CRISPR用于人类只有一步之遥。考虑到CRISPR已经用于多种动物（从线虫到山羊），此次更是应用于灵长类动物，CRISPR应用于编辑人类的基因组，只是时间早晚的问题。

我深知这种可能性的存在，并为此忧心忡忡。固然，我无法否认基因编辑会给世界带来种种惊人的益处——让我们更好地理解人类的遗传特征，让食物生产的过程更加可持续，并治愈许多折磨人的遗传病。与此同时，我也越来越担心CRISPR可能会用于他途。我们的发现是不是让基因编辑变得太简单了？科学家是不是太匆忙地赶着进入新的研究领域，而没有停下来想一想这些实验是否合理、后果如何？CRISPR是否会被误用，甚至被滥用，特别是在人类身上？

尤其令我担心的是，如果未来有一天，科学家不只是治疗当前的病人，而是为了子孙后代考虑，试图消除未来的遗传病。事实上，克里斯蒂娜向塞缪尔提议的正是这个目标。即使她无 188
法达成这一点，谁能说其他人也做不到呢？

这种可能性令我寝食难安。之前，人类从未拥有过像CRISPR这样的技术，而现在，它把现存人类以及未来所有人类的基因组变成一份羊皮纸，其中的任何遗传信息都可以被抹去、涂改，这都取决于当事人的心情。此外，克里斯蒂娜与塞缪尔的对话让我不得不承认，不是每个人都像我这样，对于贸然改写人类DNA心怀忐忑。毫无疑问，有人会在人类胚胎中使用CRISPR——无论是为了清除家族生殖细胞系中导致镰状细胞病的基因，还是为了其他非医学目的。长远来看，这很可能改写我们物种的历史，而后果如何，实难预料。

我逐渐意识到，问题并不是基因编辑是否会用于编辑人类生殖细胞系，而是这件事情何时会发生，以及如何发生。我也越来越清晰地看到，如果我希望能为基于CRISPR的基因编辑建言献策，我必须首先理解，与之前所进行的生殖细胞系基因编辑相比，CRISPR到底区别何在？前人取得了哪些成就？人们接受的程度如何？之前进行的基因编辑的目标都是什么？前人们——尤其是那些让人敬重的学界领袖——对于这些令我坐卧不安的议题发表过什么意见？

关于编辑人类生殖细胞系的辩论由来已久，早在CRISPR出现之前就开始了。在人类最早发现有可能进行基因编辑的时候，生殖科的医生就开始挑选特定的胚胎，使其受孕，也就参与决
189 定何种基因可以传播到下一代了。早在这之前，科学工作者和密切观察科学进展的有识之士，就曾经思考过，如果有一天人类能够改写自身的遗传信息，后果会如何。

自从人类证明了对遗传信息进行编码的是DNA，研究人员就开始认识到理性操作遗传密码的威力，虽然当时这些工具尚未出现。20世纪60年代破解三联体遗传密码的生物学家之一马歇尔·尼伦伯格（Marshall Nirenberg）在1967年写道："人类已经掌握了塑造自己生物学命运的能力。但这种能力，既可能得到明智的使用，也可能被误用，这可能给人类带来幸福，也可能带来灾难。"意识到这种能力不应局限在科学家的手里，尼伦伯格继续写道："这些知识要如何应用于社会？这个问题最终必须由社会来回答，只有一个充分知情的社会才能做出明智的决定。"

并非每个科学家都如此谨慎。1969年，加州理工大学的一位生物物理学家罗伯特·辛斯海默（Robert Sinsheimer）在《科学美国人》上撰文声称：“对人类进行遗传改造有可能成为人类历史上最重要的概念之一……开天辟地以来，有一种生物体首次理解了它的来源，也理解了如何设计它的未来。”辛斯海默对那些批评遗传工程不过是改造人类的新式空想的人士不无嘲讽：“显而易见，人类并不完美，缺陷多多。考虑到人类的演化历史，这一点也实在容易理解——但是现在，我们看到了第二条途径：我们有机会突破内在的遗传束缚，直接从内部修复这些缺陷，持之以恒地改进人类。超越20多亿年的成功演化，使人类比目前所见的更卓越。”

在辛斯海默的文章发表之后的20年里，科学家对他说的第二条途径有了更清晰的认识。到了20世纪90年代，研究人员已经在人类患者身上开始了基因治疗的临床试验。不过，当时的 190
人们很清楚，即使有了这项较为先进的技术，还是无法对人类的生殖细胞系进行精准操作，但是这并没有阻止研究人员进行这方面的尝试。进行首次基因治疗临床试验的首席科学家弗伦奇·安德森，对试图利用基因编辑来改进人类细胞（无论是体细胞还是生殖细胞）的想法，从技术和伦理的角度坦率地提出了批评。他严肃地问道：“是否有哪位科学家可以负责任地使用这项新技术？如果不能，我们的科学家则有点像一个喜欢拆玩具的大男孩。他很聪明，知道怎么拆开手表，甚至还可以再装回去，而且手表一点没坏。但是如果他试着‘改进’它呢？比如让指针更大一点，这样也许会更容易看时间。但如果指针太大，表会越走越慢，出现差错，甚至干脆不走了……任何他以为是改进手表的努力，可能都会搞坏它。”

尽管有像安德森这样的顶尖科学家提出了警告，在20世纪90年代，仍有许多生物学家试图改进人类的遗传组成。人类基因治疗领域的研究进展令他们倍感兴奋，除此之外，另外三个领域的进展也鼓舞了他们，它们是：生育力研究、动物研究和人类遗传学研究。

当时，如果哪个科学家希望为日后“改进”人类的遗传组成寻找灵感，他们只需要看看治疗不孕症领域就可以了。1978年，世界上首例“试管婴儿”路易斯·布朗（Louise Brown）呱呱坠地，这是生育生物学发展史上的一个分水岭。这证明了人类的繁殖过程可以还原为实验室里的简单操作：把提取出的卵细胞和精子在培养皿中混合，等受精卵分裂增殖成一个多细胞的胚胎，然后把胚胎植入女性的子宫。体外受精（IVF）使得那些不
191 孕不育的父母一样可以生育孩子，与此同时，它也为其他针对早期胚胎的实验操作敞开了可能。毕竟，如果可以在培养皿中创造出一个人类生命，为什么不可以把基因编辑技术也加进来呢？我们可以设想，在同样的环境下，这两种技术会实现融合。

动物研究也鼓舞了一批科学家，编辑人类生殖细胞系似乎已经触手可及。在20世纪末的几十年里，科学家摸索出了越来越多的办法来改造动物的基因组，从克隆、病毒转染到早期的精准基因编辑。到了20世纪90年代，通过修饰小鼠生殖细胞系

的特定基因来制造出人体疾病的小鼠模型——这样的实验已经成为常规操作。虽然这些操作还无法照搬到人身上，但它为后续的锌指核酸酶技术和CRISPR技术搭好了舞台，而后者也把之前粗糙的编辑技术变得更流畅、精准、可调，因而更适用于人体。1996年诞生的多莉羊，宣告人类成功完成了第一例动物克隆。苏格兰的科学家伊恩·威尔穆特（Ian Wilmut）及其同事从一只成年绵羊的体细胞中提取出了细胞核（含有绵羊甲的全部的细胞核DNA），然后转移进另一只绵羊的卵细胞（绵羊乙的细胞核被提前移除），然后刺激该杂合细胞分裂增殖，最后把由此得到的胚胎植入代孕绵羊丙的体内。这样，他们就得到了绵羊甲的克隆体。

体外受精和克隆是巨大的技术突破，它们为编辑生殖细胞奠定了基础。这不仅展示了科学家可以在实验室里通过混合精子和卵子来制造出活体胚胎，也揭示了我们可以从一只动物的遗传信息里制造出胚胎。这些成就如此惊人，以至于世界各地的监管人员匆忙立法，禁止把克隆技术用于人类。后来我们发现，克隆哺乳动物的技术挑战非常之大，全世界有能力尝试该
技术的实验室屈指可数。因此，不像CRISPR，体细胞核移植技 192
术对其操作者的要求极高，无法得到大规模推广。

最后，人们这么热切地希望改写未来人类的DNA，这也是人类遗传学研究取得突破（特别是人类基因组测序完成）之后的自然发展。自从人类对全基因组测序之后，许多人认为遗传学家很快就能够找到疾病的遗传学基础，并理解更广泛的人体

特征（从身体到认知）的遗传学根源。一旦我们充分理解了决定人类健康和整体状态的遗传因素，我们也许就可以选择，甚至改造胚胎，使他们表现出双亲不具有的特征，甚至比双亲更优越。

起码有些科学家怀有这样的希望。他们不时贸然讨论重塑生殖细胞系，但在CRISPR尚未出现的情况下，我对这种盲目的乐观主义颇为怀疑。这种操作果真可以安全地治好遗传病吗？它是否有某些无法预见的副作用？在当时，我们还无法设计实验来回答这些问题。假定这些操作是安全的，医生和患者是否会仅仅用于治疗？他们是否会跨过红线进行某些非必需的遗传修饰？虽然当时我没有全身心地投入思考这些问题，但提起生殖细胞系这个话题时，我还是感到非常困扰。

1998年，围绕着生殖细胞系修饰的兴奋和不安日益发酵。于是，约翰·坎贝尔（John Campbell）和格里高利·斯托克（Gregory Stock）这两位科学家在加州大学洛杉矶分校召开了一次研讨会。会议的主题是“编辑人类的生殖细胞系”，云集了该领域最前沿的研究人员，包括基因治疗的先驱威廉·弗伦
193 奇·安德森，早期基因编辑的“教父”之一马里奥·卡佩奇，以及双螺旋的发现者之一詹姆斯·沃森（James Watson）。虽然我没有参加这次会议——当时，我的研究重心还是微小的RNA分子如何折叠出精巧的三维结构，但事后的会议记录让我确信，对干预人类生殖细胞系担心的不止我一人，让我忧虑的事情也并不新奇。

在这次会议上，与会人员就干预生殖细胞系讨论的许多议题，近几年在关于CRISPR的讨论中再次浮现，比如知情同意、不平等、对未来后代无法预知的影响。像今天许多忧心忡忡的科学家一样，这些研究人员也在思索这些棘手的问题，包括：科学家在改写生殖细胞系的时候是否逾越了任何自然或者神启的律法？这些努力是否让“优生学”（这个观念在20世纪给人类带来了许多灾难）死灰复燃？虽然有这些沉重的伦理学问题要考虑，1998年会议的与会人员仍然对利用最新的科学突破来改进人类的前景感到乐观。专家小组讨论的话题包括清除疾病、治疗严重的遗传缺陷、一般性地改进演化的自然进程——他们认为，在必要的时候，我们需要采取这些干预措施。

几年之后，美国科学促进会就改造人类遗传特征起草了一份报告，他们的立场要更为谨慎。该研究报告的结论是，在当时的情况下，生殖细胞系干预的安全性尚无法得到保障，相关的伦理问题非常严峻，以此来改进人类的风险尤为突出。几年之
后，约翰·霍普金斯大学遗传与公共政策中心得出了类似的结 194
论，不过他们也承认，如果科学家能找到更可行的手段，特定的消费需求会随之演变。

除了这些研讨会和研究报告，另一件事预示了干预生殖细胞系的某些目标和争议会随着CRISPR的出现而变得更为迫切。这是一项新出现的医学操作，它允许父母在一定程度上选择后代继承的遗传物质。

自从体外受精技术变成了实验室里的一项常规操作，人们就可以对发育早期的胚胎进行DNA测序分析。由于父母各有50%的概率把他们的DNA传给下一代，因此，后代继承特定染色体或基因就是一个随机的过程。但是，自从研究人员在实验室里利用多个精子和卵子制造出多个胚胎之后，一切都变了。现在，进行体外受精的主治大夫可以从这些受精卵中进行选择，比如通过分析其DNA来鉴定出最健康的那一个——这种做法叫作胚胎着床前基因诊断（PGD）。

当然，传统受孕的婴儿也可以进行产前基因诊断，目前这已经很常见了。通过羊水穿刺或者简单地从孕妇身上采血（孕妇的血液里含有微量的胚胎DNA），医生都可以发现染色体的异常，比如唐氏综合征，甚至其他引起遗传病的特殊突变。当然，这里也有伦理问题需要考虑。如果产前测试显示胚胎可能患有某种严重的异常疾病，家长往往有两个选择：等待分娩或者流产。毫不意外的是，考虑到围绕着堕胎的争议，这类产前检查也引起了激烈争论。

195 胚胎着床前基因诊断则避免了这些争议，因为我们可以在怀孕之前就进行选择（当然，这需要昂贵的体外受精，而且需要通过手术从母亲体内提取出卵子）。虽然胚胎着床前基因诊断仍然有些技术问题需要解决，不过整体上，它可以有效预防一些遗传病。对于那些由于不孕不育而在考虑体外受精的配偶，这是一个很吸引人的选择。这项技术虽然避免了堕胎的伦理争议，却必须考虑另外一些沉重的哲学问题。

在它的早期实践中，胚胎着床前基因诊断往往是出于医学原因用于性别选择，比如，如果我们知道后代要患上X染色体连锁的遗传病，那我们就可以避免选择女性胚胎。但是，虽然科学家动机良好，许多观察人士和监管人员却始终无法接受“PGD允许父母来选择后代性别”的想法，特别是因为许多国家还有重男轻女的观念。今天，在许多国家（包括印度和中国），胚胎着床前性别选择都是非法的，除非是为了避免X染色体连锁的疾病（比如在英国）。但是在美国，这是合法的，许多生育诊所无须父母提供任何急需这样做的医学原因，都会提供这种服务。

胚胎着床前基因诊断也被用于其他有争议的情形，比如分娩所谓的“兄姐救星”（savior siblings），他们从着床的那一刻开始，就不仅仅是为了自己而活着，还是为了在必要的时候向哥哥或姐姐捐献器官或细胞。未来，父母也许不仅可以选择宝宝的健康状况、性别特征，甚至有机会选择他们的行为特点、外貌，甚至智力。随着我们对基因变异与身体特征的关联了解越来越多，而且随着技术不断更新，生殖诊所也会有能力解读出更多的遗传信息，从而向消费者提供更多选择，让父母挑选最理想或最“完美”的胚胎。这似乎是一条必由之路。

这种类型的基因检测影响巨大。但是，最新或最先进的辅助生殖技术还不是胚胎着床前基因诊断，而是线粒体替代疗法，196
俗称“三亲育子”技术。说来不可思议，但是通过这种方式出生的孩子，他们的DNA不是来自于两个人，而是三个人：一位父亲和两位母亲。该技术的一个环节是把一颗卵子的细胞核转移进另一颗去核（但保留了线粒体DNA）的卵子——目的是避免未出生的孩子患上染色体遗传病。线粒体DNA在人体基因组中占的比例不大，但也有一席之地，所以这样出生的孩子携带了三位父母的遗传信息：提供了细胞核基因组的母亲（她有可能抚养孩子长大）、提供了线粒体DNA的母亲（贡献虽小但也至关重要），以及提供精子的父亲（提供了细胞核染色体的第二份拷贝）。

线粒体替代疗法已经证明在小鼠和其他灵长类动物中是可行的，而且也在人类卵子中试验过了。虽然它的安全性仍有争议，但临床应用已经近在眼前。英国负责监管生育研究及治疗的咨询委员会，在2014年的一份报告中支持线粒体替代疗法；在2015年议会通过后，英国成为世界上第一个批准该技术用于临床的国家。美国紧随其后，在2016年，美国科学院、工程院和医学院建议食品药品监督管理局批准今后三亲育子技术的临床试验。

诸如胚胎着床前基因诊断和三亲育子这样的操作，证实了科学和医学界为了让父母拥有更健康的孩子，会愿意去推动伦理学的边界的扩展。即使是三亲育子，从技术上来讲，它跟生
197 殖克隆在某些方面非常类似，但比起其他争议更大的技术，它并未引起激烈的哲学讨论或者严苛的监管审查。三亲育子也会永久地改变人类基因组，引起的生殖细胞系改变也会代代相传。尽管如此，监管人员仍然对其一路放行。

读了这些案例，我不由得问自己：鉴于CRISPR比之前所有的技术都更强大，监管人士和研究人员是否会允许CRISPR用于人类基因组，引入可遗传的改变？当生殖科医生最终意识到，他们手上有更强大的工具，可以在更大范围的候选基因中选择，改进胚胎的基因组，他们是否会停下来反思可能的后果？或者，他们会急急忙忙地把这股新发现的力量付诸实践，盲目地操作这种遗传工具，最终失去控制？

作为一位研究生物化学的科学工作者，我并不习惯于思考这样的问题。虽然在申请就读研究生院的时候，我提到过我对科学传播也感兴趣，但事实上，我更喜欢在实验室里工作，尝试新的实验，而不是向公众解释这些发现，或者思考研究发现的理论意义。随着我对自己研究领域的了解逐渐深入，我跟专业内的人交谈的时间越来越多，跟领域之外的人交谈的时间越来越少，我陷入了一个"小圈子"里。科学家跟其他人一样，和背景相似的人相处时感觉最自在，因为彼此有共同语言，有同样的关切。

不过，在我们发表了那篇使用CRISPR作为基因编辑新平台的论文之后，我发现自己无法忽略那些大问题，无法安心地待在我熟悉的科学小圈子里。随着科学家开始利用CRISPR来编辑越来越多的动物，而且随着他们继续开发这项工具，我意识到，研究人员不久就要在人类卵子、精子和胚胎上尝试使用CRISPR，永久改变未来个体的基因组。但是令人惊讶的是，压根没人提 198
起过这种可能性。事实上，基因编辑革命正在我们身边发生，而这会影响我们每一个人。虽然CRISPR领域正在突飞猛进，但除了我们同行里的小圈子，似乎没人知道它，也没人理解它。最终，这导致我的职业生活与私人生活之间出现了深深的割裂。白天，我跟专家们交换意见，晚上，我跟邻居和家长聊天，我猛然意识到这两个世界之间的交集是何其之少。因此，当英国的监管层开始公开辩论线粒体替代疗法是否正当的时候，我还在私下里纠结：我参与创造的这项技术正在引发巨大的伦理争议，但我们能避免它吗？

我并不是斩钉截铁地反对科学家或医生使用基因编辑改造人类基因组。显然，这里有许多哲学、实践以及安全上的问题——下一章我会详细谈到它们，并展开深入的讨论，但是，所有这些并不意味着我们要彻底禁止使用该技术。我更关切的是另外两个更具体的威胁：第一，在没有充分预见到它的后果和风险的情况下，科学家贸然使用CRISPR；第二，由于CRISPR如此高效、便捷，它可能会被人滥用于其他邪恶的计划。

我们现在还难以预料CRISPR会被如何误用，以及谁会犯下这些罪行。早在2014年春天，在我深入思考这些议题之前，我的潜意识已经开始为这些事情惴惴不安了——本书引言部分提到的噩梦就是一个表现。

199 在另一个梦境里，一位同事走过来，问我是否愿意跟另一个人讲讲怎么使用基因编辑技术。我跟着这位同事来到一个房间，见了这个人，惊讶地发现竟然是希特勒，他本人就坐在我面前。他长着一副猪的面孔（也许因为那段时间我一直在思考通过CRISPR改造猪的基因组，使它们为人类提供移植器官），他显然有备而来，带着纸笔做记录。他饶有兴致地盯着我，说："我想理解你开发的这项惊人的技术，请告诉我怎么使用它。"

他的样子如此令人惊骇，提议如此险恶，我不由得一激灵就醒了。在黑暗中躺着，我感到心脏怦怦直跳，我无法摆脱梦里留下的那份糟糕的预感。我们现在已经有能力重塑人类的基因组，这的确是一种伟大的力量，但如果落在了恶人的手里，它也可能极具毁灭性。随着CRISPR被散播到世界各地，这种可能性也进一步提高，我感到更加不安。数以万计的与CRISPR相关的分子工具被分发到几十个国家，关于如何在哺乳动物（起码是小鼠和猴子）里精准编辑的知识及操作步骤也在许多论文里公之于众。更糟糕的是，CRISPR不仅仅用于世界各地的学术机构和公司研发部门，也以100美元的价格在网上向消费者出售。当然，这些自己动手的CRISPR试剂盒只是用来修饰细菌和酵母的基因，但是这项技术是如此简单，改造动物基因组的实验已经成了常规操作，不难想象，生物黑客会用它来捣鼓更复杂的生物体，包括我们自己。

那么我们做了什么呢？埃马纽埃尔和我，以及我们的合作者，一直设想的是CRISPR技术用于治疗遗传病，甚至挽救生命。但是现在回想，我开始逐渐意识到我们的工作被扭曲、被误用的所 200
有可能。CRISPR的进展如此迅猛，而且有许多出岔子的可能，我感觉自己像是弗兰肯斯坦博士，我是不是创造出了一个怪兽？

真可谓“屋漏偏逢连夜雨”，在我为这些念头坐卧不宁的时候，又出现了一件让我感到不安的事情：有些科学家没有遵循公开透明的原则进行科学研究。毕竟，科学不是出现在真空里，应用科学尤其如此，技术的突破往往对社会有直接的影响。我有一个强烈的信念，这个领域的科学家有责任以开放的姿态进行研究，向公众讲解他们的工作，并在实验开始之前就讨论这些实验的风险、收益和后续影响，避免为时已晚。

就CRISPR而言，很明显，公共讨论要远远落后于科学研究进展的速度。我不由得思考，如果在我们公开讨论基因编辑的诸多可能影响之前，有人就尝试在人体中进行实验，会不会引起公共舆论的反弹。这样的反弹可能会破坏，甚至推迟更紧迫的、没有争议的CRISPR应用项目，比如治疗成年患者的遗传病。这种前景不容乐观，我在思索该如何前进。

也是这个时候，我发现自己不断地思考CRISPR跟核武器的类似之处，核武器的科学研究是在公众不知情的情况下进行的，公众也没有参与讨论过这项研究发现要如何应用。在第二次世界大战期间，这一点格外明显。原子弹之父之一，之前也是伯克利分校物理系教授的奥本海默，曾在二战结束之后的一系列国防听证会上明确表达过这种观点，当时他呼吁停止核军备竞赛（且不提他跟共产主义者的牵扯），引起了极大的政治争议。在苏联成功完成了首次原子弹测试之后，美国方面开始激烈讨论是否要开发爆炸力更强的氢弹，对此，奥本海默评论道：“我
201 的判断是：当你发现有些事情值得一试的时候，你就会径直去

做，做成之后才开始争辩该如何处理它。我们的原子弹就是这么出现的。就我所见，没有人反对过制造原子弹，直到造出来之后，我们才开始争论要如何处理它。”

奥本海默的措辞进一步刺激了我的良知。也许有朝一日，我们会就CRISPR和遗传改造人类说出同样的话：“后之视今，亦由今之视昔。”虽然对人类的基因编辑可能永远不会有引爆原子弹那样的灾难性后果，但看起来，匆忙推进这项技术起码有可能会伤害社会对它的信任。事实上，鉴于针对转基因生物广泛存在的忧虑和敌视态度，我尤其担心，关于生殖细胞系编辑的信息缺位或者信息错误，可能会让我们无法在需要的时候使用CRISPR，即使它是安全的。

当我在脑海中反复推演这些可能性的时候，我也开始思考，该如何走出困境。我希望找到一条途径来防患于未然，同时就这项技术展开坦诚布公的对话。联合其他有共同关切的科学家，我们可能在灾难发生之前拯救CRISPR吗？如果等到灾难发生之后再采取行动，那我们岂非重蹈了核武器的覆辙？

我也回顾了重组DNA技术的发展历史，并试图从中汲取教益。当时的科学界与公共舆论一直都有“谨慎谨慎再谨慎”的声音。跟现在一样，那也是因为出现了遗传改造上的突破，但科学家积极地采取了行动，并成功地防止了不必要的损失。

在20世纪70年代，科学家在基因剪切技术上取得了较大

的突破。他们可以把来自不同生物体的遗传物质，通过化学融
202 合（或称为重组）而创造出前所未见的人造DNA分子。斯坦福大学的一位生物化学家保罗·博格（Paul Berg）是实现这项伟业的第一人，并因此荣膺诺贝尔奖。他当时选择的DNA来源有三：λ 噬菌体（一种入侵细菌的病毒）、大肠杆菌、猴源病毒（SV40）。博格把病毒与细菌的DNA融合在一起之后，打算把杂交的微小染色体引入细胞，来研究单个基因在异源环境下表达时的功能。

不过在当时博格与其他科学家都意识到，对修饰的遗传物质进行实验可能会有无数的、意料之外的，甚至危险的后果。也许最令人担忧的危险是，如果合成的DNA从实验室泄露会怎么样？博格最初的计划是把遗传物质转移到实验室的大肠杆菌里，但是，由于人类的消化系统本来就携带着多达数十亿个天然无害的大肠杆菌，经遗传改造的大肠杆菌有可能会感染人体，造成伤害。此外，由于SV40病毒会在小鼠中引发癌症，人们担心SV40的DNA片段会引起某种新型的致癌病原体，一旦释放到环境里，它也许会在人类或者其他物种中传播致癌基因或者抗生素耐药基因，带来麻烦。

出于这些考虑，博格和他的研究团队决定暂时搁置实验。博格转而召集了一批科学同人，举行了两次研讨会。会议在加州太平洋丛林市的阿西罗马会议中心举行，中心紧靠蒙特雷湾，风景如画。在进一步展开研究之前，他希望跟科学同人们深入分析重组DNA的利弊。

1973年的这次会议——史称第一次阿西罗马会议，集中探讨了癌症病毒的DNA与它们可能引起的风险，并没有直接讨论博格尚在考虑之中的新的DNA重组实验。不过，同年末，科学家又召开了一次会议，重点讨论了基因剪切。第二次会议提到 203
的事项促使与会的科学家请求美国科学院成立一个委员会，来正式调研这项新技术。这就是后来的重组DNA分子委员会，博格担任主席。该委员会的第一次会议于1974年在MIT召开，之后不久，他们就发布了一份引人关注的报告，题为《重组DNA分子的潜在生物学风险》。

该报告也被称为“博格来信”，它发起了一个前所未有的请求：在世界范围内暂缓该委员会认为的最危险的实验，比如在新的细菌里创造出抗生素耐药性，以及利用致癌性动物病毒制造出杂合DNA分子。在没有任何监管机构或者政府审核的情况下，科学家主动表示不去做某种类型的实验，在历史上，这还是首次。

“博格来信”也包括了另外三项建议：第一，科学家对于融合动物和细菌DNA的任何实验都要采取审慎的策略；第二，美国国立卫生研究院成立一个专门的咨询委员会，对未来有关重组DNA的议题予以宏观调控；第三，召开国际会议，邀请世界各地的科学家来回顾该领域的最新进展，交流应对潜在风险的心得体会。1975年2月，“重组DNA分子国际代表大会”在阿西罗马举行（史称第二次阿西罗马会议），这正是第三项建议的成果。

第二次阿西罗马会议的出席人数达150人，大多数是科学家，也有律师、政府文员、媒体人士。不时有一些激烈的争论，因为生物学家对于某些重组DNA的威胁的大小也有不同意见。有人认为不应该早早结束禁令，应该继续明令禁止某些实验，直到
204 我们对其风险有更深入的了解；其他人则认为可能不存在风险，或者风险很低，目前的禁令足矣。最终，博格和这些同人们认为，大多数实验可以继续进行，但要遵循合适的安全规则，即，必须通过生物和物理隔绝手段控制遗传改造的生物体，使其不会泄露。

这些决议本身固然非常重要，不过，第二次阿西罗马会议的另一个重要意义在于，它把科学家与公众联系了起来。与会的媒体人士向普通大众传达了科学家的讨论内容，这样，公众不满或敌意情绪就没有机会出现，这种透明的交流方式最终为研究得以继续赢得了大众的普遍支持。

不过，对第二次阿西罗马会议也不乏批评的声音。这次的与会人员都是受邀参加的，其中的非科学人士屈指可数，有人认为这次会议没有从科学界之外邀请更多的人。另外一些人的不满是，这次会议没有谈及生物安全和伦理议题。更多的批评矛头指向的是这种观念——这些专家认为自己是评估该技术的风险、收益和伦理挑战的最佳人选，因为他们试图来定义这场辩论的基本概念，如亚利桑那州立大学的一位科学史专家本杰明·赫特尔伯（Benjamin Hurlbut）所言："这套策略完全背离了民主程序。这些技术应该受到民主程序的控制，而非反之。科学

与技术自称为社会服务，科学家应该信守这个承诺。判定何为正确、何为适当、何者威胁了我们的道德根基——这是民主的任务，而非科学的任务。”

我完全同意，应该由社会整体——而不是几个或一群科学家——来决定技术该如何应用。不过，这里有一个问题，那就是社会无法对它不理解的技术做决定，对它毫不知情的技术更 205
是如此。这需要让科学家向公众介绍这些技术突破，破除围绕着这些技术的谜团，让公众理解这些技术的意义以及如何使用它们——正如博格和他的同事们所做的那样。毕竟，当基因剪切刚刚出现的时候，大多数生物学家还没听说过它，这种讨论必须要从懂行的专家开始。通过公布这些讨论，并邀请媒体用普通读者容易理解的语言来进一步展开探讨，博格和同事们打破了科学家与公众之间的壁垒，并为后续成立的政府机构（重组DNA咨询委员会）铺平了道路。事后，该委员会经常参与监管有关DNA重组的研究与临床应用。

在2014年年初，我认为我们需要采取类似的策略，不仅仅是针对CRISPR，也是针对一般性的基因编辑。这项技术已经像野火一样传遍了全球的科学界，在它短暂的历史里，精准基因编辑已经用在了许多动物身上，而且这个名单还在不断加长，所有的迹象表明，它用于人类的体细胞编辑已近在咫尺。但是科学界和公众似乎都忽略了，同样的技术很快就可能会应用于人类胚胎。

显然，当务之急是开诚布公地探讨生殖细胞系编辑的问题，不能再有任何推迟，我感到自己有必要参与开启这个讨论。当重组DNA工作的风险日渐明显的时候，博格和他的同事敲响了警钟——前事不忘，后事之师，我也有必要从实验室的舒适区里走出来，积极地向公众解释我们工作的意义。只有这样，那些
206 即将受到CRISPR影响的人才有机会充分理解它。我认为，只有这样我们才能够避免它被滥用。

对我这样的科学工作者来说，要组织一场自己非常熟悉的学术会议并不困难，不过要探讨科学研究的广泛意义，谈论有关政策、伦理、监管的话题（而不是酶促反应动力学、生物物理机制、结构功能的关系），并牢牢驾驭谈话的走向，则完全是另外一回事。我自己从未扮演过这种角色，所以一开始我诚惶诚恐、如履薄冰。

幸运的是，我有一批志同道合的科学同人可以求助。最近，在旧金山湾区，我参与创立了一个研究机构，叫创新基因组研究院（Innovative Genomics Institute，IGI），旨在推动基因编辑技术的发展。我意识到，由IGI来主办一次类似于博格组织的阿西罗马会议会非常合适。但是，我也知道，我们必须让对话自然展开，而不能通过延长会议时间来强行加速。我决定，我们要召集20人左右，举行一个小规模的、为期一天的论坛。在我看来，当务之急是起草一份白皮书，为这个领域的未来谋划一条可行的路线图，并召集所有的利益相关人来考虑基因编辑的事宜。类似于博格1974年在MIT召集的会议，我期望这次会议——后来被称为

“IGI生物伦理论坛”——是一个序曲，日后我们可以召开更大规模的、更加包容的会议。

我们把会期定在2015年1月，会址选在了纳帕山谷里的卡内罗斯度假村，这里有一个著名的红酒庄园，距伯克利只有一个小时的车程。帮我组织这次论坛的还有乔纳森·魏斯曼，他是加州大学旧金山分校的一位熟悉的同事，也是IGI的主任；迈克·博坦（Mike Bothchan），伯克利分校的一位同事，也是IGI的管理主任；雅各布·科恩（Jacob Corn），IGI的科学主任；艾德·佩赫（Ed Penhoet），伯克利分校的荣休教授，也是Chiron 207
生物公司的共同创立人之一。我们邀请的第一位嘉宾是博格本人（他是斯坦福大学的荣休教授），令我倍感振奋的是，他接受了我们的邀请。同样接受邀请的另一位嘉宾是大卫·巴尔的摩（David Baltimore），加州理工大学的一位生物学领域的诺贝尔奖得主，也是博格的同事。巴尔的摩不仅参加了1974年在MIT的那次会议，也参与起草了后来的那篇报道，号召暂缓关于重组DNA的某些研究，他在第二次阿西罗马会议上也发挥了关键作用。博格和巴尔的摩的参与，意味着即将召开的会议与启发了我的历史性会议有了直接的联系，更重要的是，他们的经验将极大地帮助我们在这片艰难的领域里穿行。

同时接受邀请的还有阿尔塔·沙罗（Alta Charo），他是威斯康星大学麦迪逊分校的法律与生物伦理学教授；达娜·卡罗尔，早期基因编辑领域里的一位开拓者；乔治·戴利（George Daley），波士顿儿童医学院的干细胞专家；玛莎·芬纳（Marsha Fenner），IGI的项目主任；汉克·格里利（Hank Greely），斯坦福大学法律与生物科学中心主任；珍妮弗·帕克（Jennifer Puck），加州大学旧金山分校儿科教授；约翰·鲁宾（John Rubin），电影制片人和导演；塞缪尔·斯滕伯格，本书的合作者，当时还是我实验室的博士研究生；基恩·山本（Keith Yamamoto），加州大学旧金山分校教授、IGI的管理主任。还有少数几位我们邀请的科学家拒绝了出席会议（乔治·丘奇和马丁·耶奈克虽然没有参会，但是在会后发表的文章里也签了名）。

这次会议于2015年1月24日召开，我们就一系列话题进行了深入讨论。17位与会人员分别做了正式报告，报告涉及基因治疗与生殖细胞系改进、当前管理转基因产品的文件，以及CRISPR的一些核心细节问题。不过，在我看来，比这些报告更精彩的，是我们关于基因编辑未来的圆桌讨论，这些对话充满热情、富有创意，之前我思考过的许多主题都覆盖到了。

208 当我们开始讨论这份白皮书的署名时，我们也就报告的目标读者以及我们希冀达成的目标进行了辩论。我们是否应当考虑使用CRISPR的所有可能后果——包括新的转基因生物，甚至定制生物，还是仅限于生殖细胞系编辑？CRISPR果真让生殖细胞系编辑出现了新的变化吗？还是说，它跟之前的基因编辑技术只有程度上的区别？我们这次会议应该强烈地反对生殖细胞系编辑，还是应当保留日后使用该技术的可能性？

在交谈的过程中，共识渐渐浮现。我们认为，这份白皮书的重点应该是针对人类生殖细胞系的基因编辑。在过去20多年，基因编辑已经用于人类体细胞，而且早期的基因编辑技术已经用于人类体细胞的临床试验。显然，生殖细胞系编辑是之前较少涉足的领域，也是最需要公共讨论的议题。我认为，这很大程度上是因为CRISPR降低了技术难度，使得之前非常困难的生殖细胞系编辑成为可能。虽然关于生殖细胞系编辑，之前已经多有论述，比如1998年的UCLA会议，而且多年来科幻小说里探索过类似的末日场景，但在CRISPR出现之前，这些可能性还无法变成现实。当然，现在的情况不同了，一位与会人员告诉我们，此时此刻，已经有一份研究手稿里描述了利用CRISPR对人类胚胎进行基因编辑。如果这项研究是真的，那么这意味着科学家第一次主动改造了未来人类的基因序列。

事不宜迟，我们必须尽快发布这份报告。但是我们应该采取何种立场？我们中的大多数人对于在人类基因组中进行可遗
传改造的安全性仍有疑虑，因为任何失误都会在未来的人类当 209
中造成灾难性的后果。不过，这些改造是否在伦理意义上站得住脚，那就完全是另一个话题了。当我们的对话进行到下午，我们思考了有关社会正义、生殖自由的话题，并公开讨论了对优生学的担忧。一些出席者对于科学在这个方向的发展心存疑窦，而另一些人则认为生殖细胞系编辑并没有什么问题，起码理论上没有什么问题，只要它安全、有效，只要收益显著大于风险，我们就没有必要把这项技术与其他医疗措施区别对待。

不过，最终我们意识到，这个问题的决定权不在我们。公众如何思考生殖细胞系编辑，这不是与会的17个人能决定的。我们感到，我们的责任有二。首先，我们必须让公众知道生殖细胞系编辑是一项即将成熟的技术，我们需要考虑、研究、探讨、辩论这些议题。其次，我们必须敦促科学同人——那些熟悉CRISPR技术的研究者，那些把这项技术向前迅猛推进的人——必须暂缓这个方向的研究工作。我们感到有些研究方向是不能轻易尝试的，更别说进行改造人类生殖细胞系的临床试验了。我们有必要告诉同行，因为这非常重要。关键是，我们希望科学界暂停该领域的研究，直到关于生殖细胞基因编辑的社会、伦理和哲学意义得到恰当、深入的探讨，而且最好能在全球范围取得共识。

我们琢磨如何最好地实现这些目标。我们应当在一份主流报纸发表社论，还是举行一次新闻发布会，抑或在学术刊物上起草一份观点文章？经过一番商讨，我们最终认可了最后一个方案，理由是，这可以从一线研究者那里得到最大的关注度，而且很可能也会被大众传媒转载。对于主流刊物中的影响力极大的
210 文章，这种情况时有发生，何况我们讨论的是生物领域内最热门的话题。我预计这篇评论文章会引发较大的反响。

会议的最后，我们讨论了这篇文章的要点，并决定投给《科学》杂志。我们认为，这篇文章的目的应该是引起大家对这个问题的关注，而不是事无巨细地讨论这个问题。当然，我们早晚需要讨论这些极富争议的话题，但并不是在第一篇评论文章里。

我们希望的是开始这次漫长的对话，我们决定把进一步的讨论留在后续会议里，届时将有更多人参与进来。

最终，会议结束了，我们约好了稍后在纳帕河上游的一家法国餐厅Angele享用晚餐。我们围着一个长长的椭圆形桌子而坐，凉爽的微风从附近的山谷里吹来，我们一边品尝着当地的红酒，一边吃着开胃小菜，一边聊着关于工作、家庭、旅行的轻松话题。白天，我们讨论的都是沉重的话题，现在轻松下来，我们都感到愉快。不过，私底下，我的脑子并没有停下来。

涉足这个新的领域，这果真是一个正确的决定吗？就一个科学议题——无论它是多么重要——公开表明立场，对我来说还是头一遭，似乎逾越了什么界限。我们不清楚这篇评论文章是否会造成长期的影响，也不知道我们的意图是否会被准确地理解。即使进展良好，它是不是已经太晚了？会上提到的那篇论文手稿——目前正在被主流科学期刊考虑刊发的文章——令我如坐针毡。其他类似的实验也许正在进行，或者即将上马。他们的工作是否会在我们的评论文章之前发表？

有一件事，我是确定的：既然我已经认定了这条路，那就应当全速前进。那天晚上，我一回到伯克利，就开始整理笔记，起草大纲。真正动笔写作这篇文章并不容易，但是几周之内，我就 211
完成了第一稿，并发给了纳帕论坛的其他与会人员，我们开始轮番修改。2015年3月19日，这篇文章在《科学》杂志在线发表了，题为“审慎前行：通往基因组工程与生殖细胞修饰之路”。

这篇文章虽然只有3页纸，却对这项技术做出了解释，并陈述了我们的关切。介绍完CRISPR和它如何应用于基因编辑，以及当时尚在探索的其他应用之后，我们把话题转向了针对生殖细胞系的基因编辑。就这个主题，我们提出了四项具体建议。我们请求科学界与生物伦理学界的专家创造平台，让对此感兴趣的公众可以获取关于基因编辑的可靠信息，有机会衡量潜在风险、收益，并对相关的伦理、社会与法律后果知情。我们支持研究人员在培养皿里的人类细胞和模式动物中继续测试、开发CRISPR技术，确保我们对任何临床应用的安全性有更详尽的了解。我们也呼吁召开国际会议，来确保相关的安全性与伦理议题得到公开、透明的探讨，会议不仅有科学家和生物伦理学家的参与，更召集不同背景的相关人员，包括宗教界领袖、病患与残障权利倡导者、社会学者、政府及监管人士，以及其他利益相关代表来参与。

最后，也许最重要的是，我们请求科学家暂缓在人类基因组中引入可遗传的变化。即使是在那些监管松散的国家，我们也希望研究人员能少安毋躁，等候其他国家的政府和社会有机会充分考虑该议题再继续他们的研究。虽然我们努力避免了“禁止”或者“暂停”这样的用词，但我们的信息是明确的：就目前而言，这些临床应用是不可取的。

对于这篇文章是否会被接纳，我之前是有顾虑的，但是文
212 章一发表，这些忧虑就涣然冰释。在接下来的几天，许多同人都纷纷联系我们，感谢我们提起这个话题，并询问下一次会议的

事宜。下一次会议的主办方是专业学会还是国家科学院?我们是否会召集其他国家的研究者?我们是否会在阿西罗马召开第三次历史性的大会?记者与公众也发来消息，这多亏了一些媒体注意到了我们的文章。《纽约时报》的头版故事吸引了上百位读者评论，我们的观点文章也被其他媒体转发，包括美国国家公共电台(NPR)、《波士顿环球报》，以及大大小小的博客和网站。就在我们发文的几天前，《自然》杂志刊发了文章，号召禁止在生殖细胞系中进行基因编辑——我们的文章无疑呼应了它的观点。《麻省理工技术评论》最近也发表了一篇关于生殖细胞系编辑的文章，引发了许多关注。

看起来，这个话题已经进入了主流媒体。转瞬之间，CRISPR就从一个鲜为人知的革命性技术变成了一个家喻户晓的名词。既然这项技术对于人类的惊人潜力已经公之于众，我忍不住希望，是时候进行广泛、坦诚的对话了。如果必须要使用CRISPR，要满足哪些条件?如何调控?我们已经对于哪些灾难性的后果做好了准备，哪些还没有?现在我们终于把CRISPR提上了公共议事日程，但这不是终点，前路漫漫，我们还在求索。

8. 接下来呢

在纳帕山谷开会的时候，我一听说已经有人把CRISPR用于
213 编辑人类胚胎的基因组实验，就一阵反胃。后来，我又听到了关于这项研究和这篇论文的更多传闻，这让我对其中的细节甚至这个故事的真实性起了怀疑。如果传闻并不属实，正是由于像我这样认为应该叫停这类研究的人的担心才传出来，那岂不是讽刺？

我越是思考这件事，就越觉得关于人类生殖细胞系基因编辑的研究可能出乱子。即使胚胎没有机会长大成人（我告诉自己，这显然不可能，否则会引起公共舆论极大的反弹），利用CRISPR编辑胚胎仍然代表着科学发展的一个里程碑——这是研究人员首次对一个未出生的人进行基因编辑。这个实验不仅打开了一道我们再也无法关闭的大门，而且也搅乱了同事和我试图开启的建设性的对话。如果他们的研究在我们公开讨论之前就发表了，这些科学家不仅会引来极大的关注，也可能招致巨大的非议。我最大的担忧是，这可能会引起公众对这项新兴的技术产生敌意，而忽视了它潜在的巨大好处。

不出所料，不久我就了解到关于这个实验的细节了。2015年4月18日，在我们的那篇评论文章发表一个月之后，这篇传闻 214
已久的科学论文也发表了。虽然它描述的实验不是用来制造胚胎并将其植入子宫分娩，但这项研究还是吸引了无数关注。

这篇发表在《蛋白质与细胞》杂志上的论文，来自中国广州中山大学的黄军就实验室。黄军就和他的同事把CRISPR注射进了86个人类胚胎里。这项研究编辑的是人体内产生乙型球蛋白的基因，这个蛋白参与了人体内氧气的运输。那些乙型球蛋白基因受损的人，会得一种叫作乙型地中海贫血的血液疾病。黄军就试图做的，是在这86个胚胎中对乙型球蛋白基因进行精确编辑，希望验证我们可以在疾病发作之前治疗它。

为了获得这样的证据，黄军就的研究团队向胚胎中注入了合成CRISPR分子（包括向导RNA分子和在该位点进行剪切的Cas9蛋白质）的DNA。此外，还有一段用于修复断口的DNA片段，以及一段进行了绿色荧光蛋白编码的水母基因。最后一段基因可以使细胞在暗处发出荧光，方便研究人员追踪那些被改造过的细胞。

从科学的角度来说，黄军就的实验结果不算令人振奋。他们发现，被测试的86个胚胎中有4个出现了预期突变，基因编辑的效率只有5%。他们的方法也有点问题。在有些胚胎里，CRISPR出现了脱靶效应，即它们在错误的位置进行了基因编辑，215
这意味着引入了意外的突变。在另外一些胚胎里，CRISPR正确地进行了切割，不过细胞并没有正确地修复，事实上，细胞在修复断口的时候，没有使用研究人员提供的模板，而是使用了与乙型球蛋白基因非常类似的另一个基因——丁型球蛋白基因。除了这些缺点，一些发育中的胚胎也表现出马赛克的样子，也就是说，它们的细胞中含有多个被改造成不同样子的乙型球蛋白基因。在其中一个例子里，胚胎有至少4个不同的DNA编辑，只有1个是正确的。另外，有些CRISPR没有及时发挥作用，错过了单细胞阶段，等到受精卵分裂成多个细胞之后才开始工作。

事实上，这些安全风险正是我所担心的，这也是激励我发起公开倡议，在人类生殖细胞系中叫停这类实验的原因。话说回来，黄军就的研究团队也承认，这项技术目前还远非完美，他们提到，在尝试任何临床试验之前，“（我们）亟需提高CRISPR/Cas 9的可靠性和专一性”。不可否认的事实是，我们已经越过了临界点——现在生殖细胞系编辑已经用于人类胚胎了，这距离临床试验，只是时间早晚的问题。

不过在这个案例中，黄军就小心确保了CRISPR改造过的胚胎不会长大成人，因为他们使用的是所谓的“三体胚胎”（triploid human embryos）。之所以如此得名，是因为它们含有三套23条染色体（共计69条），而不是正常的两套染色体（共计46条）。三体胚胎是无法存活的，在体外受精的过程中，医生很容易鉴别出三体胚胎，因此在植入子宫之前会丢弃它们。

黄军就认为，这些无法存活的胚胎是测试CRISPR有效性

的完美模型。就他的实验目的而言，三体胚胎跟正常的、可存活
的胚胎没有区别，但是使用这样注定要丢弃的三体胚胎，他们 216
就巧妙地避开了争议话题：进行胚胎实验就是毁灭生命。而且
这些研究人员取得了捐赠胚胎的父母的明确同意，并获得了相
关部门伦理委员会的批准，也严格遵守了中国相关的管理规定。
据我所知，这样的实验在美国也是合法的。

我是在伯克利的办公室里读到这篇论文的。读罢论文，我转向旧金山的海湾，极目远眺，陷入了沉思。我感到极为震惊，又有一丝不安。

虽然我试图回避这些思绪，但显而易见，黄军就的工作与我们的工作密切相关，虽然它不是我和埃马纽埃尔的初衷。未来还会有哪些科学家，进行哪些我们尚无法预料的实验？

很快我就得知，科学界的其他同行对于黄军就的实验也有类似的顾虑，即便他们没有像我这样感到直接的关联。我了解到，权威学术杂志《自然》和《科学》都拒绝了黄军就的论文初稿，部分原因是他们不认可该实验的伦理取向。许多科学家认为这项研究进行得有些贸然，另一些人则质疑该实验背后的动机。哈佛大学的研究者乔治·戴利告诉《纽约时报》，对人类生殖细胞系进行基因编辑会引发极大的公共关注，“而许多人追求的恰恰是这种关注度”。

许多学术组织和政府机构迅速对黄军就的论文做出了反应，

而且态度一致。美国基因与细胞治疗学会再次声明，他们“明确反对在人类细胞中进行基因编辑或基因修饰”。国际干细胞学会也呼应了这个立场，他们的主席明确表态，“试图在生殖细胞系
217 中进行任何基因编辑的临床试验都宜缓行，这至关重要”。就连总统奥巴马的办公室也表态了。白宫科技政策办公室的主任约翰·侯德伦（John Holdren）在一篇题为《关于基因组编辑的笔记》的文章中表示：“本届政府认为，我们目前不应当为了临床目的而改造人类的生殖细胞系。”国立卫生研究院的主任弗朗西斯·柯林斯（Francis Collins）也表达了类似的立场，并进一步声明，国立卫生研究院不会对涉及基因编辑人类胚胎的研究提供资助。

美国情报部门似乎也留意到这项实验了。我不无吃惊地发现，美国情报机构向国会军事委员会（Senate Armed Services Committee）提交的最新《全球威胁评估》中，把基因组编辑列入其他国家可能在研发的六种大规模杀伤性武器之一，美国需要对此提高警惕（其他的威胁包括俄罗斯的巡航导弹，叙利亚和伊拉克的化学武器，伊朗、中国、朝鲜的核武器）。“生物与化学材料方面的技术进展几乎总有双重用途，并且迅速融入全球经济体”，该报告的作者总结道。所谓“双重用途”，即技术可以用于和平，也可以用于战争。该报告没有深入解释基因组编辑如何成为武器，但它指出，“在其他监管不严或者伦理标准不同的国家，对基因组编辑的研究可能会增加他们制造出有害的生物制剂或生物产品的可能。鉴于这些技术传播之广、成本之低、发展速度之快，对它的有意或无意的误用可能会对经济

和国防产生深远的影响”。似乎是回应潜在的质疑声音，报告的作者指出，“2015年基因组编辑取得的进展，迫使美国和欧洲大批一流科学家对未经调控的人类生殖细胞系编辑提出了质疑”——显然，这是在暗指黄军就的论文，并呼应了我们的立场。[218]

得知不同领域的许多人都和我们一样认识到了生殖细胞系基因编辑的严峻性，让我倍感欣慰，但是，詹姆斯·克拉珀（James Clapper，时任美国国家情报局局长——译者注）在《全球威胁评估》一文里对CRISPR的警告，也令我感到震惊。我自己在沉思CRISPR可能如何被误用的时候，也曾想象过一些特立独行的科学家也许会那么做，甚至做过噩梦——梦里希特勒试图染指该技术。但是，如果某个健在的独裁者或者恐怖组织试图用CRISPR来实现他们邪恶的目的，那会发生什么？我们要如何阻止他们？我做研究的初衷是理解自然世界，并用这种理解来改善人类生活——假如CRISPR被用于作恶，我该如何与这种负罪感共度余生？

不过我也惊讶地发现，对于CRISPR首次用于人类胚胎的尝试，反应并非都是负面的。2015年7月，《细胞与分子》杂志发表了另一篇文章，是由著名的哲学家和生物伦理学家朱利安·萨乌莱斯（Julian Savulescu）等人撰写的。他们声称，出于伦理上的考虑，我们有必要迅猛地继续展开类似的实验。他们留意到（当然，他们大大简化了问题），基因编辑可能会“完全清除遗传缺陷”，并显著减少慢性疾病带来的伤害。他们认为：“故意回避这些可能会拯救生命的研究，也就意味着对本可以因此避免受苦、死亡的人袖手旁观，置之不理。我们有道义、责任进行基因编辑研究，我们别无选择 。”一个月之后，久负盛名的哈佛学者史蒂芬・平克（Steven Pinker）在《波士顿环球报》上著文，对围绕诸如CRISPR等最新生物技术的过分谨慎的态度表达了不满。他认为，真正有良知的生物伦理学家不应当给这些新技术划定禁区、人为设限或者自缚手脚，“考虑到新技术蕴含的巨大机遇，今天生物伦理学家的道义责任可以总结成一句话：别挡道”。

其他意见领袖对在胚胎中进行基因编辑的实验也表示了热情的支持，但是他们严格区分了科学研究与临床应用。比如，辛
219 克斯顿集团（Hinxton group）——这是一个覆盖全球的交际圈，包括伦理学家、科学家、律师和政策专家——在他们关于人类生殖细胞系基因编辑的声明中，先是热情称赞了基因编辑对于人类健康的巨大潜力，并赞成基础研究毫不犹豫地继续跟进，包括使用可以存活的胚胎。不过，他们也承认，目前并不支持在临床实践中使用基因编辑，因为只有“当新技术的安全性、有效性得到保障，并得到了官方认可，我们才能开始讨论在人类生殖过程中使用这个技术。当然，进一步的讨论与辩论也是必需的。”

简言之，黄军就的论文打开了公共舆论的闸门，倾泻而出的公共意见让我们看到，迅速达成广泛共识的可能性微乎其微。

关切此事的科学家、公民领袖和公众需要快速行动，开启

纳帕会议上我的同事和我倡议召开的全球性对话。我们差点没赶上在黄军就的论文发表之前刊发观点文章。围绕着生殖细胞系编辑的辩论正在愈演愈烈，火上浇油的是，有传言称，中国有不止一个研究团队在计划或者已经着手在人类胚胎中进行CRISPR实验。而且不只局限在中国。2015年9月，我们得知，伦敦著名的克里克研究所也在申请监管部门的许可，要进行同样的实验。显然，这个领域等不到科学家与公众达成那个日渐渺茫的共识了。

所幸，关于人类基因编辑的首次国际会议已经进入筹备阶段了。2015年春末夏初，会议的共同组织者和我就敲定了基本细节，比如会议的时间、地点、主办方等事宜。最终，美国国家科学院、工程院、医学院同意于2015年12月在华盛顿特区主办
这次高峰论坛——我对这个结果非常满意，因为有这样一个著 220
名的学术机构支持，本次会议的可信度会大大提高。更令我高兴的是，中国科学院和英国皇家学会（这是英联邦的顶尖科学组织）也同意协办。世界上最前沿的基因编辑研究者往往来自美国、英国或中国，这些机构的参与将向世界各国传递一个强有力的信号：生殖细胞系基因编辑是一个迫在眉睫的议题，值得引起国际性的讨论。兹事体大，单个国家或组织恐怕力有不逮，我们需要勠力同心、协同应对。

随着这些细节逐渐落实下来，本次会议组委会的另外11个人和我也逐渐确定下会议的具体议程。我们的主要目的是向公众传播有关基因编辑的科学知识，讨论新技术的社会意义，并

回应有关公平、种族和残障人士权利的关切。林林总总的话题可以分成三个大类：安全问题、伦理问题和监管问题。

关于安全问题，我们需要讨论，在何种情况下，针对生殖细胞系的基因编辑可以被认定为足够安全，可以用于临床治疗。我们要确保最终的潜在收益必须超过可能的风险，就此而言，黄军就的实验清楚地表明了风险何在。但是对于那些意外后果以及如何调控它们，我们还需要认真地考虑。除此之外，人类遗传学的全部知识是否有朝一日能使我们准确预测并提前规避最糟糕的后果？对此我心存疑虑。

我们也需要处理一些非常棘手的伦理议题，其中一些核心主题在之前也曾多次出现，比如在讨论堕胎、生殖克隆、干细胞生物学的时候。对胚胎进行实验是否天然地就是错误的，无论是否为了分娩？生殖细胞系基因编辑是否会不公正地决定未来
221 孩子的遗传条件，使某些遗传病的患者进一步被边缘化？一旦被滥用，它是否会让优生学死灰复燃？——要知道，过去一个世纪里，优生学给社会带来了许多恶劣影响。

最后，我们需要讨论监管这项新技术所需的法律框架，特别是政府组织和科学共同体在监管生殖细胞系编辑的过程中分别要扮演怎样的角色。某些类型的生殖细胞系基因编辑（比如为了预防孩子患上某种遗传病）可能是可以的，而另外一些（比如为了增强某些遗传特征）可能就需要禁止。许多人（包括我在内）都在思考，我们是否需要，以及是否能够达成国际共

识——如果不能，那未来会发生什么。

为了厘清这些复杂的议题，我们向多个领域的专家发出了邀请。受邀人包括玛利亚·贾辛和达娜·卡罗尔，她们是利用DNA剪切酶进行基因编辑的开拓者；埃马纽埃尔·卡彭蒂耶，CRISPR课题的合作者；张锋和乔治·丘奇，基因编辑技术的两位创新者；费奥多尔·乌尔诺夫（Fyodor Urnov），首位把基因编辑药物用于临床试验的开发者；丹尼尔·凯文（Daniel Kevles），研究优生学史的专家；约翰·哈里斯（John Harris），一位支持改进人类的哲学家；玛西·达尔诺夫斯基（Marcy Darnovsky），遗传与社会中心的执行主任；凯瑟琳·布莉丝（Catherine Bliss），研究性与性别问题的专家，以及鲁哈·本杰明（Ruha Benjamin），研究种族与民族、健康与生物技术问题的学者。政府与法律界的代表包括众议员比尔·福斯特（Bill Foster）（来自伊利诺伊州民主党），白宫科技顾问约翰·侯德伦（John Holdren），法律专家阿尔塔·沙罗（Alta charo）、皮拉·奥索里奥（Pilar Ossorio）、芭芭拉·埃文斯（Barbara Evans）以及汉克·格里利（Hank Greely）。此外，还有来自中国、法国、德国、印度、以色列、南非、韩国及其他国家的代表。

类似于上次在纳帕山谷举行的会议，这次人类基因编辑国际峰会旨在进一步拓展关于生殖细胞系基因编辑的讨论，而不是给出定论。事实上，这次会议结束的时候（2015年12月3日），我发现自己思考的问题没有比会议之前减少，甚至更多了。但是，我对于持有不同立场的学者的思路也有了更深的理解，许

222 多人从他们的立场出发发表了许多真知灼见，这也帮我进一步细化了对生殖细胞系编辑议题的理解。

我们无法把所有的对话和视角都浓缩进一本书，更何况是一个章节，所以这里只谈谈我的视角。接下来，我将解释，经过这次会议，我的观点发生了哪些变化，以及自从华盛顿峰会之后我又做了哪些新的研究，取得了哪些反思。我尽最大努力梳理关于这个议题的不同思考，并权衡各自的优劣。虽然我不敢声称自己掌握了所有答案，但这些沉思让我得到了一些结论：未来，CRISPR应该如何安全且合乎伦理地用于编辑未出生的人类，以及生殖细胞系编辑的最大危险到底在哪里。我也不得不思考有关公共政策的冰冷、坚硬的事实，包括该技术目前的缺点，以及要让它按我设想的那样造福人类，整个社会还需要做哪些工作。我希望这些反思有助于推进关于生殖细胞系编辑的对话，并帮助我们决定是否以及如何来干预我们这个物种的演化。

几乎可以肯定，生殖细胞系编辑最终会变得足够安全，可以用于临床。针对卵子和胚胎的微创手术——比如注射精子使卵细胞受精，或者进行植入前遗传检查的活检——已经是生育诊所里的常规操作。如何把CRISPR运送到细胞内，这也已经在动物胚胎和许多人类细胞中得到了优化。也许最大的难题在于确保CRISPR自身的精确性。但根据最新的研究，即使是这个问题——如何确保基因编辑工具的精确性达到100%——很快也将被攻克。

CRISPR需要多精确才可以安全地用于人类生殖细胞系编辑？乍看起来，我们需要避免所有可能引起DNA编辑出错的操作，但事实上，在我们的一生中，这样的随机基因突变一直都在 223
发生，它们的威胁可能远远大过CRISPR带来的风险。

我们的DNA一直在变化，随机自发的突变时刻搅动着我们的基因组。这些天然的突变正是演化的原材料，但是它们也可能会引起遗传病。每次细胞分裂、DNA复制的时候，基因组中就会出现2~10个基因突变。换言之，在人体内，平均每秒钟会出现上百万个突变。在那些快速分裂的细胞（比如小肠上皮细胞里），到我们60岁的时候，基因组里的每个碱基已经突变了至少一次。这种突变的过程，从我们还是受精卵的那一刻就开始了。随着单细胞的受精卵分裂成2个、4个、8个，进而分裂、分化发育成胚胎，每一个新出现的突变都会忠实地传递到子细胞的基因组里。即使是生殖细胞——母亲的卵细胞和父亲的精子，它们也携带着突变。因此，我们每个人在生命之初都携带着从父母的生殖细胞中继承的50~100个随机突变。

跟我们体内生生不息的遗传突变相比，CRISPR所带来的突变——无论是否故意——都相形见绌。如一位作者所言："如果说基因组里本来就有的时刻不停的基因突变是滔天巨浪，那基因编辑只是涓滴细流。"如果CRISPR能够以较高的确定性清除胚胎中致病的遗传突变，而引入脱靶突变的可能性非常低，那么潜在的整体收益还是大于风险。

更令人欣慰的是，我们现在有办法来进一步避免脱靶效应——起码，就生殖细胞系基因编辑来说，我们做到了这点。
224 一个办法是胚胎植入前检查，我们在使用CRISPR编辑过基因组之后，将胚胎植入母亲的子宫之前，仍然有机会检测到我们不希望的罕见突变。另一个可能的办法是编辑前体——卵细胞和精子，而非受精卵，虽然这项技术仍在初级阶段，但研究人员已经在实验室的小鼠身上表明，我们可以从干细胞中分化出精子和卵子，并使两者结合受精。可以设想，研究人员利用CRISPR来清除致病突变，在受精之前彻底盘查，剔除脱靶突变，这样，我们就可以保证只有那些符合要求的生殖细胞用于受精。虽然目前我们还无法针对人类的生殖细胞进行这些操作，但是考虑到该技术的发展速度，未来十年，或可成真。

在评估生殖细胞系基因编辑准确性的时候，还有许多问题需要考虑，但最前沿的科学进展表明，这些问题并非无法克服的挑战。考虑到科学家在小鼠和猴子身上取得的进展，余下的技术难题很快也会被攻克。一个不可避免的结果就是，生殖细胞系编辑——无论以何种形式实现——很快就会变得足够可靠（起码跟自然分娩一样可靠），可以用于人类。

当然，如果我们打算在人类生殖细胞系中引入可遗传的改变，那么我们就不仅需要考虑这项技术是否可以精确地工作，也要考虑编辑的后果是否符合我们的期望。我已经知道，目前科学家考虑用于临床的某些基因编辑会有次级效应。比如，编辑胚胎的*CCR5*基因也许可以增强人对艾滋病病毒的抵抗力，但也会使人对西尼罗河病毒更敏感；我们可以更正镰状细胞病患者体内乙型球蛋白基因的突变，这固然可以治愈他们的遗传病，但同时也会使他们对疟疾更敏感。事实上，同时带来正面 225
和负面后果的基因编辑例子很多，远不止这两个。研究人员现在推测，那些携带着一份会引起囊性纤维化疾病突变拷贝（如果带有两份就会得病）的人，对肺结核的抵抗力更强——在17~19世纪之间，1/5的欧洲人因为肺结核而丧命。即使是跟神经退行性疾病（比如阿尔茨海默病）有关的变异可能也有益处，比如在年轻的时候认知能力更强，情节记忆和工作记忆力更好。

其实，编辑特定的基因总是会有一些无法预料的后果。但是不能仅仅因为我们无法知道潜在的后果，就断定这意味着我们应当完全禁止生殖细胞系编辑。正如哈佛著名的遗传学家乔治·丘奇所言："有人认为我们要等彻底理解了人类基因组以后才能进行基因编辑的临床试验，这种观点有悖医学的历史与现实。"他指出，在过去的4个世纪里，我们并不完全清楚免疫系统的细节，但这并不妨碍我们努力地清除天花。更重要的是他观察到，当我们修复有害突变时，"每一次基因编辑都会把一个致病碱基变成健康基因，这比任何新药的准确性都更高"。

这些观点似乎无可辩驳。历史上，无数拯救生命的医疗手段都是在医生彻底理解其原理之前开发出来的，我们为什么要对CRISPR提出更高的安全要求呢？而且，只要我们把遗传突变改正成"正常"版本，而不是发明出普通人群里前所未见的新花样，我们可能就是安全的。如果一个人的生命垂危，进行这样的遗传改造似乎顺理成章。

如果我们仅仅考虑生殖细胞系编辑的安全问题，我可能会表示审慎的支持——但是，这远不是唯一的衡量标准。编辑一
226 个尚未出生的人类基因，这必然会牵扯出各种各样的伦理问题，有些问题是如此复杂，我不得不呼吁暂时停止对生殖细胞系的基因编辑，以便我们详细考察这些问题。

仅仅因为我们能够编辑人类的生殖细胞系，就意味着我们应当去做这件事吗？这是一个我不断扪心自问的问题。如果CRISPR的确可以帮助父母怀上没有遗传病的孩子——而其他办法都不行，如果这样做也很安全，我们是否应当去做？

在某些罕见的情境下，生殖细胞系编辑可能是确保新出生的孩子不患遗传病的唯一办法。比如，当父母同时患有隐性遗传病——比如囊性纤维化、镰状细胞病、白化病、范可尼贫血——的时候，他们的孩子注定也会患上这些疾病。因为父母双方的基因组里都含有两份拷贝的突变基因，孩子必然也会得病。一个类似的情形是显性遗传病——比如亨廷顿病、马凡综合征——只需要一份突变基因就足以导致疾病了，无论突变基因来自父亲还是母亲。

虽然这些疾病可以通过体细胞编辑得到治疗，但是生殖细胞系编辑可以从源头上解决问题，让孩子压根儿就不必受苦。在这种情况下，从人道主义的角度看，生殖细胞系编辑似乎是

合情合理的。但是正如我所说，这样的情况是罕见的。更常见的情况是，遗传病的发生不是必然，而是有一定的概率。这个时候，生殖细胞系编辑还是必要的吗？如果我们同时考虑这两种情况，权衡之下，生殖细胞系编辑是更好，还是更坏？它缓解的痛苦是否多于它造成的痛苦？

这个问题——“我们是否应当去做？”——让科学家和普罗
大众都感到难以抉择。也许并不意外的是，美国人对此也难以 227
达成共识。2016年皮尤研究中心做的调查显示，50%的美国成人反对利用生殖细胞系编辑来治病，而48%的人支持（对于在胚胎中进行非必需的遗传改进，我们的态度更加一致：只有15%的受试者支持这种做法）。当然，这些回应的背后有完全不同的考量。

在面对这种棘手的问题时，宗教是一个明显的伦理向导。不过，即使是宗教人士，他们的态度可能也有所区别。谈到对人体胚胎进行实验，许多基督徒会表示反对，因为他们认为受精之后的胚胎就已经是一个人了，而犹太教和伊斯兰教对此更加接纳，因为他们不认为体外受精得到的胚胎就是人。有些宗教认为，任何对生殖细胞系的干预都是篡改上帝在人类存在中扮演的角色；另外一些宗教人士认为，只要我们的目的是追求良善，比如促进人类的健康或者生育，人类就可以参与自然的进程。

另外一种道德路标则完全是内在的：听到利用CRISPR来永

久性地改变未来孩子的基因，有人就会产生一种本能的、条件反射似的反应。对许多人来说，这个主意听起来就非常不自然，而且错误。事实上，当我一开始思考生殖细胞系编辑的时候，我就是这么想的。在过去几千年里，人类靠着自发出现的DNA突变繁衍生息，而现在我们要开始理性干预这个进程——就好比植物学家制造出转基因玉米，乍看起来，这非常变态。国立卫生研究院的主任弗朗西斯·柯林斯说道："在过去38.5亿年里，演化一直都在优化人类的基因组。我们果真认为人类基因组的几个修补匠可以比自然做得更好，而且不会出现任何意外？"

虽然我也能理解"人类开始掌控自己的演化"这种想法引起的不安，但我并不认为大自然在优化我们的基因组成——在我看来，这并不符合事实。显然，演化并没有优化人类的基因组，
228 使我们适应现代生活：现代食品、电脑、高速路彻底改变了我们的生活方式。回顾一下生物圈迄今为止的演化历程，就会发现，处处都有不适应演化的突变，无数的生物体因此受损。可以说，大自然不是一个工程师，而更像一个修补匠，而且水平相当糟糕。它的粗心大意对于那些不幸携带了特定遗传突变的人来说显得无比残忍。

与此类似，那种认为"对生殖细胞进行基因编辑违反自然"的论点，现在在我看来已经没什么说服力了。当谈到人类事务，特别是关于医学治疗时，自然与非自然的界限本来就非常模糊，几近于无。我们不会认为一座珊瑚礁是不自然的，但是我们也许会说类似东京那样的超大型城市是不自然的。这是因为前者

不是人工制造的，而后者是人工制造的吗？在我看来，这种对自然与非自然的区分是虚假的。如果这种观念阻止了我们缓解人类的痛苦，那它还是有害的。

我曾有机会亲眼见过那些遗传病患者和他们的家人，并有过交流，他们的故事令人动容。在一次学术会议上，我刚在一个环节里讨论了CRISPR技术，在这之后，一位女性把我拉到一旁，要跟我分享她的个人故事。她的妹妹患上了一种罕见但严酷的遗传病，身体和心智健康严重受损，也给大家庭造成了极大的痛苦。“如果我可以使用生殖细胞系编辑把人群中的这种突变剔除，让其他人不再遭受我妹妹遭受的痛苦，我会毫不犹豫地这么做！”她说这话时，我看到泪水涌上了她的眼眶。还有一次，一位男性来伯克利找我并告诉我，他的父亲和祖父都因亨廷顿病去世，而且他三个姐姐的检测结果也都是亨廷顿阳性，他愿意为推动治疗或者预防这类疾病贡献他全部的力量。我当时没有勇气问他是否也携带着突变基因，如果是，那么他很可能不 229
久也会被疾病夺去行动能力和言语能力，甚至不久就离开人世。看到灾难降临在我们爱的人身上已经是非常痛苦的折磨了，更何况是降临到自己头上。

诸如此类的故事彰显了遗传病会带来怎样的人间悲剧，这也反映了我们迟迟没有正面解决它们。有朝一日，如果我们有办法来帮助医生安全有效地纠正突变，无论是在受精之前还是之后，在我看来，我们就有必要这么做。

不过，也有人持不同观点。有时，我们听到有人谈论基因组，就好像它们是珍贵的演化遗产，好像是需要珍视、保存的某种东西。比如，联合国教科文组织在1997年起草的《世界人类基因组与人权宣言》里提到："人类基因组意味着人类大家庭的所有成员在根本上是统一的，也意味着对其固有的尊严和多样性的承认。象征性地说，它是人类的遗产。"鉴于基因编辑领域取得的最新进展，联合国教科文组织又进一步表示，虽然像CRISPR这样的技术应当用于预防或治疗威胁生命的疾病，但是旨在影响未来人类的计划势必"威胁所有人类内在的、平等的尊严，假借'实现人类潜能，创造更美好、更进步的人类'而复活优生学"。有些生物伦理学者也表达了类似的担忧，暗示生殖细胞系编辑改变了人性的本质，改造人类的基因组最终会改变人性本身。

类似这样的哲学意义上的反驳是值得沉思的。但是，当我想到那些因为遗传病受苦的个人和家庭，我不得不说，我们不能彻底放弃使用生殖细胞系编辑的可能，因为那样代价就太大了。

除了关于生殖细胞系编辑的是非对错的争议，另外两个伦
230 理议题也令我辗转反侧。在首次国际峰会上，我们谈起了这两个问题，但并未找到解决之道。第一个问题是，一旦医生开始使用CRISPR来拯救生命，是否每个人都有能力控制生殖细胞系编辑如何使用；第二个问题跟社会正义有关，即CRISPR会如何影响社会。

首先，如果我们同意在生殖细胞系中使用CRISPR，我们必须承认，它也可能会用于改进遗传——不仅仅把一个有害的基因突变修改成正常基因，而且进一步把它变成更优的基因。

当然，不是所有的改进都是可行的或安全的。许多很容易想到的改进，比如高智商、绝对音感、数学能力、高个子、运动天赋、美貌，这些特征都没有清晰明确的遗传学原因。当然，这不是说这些特征不可遗传，只是说，这些特征非常复杂，CRISPR这样的工具无法完成这些改进。

但是，许多其他的单基因引起的遗传改进的确可能通过CRISPR来实现。比如，*EPOR*基因突变会引起红细胞生成素（这是一种著名的兴奋剂，兰斯・阿姆斯特朗和无数的运动员都使用过）含量上升，让运动员的耐力显著提升；*LRP5*基因突变会使人的骨骼格外强壮；*MSTN*基因突变（同样的肌肉生长抑制素基因，已经被用于制造出肌肉发达的猪和狗）会导致肌肉更瘦，肌含量更高；*ABCC11*基因突变会使人腋下气味的分泌减少（奇怪的是，也会使人的耳垢分泌减少）；此外，*DEC2*基因突变会减少人每天需要的睡眠时间。

讽刺的是，一旦允许用于治疗疾病的生殖细胞系编辑，其他更明显的非医学遗传改进恐怕也会逐渐变成现实。这是因为
相对于每一个非医学遗传改进的案例，都有另外一个更模糊的 231
例子。

一个有点模棱两可的例子是*PCSK9*基因。该基因产生的蛋白质可以调控人体内低密度脂蛋白胆固醇（即“坏的”胆固醇）含量，这使得该基因成为预防心脏病（世界范围内的头号死因）最受追捧的药物靶标之一。我们可以用CRISPR来微调该基因，使未出生的人们免于高胆固醇。这种类型的实验是属于治疗疾病，还是遗传改进？它的最终目的是预防疾病，但是它也使得孩子有了其他人所没有的优势特征。

还有许多其他潜在的生殖细胞系编辑会模糊治疗与改进的区分。编辑*CCR5*基因会使人对艾滋病病毒终身免疫，编辑*APOE*基因会降低得阿尔茨海默病的风险，改变*IFIH1*基因和*SLC20A8*基因的序列，会降低患上1型和2型糖尿病的风险；改变*GHR*基因会降低罹患癌症的风险。在所有这些例子里，基因编辑的主要目的都是使人不生病，但是科学家采取的办法是为个体提供他们本来没有的遗传条件，从内部提供保护。

这引出了我的另一个关切：正如在编辑胚胎的时候，我们难以区分治疗和改进，我们也很难判断如何公平地使用这项技术——换言之，如何改善所有人的健康，而不只是帮助少数群体。

不难设想，富裕的家庭会从生殖细胞系编辑中获益更多，起码一开始是如此。最新上市的基因治疗费用大约为100万美元，第一批基因编辑疗法的费用可能价格相当。

当然，价格昂贵不是我们拒绝新技术的理由。环顾身边，个 232
人电脑、手机、面向消费者的DNA测序，这些新技术在刚出现的时候都很昂贵，但随着时间推移，它们的价格逐渐降低，让越来越多的人都可以使用到。此外，也有可能，生殖细胞系编辑会像其他的医疗服务一样，日后成为医疗保险的一部分。当然，在美国，这看起来似乎遥不可及，因为现有的生育治疗手段——比如体外受精和胚胎植入前检查——往往都要花费上万美元，而医疗保险公司很少为这样的服务支付费用。但是在法国、以色列、瑞典等国家，国家医疗保险会囊括辅助生育的支出，在这些地方，简单的经济学考量就会促使政府让基因编辑惠及所有需要它的人。毕竟，相比产前基因治疗干预疾病，为患有遗传病的个体提供终生治疗要昂贵得多。

即使在那些有全民医保的国家，不同阶层的人都可以从生殖细胞系编辑中获益，但是由于事前无法预料到的基因不平等，我们仍然可能会创造出新的“基因鸿沟”，而且差距会越拉越大。由于富人可以负担得起基因编辑服务，他们可以更频繁地使用，而且由于基因编辑的结果会传递给后代，一个无可回避的结果就是，无论一开始不同阶层的基因差别多么微小，阶层与基因的关联会随着代际传递而不断固化。考虑一下这会对我们的社会经济结构产生什么影响。如果你认为现在的世界已经不平等了，不妨想象一下当社会经济水平以及基因水平同时出现固化，会有什么后果。设想一下，未来的有钱人，由于其基因组合更优越，会活得更健康、更长久。这听起来像是科幻小说的内容，但是当生殖细胞系编辑成为常规操作，科幻小说就会变成现实。

虽然这并非它的本意，但生殖细胞系编辑可能把社会的经
233 济不平等写进我们的遗传密码——这会带来新的社会不公。正如残障人士维权组织指出的那样，使用基因编辑“修复”失聪或肥胖，这可能会导致社会更缺乏包容，迫使每个人都跟其他人一样，甚至会鼓励人们歧视那些能力不同的人，而不是接纳我们天然的差异。毕竟，人类的基因组不是软件，而我们也无须剔除一切错误。我们这个物种之所以如此独特，我们的社会之所以吸引人，部分原因在于它的多样性。虽然有些致病的基因突变会在生物化学层面产生有缺陷的蛋白质，但携带这些突变的个体却未必有缺陷或者异常，他们可能生活得非常开心，而丝毫不觉得需要接受基因治疗。

正是出于这种担心——基因编辑也许会进一步恶化目前对少数群体的歧视，许多学者认为生殖细胞系编辑与优生学是一丘之貉。优生学这个观念之所以如此臭名昭著，是因为在纳粹德国时期，这是他们进行种族杀戮的借口。为了追求完美的人类物种，数十万计的人被强制绝育，数百万的犹太人、同性恋、精神病人以及其他被认为不配活着的人被大量处决。悲哀的是，在20世纪30年代的美国，类似的优生学运动是稀松平常的事，在许多州，直到20世纪70年代，强制绝育才完全终止。考虑到人类为了改进自身基因库所犯下的种种罪行，不难理解，当提到用CRISPR来“改进”基因时，人们会把它与历史上的残忍行径相提并论。

固然，把基因编辑等同于之前的悲惨往事非常引人注目，

但是这种对比却经不起分析。从技术上而言，在胚胎里使用
CRISPR来对抗疾病的确是一种优生学实践，但胚胎植入前的检
查也是，超声技术也是，产前补充维生素也是，甚至孕妇孕期戒 234
酒也是。原因在于，优生学，就其本来的含义而言，意思是“生
得更好”，因此，一切旨在生出健康婴儿的行为都符合这个定义。
我们目前对优生学更宽泛的解读反映了19世纪末和20世纪上半
叶的信念和实践——这个阶段，优生学的目的是改进整个种群
的遗传质量，手段是鼓励具有优良性状的人多生育，并让那些
性状不够优良的人少生育，乃至不生育。

毫无疑问，在今天大多数人的印象里，“优生学”运动是一个臭名昭著的事件，但是将基因编辑跟它等同则有失公允。当前，政府不可能强迫家长编辑孩子的基因（事实上，我们接下来会看到，这种操作在许多地方还是非法的）。除非我们讨论的是某些政府强制性控制公民的生育权，否则，生殖细胞系编辑还是少数父母的个人选择，不是官僚机构针对大范围群体的决策。

我对生殖细胞系编辑伦理困境的思考也在不断演变——但是，我发现，我的思考不断地回到选择的问题。无论如何，我们必须尊重人们决定自己基因的命运的权利，他们有自由追求更健康、更快乐的生活。如果人们有了这种自由的选择权，他们会做出自己最认可的决定——无论这个决定是什么。正如一位亨廷顿病患者查尔斯·萨拜恩（Charles Sabine）所言：“那些身患遗传病并为此受苦的人，丝毫不觉得这里有任何的伦理困境。”我们中间谁有资格告诉他情况不是这样？

从伦理学的角度看，我认为并不存在禁止生殖细胞系编辑的理由；我还认为，父母有权利使用CRISPR来生出更健康的孩
235 子，只要这个过程是安全的，而且不偏袒少数群体。另外，为了让生殖细胞系编辑这项技术不断前进，我们还要做好两方面的事情：一是我们必须积极主动地支持父母选择生育方式的权利；二是我们必须确保社会中的所有人都得到尊重和公平对待，无论他们的遗传背景如何。只有同时做到不因禁止CRISPR而伤害个人，也不因滥用CRISPR而危及社会价值，我们才可能让新技术造福于人类。

我们要怎么做才能确保实现这些目标呢？就CRISPR的伦理与安全问题展开讨论是一回事，能否达成共识则是另一回事。我们是否可能由此更进一步，达成某些决议？老实说，希望渺茫，以至于我们都不奢望提起这个话题。但是如果我们现在都不打算提出一份自洽的国际纲领，以后可能更没机会了。

毫无疑问，政府在监管、调控生殖细胞系编辑中要发挥它的作用。但是由于目前政府的管理条例不是一以贯之，而且缺乏必要的惩罚机制，它离成熟还有较长的一段路要走。比如，在包括加拿大、法国、德国、巴西、澳大利亚在内的国家，针对人类的生殖细胞系编辑是被明令禁止的，违反者轻则罚款，重则入狱。在另外一些国家，比如中国、印度、日本，针对人类的生殖细胞系编辑也是被禁止的，但是这些管理条例并不是法律，也没有执行力。在美国，当前的政策只有一点约束力：我们没有明令禁止，只是有些政府机构口头反对把生殖细胞系编辑用于

临床，而且任何临床试验都需要食品药品监督管理局（FDA）的批准（不过有趣的是，其他的许多辅助生育技术——胚胎植入前遗传诊断、细胞质内精子注射，甚至体外受精——从来不需要正式的临床试验或者FDA的审批）。

即使是关于生殖细胞系编辑科研的法规，各国也不统一，236
更别提编辑胚胎来制造新型人类了。在中国，黄军就已经第一次把CRISPR用于胚胎，可以想象，类似的研究可能在获得适当的审批之后继续。从法律层面而言，同样的研究在美国也是可行的（少数州除外），但是1996年通过的一个法案——叫作《迪基·威克（Dickey-Wicker）修正案》——规定了政府不能资助任何创造或者破坏人类胚胎的研究，显然，CRISPR是不能用于生殖细胞系研究了。不过，美国并没有法律禁止私人基金支持这类研究。在英国，生殖细胞系编辑的研究是可以的（事实上已经在进行中了），但是它需要获得一个叫作“人类生殖与胚胎管理局”的批准。最后，还有些政府禁止一切涉及人类胚胎的研究，或者他们的法律比较模糊，对生殖细胞系编辑的基础研究与临床应用没有做出明确区分。

关于生殖细胞系编辑的公共政策之语焉不详，让监管执行变得更为困难。比如，最近欧盟通过的一份有关规范临床试验的文件表示禁止“那些可能会引起受试者修改遗传身份的基因治疗”。在这里，何为“遗传身份”？定义并不清楚。而且“基因治疗”是否包括CRISPR也不清楚。在法国，“破坏人类物种完整性”的行为也被禁止，同样被禁止的还有任何“旨在筛选人的优生学实践”。但是胚胎植入前的遗传检查也是一种典型的优生学实践，在法国却大行其道。可见，这个定义也欠妥当。与此相反，在墨西哥，关于改造人类遗传物质的规定考虑的是它们的目的：如果是“为了治疗严重的疾病或缺陷”就是可以的，用于其他目的都不行。但问题是，谁来判定何种状况是严重的疾病
237 或缺陷？政府，医生，还是患者？

美国国会至今甚至都不敢正视有关在人类胚胎中使用CRISPR进行临床治疗的请愿书（更别提看懂了）——这无异于立法上的鸵鸟政策。2015年，美国众议院和参议院通过了一项拨款法案，其中一则附件规定：对于生产过程中“有意创造或者修饰人类胚胎”的药物或者生物制品，FDA不得使用国会资金进行评估。换言之，国会议员们针对禁止在胚胎中使用CRISPR的方式，不是积极立法，而是捆住了FDA的手脚（讽刺的是，这样的迂回策略险些适得其反，因为按照目前的管理程序规定，任何新药申请FDA，如果30天内没有被明确拒绝，则视为通过。这个问题的解决办法是，2016年国会又临时增加了一项规定，FDA对于这样的申请一律视而不见，就如同从未收到）。

拒绝评阅有关生殖细胞系编辑的研究，似乎不是进行监管的最好办法。对生殖细胞系编辑的研究或临床应用进行简单粗暴的禁止，也不可取。已有学者指出，美国任何试图禁止生殖细胞系编辑的规定都等于把自己在这个领域的领先地位拱手相让——事实上，这个过程可能已经开始了，而且还在继续。

一些国家采取了过分严厉的政策，这样做的一个风险就是促进另外一些国家出现所谓的CRISPR旅游业。有能力去海外旅游的患者，会前往法律监管更宽松的国家。目前，从世界范围而言，为了医学目的旅行的人士已经花了数百万美元接受干细胞治疗，利用基因治疗来增加肌肉量或者延长寿命的服务也开始受到追捧。要阻止这些危险的，甚至是不合伦理的做法，不能靠 238
国家对这些尚在探索中的方法网开一面，也不能对这方面的研究故意设限，因为这只会让科学家的研究工作转入地下——这可能是最坏的一种结果。事实上，政府需要做的是确保监管环境对科学研究与临床应用足够友好，但同时又足够严格，从而避免发生最坏的结果。

最终，这需要研究者与立法者一道找到监管与自由的平衡。科研工作者应当致力于创造出一套标准化的、有公信力的指导方案，确保CRISPR的使用安全，优先进行治愈疾病的研究，并为评估基因编辑操作设定质量控制标准。政府机构，尤其是美国的政府机构，需要采取更加积极的对策，推进稳健的立法，同时广纳民意，鼓励公共参与，就像2015年我和同事在华盛顿峰会上所做的那样。当然，就是否使用以及如何使用生殖细胞系编辑，我们恐怕无法达成彻底的共识，但是政府应当竭尽全力让法律充分吸收民众的智慧，代表民众的意志。

即便如此，我们可能依然无法在全球范围内就CRISPR的挑战彼此协作。不同的社会注定会带着不同的眼光、历史包袱与文化价值来应对生殖细胞系编辑的挑战。有人预言，人类生殖细胞系编辑，特别是基因强化，首先会在亚洲国家（比如中国、日本和印度）开始。中国是生殖细胞系编辑研究和发展的沃土，他们的科学家已经在多个CRISPR技术的应用领域取得了领先地位，包括最先在非人类哺乳动物、不能成活的人类胚胎以及人类患者身上使用这些技术。

虽然就此达成国际共识的可能性还难以捉摸，但我们仍然
239 不能放弃，必须勇于尝试。基因编辑引发的社会分裂虽然看起来影响的是未来，但它离我们并不遥远。

革命性的技术一旦出现，就无法被严格限制。盲目推进新技术，当然会带来新的问题，比如，为了争夺核武器带来的优越地位，许多国家投入巨资进行研发，进行军备竞赛，彻底改变了全球政治体系，许多人的生命因此危在旦夕。当然，与核武器不同，有关基因编辑的技术，我们尚有机会举行听证会，讨论如何有序释放CRISPR的巨大潜力——这的确会决定未来。但是如果我们等得太久，也许就再也没有机会驾驭它了。

人之为人，一个关键特征就是渴望有所发现，不断拓宽知识与可能的边界。火箭科学与星际旅行的发展使我们得以探索其他星球，粒子物理学的发展使我们得以理解物质的基本规律；同样，基因编辑的发展也使我们得以重新书写生命的语言，从而离完全控制自身的命运更近了一步。总而言之，我们可以选择如何最好地利用这项技术。一旦认识了CRISPR，我们就无法重回无知的状态，既然如此，我们必须拥抱它。但我们必须慎重

行事，并对它赋予我们的惊人力量抱有最大程度的敬畏之情。

在人类历史的大多数时期，我们都受制于自然世界加诸我们身上的缓慢得难以觉察的演化压力。现在我们已经可以控制自然选择的强度和对象了，从此，演化的进展要比之前任何生物所经历的都要更快，我们已经很难再预测几十年后人类的基因组会是什么样子。这种情况下，谁还敢说几百年，或几千年之 240
后，我们这个物种或者生物世界会是什么样子？

阿道司·赫胥黎（Aldous Huxley）曾在小说《美丽新世界》（*Brave New World*）中虚构了一个按基因等级排序的未来社会。今天，媒体讨论到生殖细胞系编辑时，都会不时提起这本书。赫胥黎把这个反乌托邦社会设定在2540年。但是，如果基因不平等（假如基因编辑果真会导致这一点的话），以目前的速度发展下去，似乎不用那么久，这就会成为现实。如果你有兴趣，不妨琢磨一下这个发人深省的问题：在未来500年，类似CRISPR的技术对社会、对人类还有哪些方面的影响？

毫无疑问，许多变化是有益的。CRISPR有巨大的潜力改善世界，包括消灭最严重的遗传病，就好像疫苗彻底消灭了天花，很快也会消灭脊髓灰质炎。设想一下，上千位科学家使用CRISPR来研究癌症，发现了新疗法，甚至彻底攻克这个顽疾。再设想一下，农民、牧民利用CRISPR改造过的农作物和动物解决了全球饥饿问题，并使它们更好地适应气候变暖。这些场景并非痴人说梦，只要我们做出正确的选择，就有望实现。

技术本身是无所谓善恶的，重要的是如何使用它们。关于CRISPR这项新技术所蕴含的巨大力量，可能出乎所有人的意料。我相信，我们可以用它来造福人类，而不是遗祸后人，但我也深知，这需要我们——作为个人和作为群体——做出决断。从全人类的角度来看，我们之前从未做过类似的事情，不过，我们之前也没有机会做这样的事情。

我们现在有能力来控制人类基因组的未来，这令人激动，也令人恐惧。如何应用基因编辑，可能是我们面临过的最严峻的挑战。我希望，并且相信，我们会不辱使命。

尾声：新起点

行文至此，我正从纽约的冷泉港实验室启程回家。在那里，[241]我参加了关于CRISPR基因编辑的第二次年度会议。我的电脑上有这次会议的摘要文集，以及我跟其他人会谈时所做的笔记。这次会议有400多人参加，不仅有学术界和合作实验室的成员，也有医生、记者、编辑、投资者，以及关注遗传病的公众。在过去几年，每次我在许多大学和基金会做报告之后，都会遇到类似的人群。这些人代表了基因编辑技术的利益相关人，他们的生活会直接受到基因编辑技术的影响，他们也会影响这些技术在未来的应用。

在冷泉港的时候，一位学生——看得出怀孕了——走过来做了自我介绍，然后问我是否可以总结一下我作为科学家和母亲是如何亲身经历CRISPR革命的。想到了这些年我走过的风风雨雨，我不禁哑然失笑。不过，我还是试着回答了她的问题。

这是一次过山车之旅，中间的许多波折完全出乎我的意料。我经历过纯粹发现的快乐，那种“有所发现的乐趣”（物理学家费曼语）。我跟儿子感叹过，细菌居然也会动员蛋白质来识别并

242 破坏入侵的病毒，这太不可思议了。我又找到了做学生的感觉，重新学习跟人类发育有关的课题，并思考相关的医学、社会、政治、伦理议题。我也重新发现了我的丈夫是何其特殊的一个人，他是一个睿智、可靠的伴侣，可以游刃有余地管理一个世界级的研究型实验室，帮助儿子完成他搭建火箭的最新尝试，并跟我解释如何向美国的专利与商标局递交法律文件。他还做得一手墨西哥蘑菇馅饼，对意大利基安蒂红酒也品味不凡。

在过去4年里（事实上，在我整个的职业生涯里），我一直都很荣幸能跟世界上最顶级、最优秀的科学家共事。在我的实验室，我幸运地受益于无数学生、博士后和研究科学家的不懈工作，包括布莱克·韦德海福特、雷切尔·哈维茨、马丁·耶奈克，以及本书的合作者——塞缪尔·斯滕伯格，正是他们每天在实验室里完成了一个又一个的实验。在实验室之外，我有幸结识了科学界光芒万丈的人物，比如保罗·博格和大卫·巴尔的摩，他们为如何在公共空间展开有关基因编辑社会影响的对话指明了道路。我还遇到了一些卓越的合作者，包括吉莉安·班菲尔德和埃马纽埃尔·卡彭蒂耶，她们激励我开辟出新的研究路径。

当然，合作会给科学研究增添一些润滑剂，但竞争往往才是驱动科学进步的引擎。健康的竞争是科学进程中的必要环节，也是许多伟大发现背后的动力。但是有时候，我自己也为CRISPR研究领域中的竞争白热化程度所震撼，惊叹于短短几年之内这个领域就已经天翻地覆，影响力遍及全球，深入生物学各个研究领域。

事实上，科学的两极——竞争与合作——既决定了我的职业，也塑造了我的性格。特别是在过去5年，我经历了人际关系的方方面面，从深厚的友情到恼人的背叛，我也从中汲取了教益，加深了对自己的认识。我看到，人类必须有选择地控制自 243
己的追求，否则就会被自己的追求控制。

我也开始意识到，走出舒适区，参与更广泛的公众对科学的讨论是何等重要。当前，公众对科学家工作的不信任正日益加深——事实上，越来越多的人开始怀疑科学是否真的在解释世界、造福世界。当人们不承认气候变化，拒绝给孩子使用疫苗，并坚持转基因作物不适于人类消费，这不仅表明了他们对科学的无知，也反映了科学家与公众交流的失败。类似的抵制CRISPR的声音已经在法国和瑞士出现，这些人抗议所谓的“转基因婴儿”。除非我们跟这些反对者及时对话、沟通，消除误会，否则不信任就会日渐加深。

对于这些交流失败的情形，科学家也负有部分责任。我自己费了好大的劲才从实验室里走出来，跟公众讨论CRISPR的意义，虽然有时我希望自己更早一点就这么做。我越来越感到，科学工作者有责任更积极地参与讨论科学在社会中应该如何被使用。今天，科学已经走向了全球，材料和试剂由统一的供应商提供，全球信息共享使得我们以前所未有的速度分享研究成果。我们需要确保科学知识，无论是在科学家与公众之间，还是在科学家内部，都自由流通。

鉴于基因编辑对人类和地球的影响力如此巨大，打通学界与公众之间的交流渠道更是格外重要。唯独演化才能塑造生命的时代过去了，一个新的时代已经开始。现在，我们有能力对其他生物的遗传组成和丰富多彩的生命特征发号施令。事实上，
244 我们正在把过去亿万年里塑造了地球上各种遗传物质的那套又聋又哑而且盲目的系统逐渐替换成人类指导下，有意识、主动的演化体系。

然而，对于这个史无前例的巨大责任，我们并没有做好充分的准备。如果说控制我们的遗传命运是一个令人不安的想法，那么试想一下，具备了这种能力而不去试图控制它会有怎样的后果——这才是真正可怕的想法，简直无法去想象。

如果说目前有什么因素阻碍了我们应对这项挑战，那就是交流壁垒。我们必须打破科学与公众之间的交流壁垒，避免误解与无知肆无忌惮地传播。

我热切地希望，我们可以激励下一代科学家比我们这一代人更深入、更坦诚地参与公众对话，希望他们在决定如何使用科学与技术时秉承“平等讨论，不摆架子”的风气。这样，科学家就可以重建公众对我们的信任。

目前已经有了一些进步的迹象。最近几年，开源运动使得许多学术刊物允许公众免费浏览，网上开放课程也使得世界各地不同年龄的学生可以接触到一流的教育资源。这些趋势都是

好的，但是还不够。教育机构需要重新思考学生是如何学习的，以及学生如何把所学的知识用来解决真正的社会问题。我也鼓励我所在的加州大学伯克利分校——世界上顶尖的公立学校之一，组织跨学科会议、课程和研究课题。通过创造机会让科学家、作家、心理学家、历史学家、政治科学家、伦理学家、经济学家和其他人围绕着现实世界里的问题合作，那样我们就会提升表达能力，更好地向普通公众解释我们的工作和学科。我认为，这也会鼓励学生对不同的学科有更开阔的视野，并使他们活学活用知识来解决问题。完成一个想法总是比提出一个想法更为困 245
难，但是我感到身边的同事们对于这些跨学科项目的兴趣越来越浓。说来不可思议，CRISPR技术也许可以为此助力，因为它涉及了许多学科：分子生物学、伦理学、经济学、社会学、生态学和演化生物学。

无论科学家从事哪个领域的工作，我们都需要做好准备，直面工作带来的后果，但是我们也需要更细致地交流工作内容。最近，我在硅谷跟一群技术天才们吃了一次午饭，席间，有人说道："给我1000万～2000万美元和一批高智商的人，我可以解决任何工程难题。"显然，他对解决技术难题有一些心得（他们的确也有一连串成功的故事），但是讽刺的是，这样的办法不会诞生出CRISPR技术，因为后者是由对自然现象的好奇心驱动的。而且我们创造这项技术并没有花费1000万～2000万美元，但是它的确需要我们对细菌的适应性免疫的生物学与化学基础有透彻的理解，虽然这些看起来跟基因编辑毫不相干。然而，这不过再次证明了基础研究——即为了理解自然世界而进行科学研究——对于开发新技术的重要性。毕竟，大自然比人类做实验的时间要久远得多。

如果读者能从本书中学到什么重要的信息，我希望是：人类需要继续通过开放性的科学研究来探索周遭的世界。如果不是亚历山大·弗莱明有机会利用金黄色葡萄球菌进行简单的实验，青霉素世界的大门就不会向我们敞开；如果不是我们从嗜热细菌中分离到DNA内切酶、DNA聚合酶，我们也无法进行DNA重组和DNA测序，这都是现代分子生物学的奠基性工作；
246 如果不是因为同事和我在探索解决细菌如何对抗病毒感染这样的基础性问题，我们永远也不会创造出CRISRP这种惊人的工具。

CRISPR的故事提醒我们，技术突破往往来自意想不到的地方，因此，重要的是让我们对自然的好奇心引领我们前进。但是，CRISPR的故事也提醒我们，科学家和公众需要一道为科学的前进和科学结果负责。我们必须继续支持各个领域的科学得出新发现，我们必须全心全意地拥抱这些发现，并主动担负起由此而来的责任。因为，历史已经告诉我们，科学进展不会等到我们准备好了才出现。每一次我们揭开大自然奥秘的一角，它就代表着一个实验的结束，以及更多实验的开始。

珍妮佛·杜德娜

2016年9月

致谢

来自珍妮佛与塞缪尔

对我们俩来说，写作本书是一次令人激动且充满挑战的经 247
历，没有同事、朋友和家人的慷慨帮助与支持，我们不可能完成本书。

我们感谢本书的代理人马克斯·布洛克曼（Max Brockman）为本书所做的推广工作，以及自始至终对这个课题的热情支持。我们也非常感谢Houghton Mifflin Harcourt（HMH）出版社的编辑亚历山大·利特尔菲尔德（Alexander Littlefield），他不知疲倦地修改了本书冗长（以及过于专业的）的草稿，并为如何组织材料、确定框架提出了一些富有创意的洞见，跟他合作真令人愉快。感谢HMH出版社里所有参与本书出版发行的工作人员，特别是皮拉·加西亚-布朗（Pilar Garcia-Brown）、劳拉·布雷迪（Larua Brady）、斯蒂芬妮·金（Stephanie Kim）和米歇尔·特兰特（Michelle Triant）。特雷西·罗（Tracy Roe）为本书草稿的版权编辑做了出色的工作（并教给了我们关于

《芝加哥文体指南》的许多细节要点），而且宽宏大量地允许我们做最后一刻的改动。本书精彩的插画由杰夫·马西森（Jeff Mathison）完成，他把许多难解的科学概念用优美的钢笔画栩栩如生地传递出来，能找到Jeff，我们深感幸运。

感谢马丁·耶奈克（Martin Jinek）、布莱克·韦德海福特（Blake Wiedenheft）和吉莉安·班菲尔德（Jillian Banfield）阅读了本书的相关章节，并提供反馈。梅根·霍赫斯特拉塞尔（Megan Hochstrasser）校对了最后一版的草稿。还有许许多多的人跟我们讨论了本书的内容，提出了精彩的评论，我们对此表示感谢。

科学领域（事实上，所有学术领域）里一个遗憾的事实是，
248 我们不可能向所有参与了该领域的研究并做出贡献的人一一致谢。能够参与探索CRISPR-Cas生物学并推进基因编辑技术的发展，与许多卓越的科学家共事，我们深感荣幸。从基因打靶和基因治疗的开拓者，到独辟蹊径，探索CRISPR生物学的科学家，再到今天的基因组工程师，我们被他们激动人心的工作激励，并不断受到鼓舞。我们希望感兴趣的读者能分享我们的激动之情，阅读更多关于CRISPR和基因编辑的相关论文、书籍和资料。

来自珍妮佛

我非常感谢老公杰米·凯特（Jamie Cate）和我的儿子

安德鲁，感谢他们一直以来的爱、鼓励和宽容。没有他们的支持，我不可能完成这项工作。虽然我的父母没有机会了解到本书里谈到的科学内容，但没有他们对我的信任，我不可能成为一名科学家。我也感谢两个妹妹——埃伦（Ellen）和莎拉（Sarah）——一直以来对我的支持。雷切尔·哈维茨，一位杰出的科学家，她对该课题的关键环节提供了帮助。另外两位科学家——埃马纽埃尔·卡彭蒂耶和吉莉安·班菲尔德——对本书提到的早期工作非常重要，有机会与她们合作，我深感幸运。我也非常感谢我的助手朱莉·安德森（Julie Anderson）、丽莎·戴奇（Lisa Daitch）和莫莉·乔根森（Molly Jorgensen），是她们没日没夜的支持，帮助我把各项任务和安排管理得井井有条，我才能抽出时间写作。最后，我想感谢本书的合作者塞缪尔，感谢他拿出了他职业生涯一年的时间来完成这个课题，本书的出现，离不开他高超的写作技巧、对科学的洞察和对于革命性技术产生的广泛社会影响的兴趣。

来自塞缪尔

首先，我想感谢珍妮佛对我的信心和信任，让我和她来共 249
同开始这段旅程。一开始考虑这个课题的时候，埃齐·哈齐里曼（Ezgi Hacisuleyman）倾听了我的心声，并提供了有力的支持。布莱克·韦德海福特、丽贝卡·贝迪、安娜贝尔·克莱斯特（Annabelle Kleist）、米切尔·奥康纳（Mitchell O'Connell）和本杰明·奥克斯（Benjamin Oakes）为企划本书的早期版本提出了有益的反馈。感谢诺姆·普瑞威斯（Noam Prywes）多次在电话里跟我一起进行头脑风暴。桑德拉·弗洛克（Sandra Fluck）对这个课题给予了热情的支持，并阅读了早期的书稿。感谢凯瑟琳·匡斯罗姆（Katheryn Quanstrom）坚定不移的友情与支持，在写作进展不顺的时候，她聆听了我的抱怨。在本书写作期间，诺法·赫菲斯(Nofar Hefes)为我的生活提供了支持，并提供了极好的工作环境。最后，我要感谢我的兄弟马克斯和爸爸妈妈——罗伯特·斯滕伯格和苏珊妮·尼尔赫特，没有他们，就没有我的今天。从最开始梦想着写作本书的那一刻（当时我们一家人正在夏威夷度假），到完成本书的最后一句话，他们自始至终都在鼓励我，我可以自信地说，本书的出现，离不开他们无尽的爱与支持。

注释

（注释所标序号对应于页边码）

1.寻找解药

3 国立卫生研究院的科学家：D. H. McDermott et al.,“Chromothriptic Cure of WHIM Syndrome,”*Cell* 160 (2015): 686 - 699.
WHIM综合征：WHIM的名字来源于该疾病的四种主要症状：疣子（Warts）、β-球蛋白不足（Hypogammaglobulinemia）、感染（Infections）和一种白细胞缺乏症（Myelokathexis）。

5 新近发现的现象：P. J. Stephens et al.,“Massive Genomic Rearrangement Acquired in a Single Catastrophic Event During Cancer Development,”*Cell* 144 (2011): 27 - 40.

6 科学文献中不乏其他例子：R. Hirschhorn,“In Vivo Reversion to Normal of Inherited Mutations in Humans,”*Journal of Medical Genetics*, 40 (2003): 721 - 728.
科学家推断出了它们的原因：R. Hirschhorn et al.,“Somatic Mosaicism for a Newly Identified Splice-Site Mutation in a Patient with Adenosine Deaminase-Deficient Immunodeficiency and Spontaneous Clinical Recovery,”*American Journal of Human Genetics* 55 (1994): 59 - 68.
其他遗传病，比如维奥二氏综合征：B. R. Davis and F. Candotti,“Revertant Somatic Mosaicism in the Wiskott-Aldrich Syndrome,”*Immunologic Research* 44 (2009): 127 - 131.

7 一种肝部疾病，酪氨酸血症：E. A. Kvittingen et al.,“Self-Induced Correction of the Genetic Defect in Tyrosinemia Type I,”*Journal of Clinical Investigation* 94 (1994): 1657 - 1661.
五彩鱼鳞病：K. A. Choate et al.,“Mitotic Recombination in Patients with Ichthyosis Causes Reversion of Dominant Mutations in *KRT 10*,”Science 330 (2010): 94 - 97.

8 基因组（genome）一词的由来：J. Lederberg,“‘Ome Sweet’Omics — A Gene-alogical Treasury of Words,”*Scientist*, April 2, 2001.

17 “显然……我们发现了一种药物”：S. Rogers,“Reflections on Issues Posed by Recombinant DNA Molecule Technology. II,”*Annals of the New York Academy of Sciences* 265 (1976): 66 - 70.
许多科学家认为这欠成熟甚至有点鲁莽：T. Friedmann and R. Roblin,“Gene Therapy for Human Genetic Disease?”*Science* 175 (1972): 949 - 955.
肖普氏病毒的基因组里并没有精氨酸酶基因：T. Friedmann,“Stanfield Rogers: Insights into Virus Vectors and Failure of an Early Gene Therapy Model,”*Molecular Therapy* 4 (2001): 285 - 288.

23 事实的确如此：K. R. Folger et al.,“Patterns of Integration of DNA Microinjected into Cultured Mammalian Cells: Evidence for Homologous Recombination Between Inject-

ed Plasmid DNA Molecules," *Molecular and Cellular Biology* 2 (1982): 1372–1387.

24 难以置信的是，它真的工作了: O. Smithies et al., " Insertion of DNA Sequences into the Human Chromosomal Beta-Globin Locus by Homologous Recombination," *Nature* 317 (1985): 230–234.

25 甚至是修复单碱基突变: K. R. Thomas, K. R. Folger, and M. R. Capecchi, " High Frequency Targeting of Genes to Specific Sites in the Mammalian Genome," *Cell* 44 (1986): 419–428.

为了研究目的而使它们失活: S. L. Mansour, K. R. Thomas, and M. R. Capecchi, " Disruption of the Proto-Oncogene Int-2 in Mouse Embryo-Derived Stem Cells: A General Strategy for Targeting Mutations to Non-Selectable Genes," *Nature* 336 (1988): 348–352.

26 "最终，同源重组": J. Lyon and Peter Gorner, *Altered Fates: Gene Therapy and the Retooling of Human Life* (New York: Norton, 1995), 556.

27 发表了一个大胆的模型: J. W. Szostak et al., " The Double-Strand-Break Repair Model for Recombination," *Cell* 33 (1983): 25–35.

29 贾辛的实验结果: P. Rouet, F. Smih, and M. Jasin, " Introduction of Double-Strand Breaks into the Genome of Mouse Cells by Expression of a Rare-Cutting Endonuclease," *Molecular and Cellular Biology* 14 (1994): 8096–8106.

32 赫曼德拉斯格恩的杂合核酸酶似乎能行: Y. G. Kim, J. Cha, and S. Chandrasegaran, " Hybrid Restriction Enzymes: Zinc Finger Fusions to Fok I Cleavage Domain," Proceedings of the National Academy of Sciences of the United States of America 93 (1996): 1156–1160.

在青蛙的卵细胞中也工作: M. Bibikova et al., " Stimulation of Homologous Recombination Through Targeted Cleavage by Chimeric Nucleases," *Molecular and Cellular Biology* 21 (2001): 289–297.

在一个生物体内引入了一个精确的遗传突变: M. Bibikova et al., " Targeted Chromosomal Cleavage and Mutagenesis in Drosophila Using Zinc-Finger Nucleases," *Genetics* 161 (2002): 1169–1175.

Matthew Porteus和David Baltimore首次在人类细胞中利用定制的锌指核酸酶进行了基因编辑: M. H. Porteus and D. Baltimore, " Chimeric Nucleases Stimulate Gene Targeting in Human Cells," *Science* 300 (2003): 763.

Fyodor Urnov和同事在人类细胞中更正了导致重症复合免疫缺陷的基因突变: F. D. Urnov et al., " Highly Efficient Endogenous Human Gene Correction Using Designed Zinc-Finger Nucleases," *Nature* 435 (2005): 646–651.

34 "但是，可怜的类转录活化因子核酸酶恐怕没有机会一展身手了": S. Chandrasegaran and D. Carroll, " Origins of Programmable Nucleases for Genome Engineering," *Journal of Molecular Biology* 428 (2016): 963–989.

2. 细菌的新防御机制

42 但她的实验室发现了一个重要的线索: G. W. Tyson and J. F. Banfield, " Rapidly Evolving CRISPRs Implicated in Acquired Resistance of Microorganisms to Viruses," *Environmental Microbiology* 10 (2008): 200–207.

43 西班牙的一位教授Francisco Mojica对此做了开拓性的工作: F. J. Mojica et al., " Biological Significance of a Family of Regularly Spaced Repeats in the Genomes of Archaea,

Bacteria and Mitochondria," *Molecular Microbiology* 36 (2000): 244–246.

吉莉安从她一摞纸里抽出来三篇这方面的科学论文，都是2005年发表的: F. J. Mojica et al.," Intervening Sequences of Regularly Spaced Prokaryotic Repeats Derive from Foreign Genetic Elements," *Journal of Molecular Evolution* 60 (2005): 174–182; C. Pourcel, G. Salvignol, and G. Vergnaud," CRISPR Elements in Yersinia pestis Acquire New Repeats by Preferential Uptake of Bacteriophage DNA, and Provide Additional Tools for Evolutionary Studies," *Microbiology* 151 (2005): 653–663; A. Bolotin et al.," Clustered Regularly Interspaced Short Palindrome Repeats (CRISPRs) Have Spacers of Extrachromosomal Origin," *Microbiology* 151 (2005): 2551–2561.

吉莉安自己的开拓性研究: A. F. Andersson and J. F. Banfield," Virus Population Dynamics and Acquired Virus Resistance in Natural Microbial Communities," *Science* 320 (2008): 1047–1050.

44 国立卫生研究院的Kira Makarova和Eugene Koonin团队发表的工作: K. S. Makarova et al.," A Putative RNA-Interference-Based Immune System in Prokaryotes: Computational Analysis of the Predicted Enzymatic Machinery, Functional Analogies with Eukaryotic RNAi, and Hypothetical Mechanisms of Action," *Biology Direct* 1 (2006): 7.

46 "就像糖溶解在了水里": D. H. Duckworth," Who Discovered Bacteriophage?" *Bacteriological Reviews* 40 (1976): 793–802.

该研究所一度有1000多位雇员，每年生产成吨的噬菌体供临床之用: C. Zimmer, *A Planet of Viruses* (Chicago: University of Chicago Press, 2011).

在格鲁吉亚，大约20%的细菌感染是通过噬菌体治疗的: G. Naik," To Fight Growing Threat from Germs, Scientists Try Old-fashioned Killer," *Wall Street Journal*, January 22, 2016.

47 人们第一次从头合成了噬菌体的全基因组: G.P.C. Salmond and P. C. Fineran," A Century of the Phage: Past, Present and Future," *Nature Reviews Microbiology* 13 (2015): 777–786.

48 在海洋里，约40%的细菌每天都因致命的噬菌体感染而死去: F. Rohwer et al., *Life in Our Phage World* (San Diego: Wholon, 2014).

50 四种主要的病毒防御体系: S. J. Labrie, J. E. Samson, and S. Moineau," Bacteriophage Resistance Mechanisms," Nature Reviews Microbiology 8 (2010): 317–327.

Ruud Jansen和他在荷兰的同事进行的计算分析: R. Jansen et al.," Identification of Genes That Are Associated with DNA Repeats in Prokaryotes," *Molecular Microbiology* 43 (2002): 1565–1575.

53 第一株被发现具有CRISPR序列的细菌: Y. Ishino et al.," Nucleotide Sequence of the Iap Gene, Responsible for Alkaline Phosphatase Isozyme Conversion in Escherichia coli, and Identification of the Gene Product," *Journal of Bacteriology* 169 (1987): 5429–5433.

CRISPR的确是细菌的免疫系统: R. Barrangou et al.," CRISPR Provides Acquired Resistance Against Viruses in Prokaryotes," *Science* 315 (2007): 1709–1712.

54 该细菌每年创造的市场价值超过400亿美元: A. Bolotin et al.," Complete Sequence and Comparative Genome Analysis of the Dairy Bacterium Streptococcus thermophilus," *Nature Biotechnology* 22 (2004): 1554–1558.

但效果并不理想: M. B. Marcó, S. Moineau, and A. Quiberoni," Bacteriophages and Dairy Fermentations," *Bacteriophage* 2 (2012): 149–158.

57 有确凿的证据表明，RNA分子参与了CRISPR的抗病毒反应: S.J.J. Brouns et al.," Small CRISPR RNAs Guide Antiviral Defense in Prokaryotes," *Science* 321 (2008): 960–964.

这些RNA的序列与CRISPR区域里的某些序列完全一致: T.-H. Tang et al.," Identification of Novel Non-Coding RNAs as Potential Antisense Regulators in the Archaeon Sulfolobus solfataricus," *Molecular Microbiology* 55 (2005): 469–481.

59 证实了CRISPR的RNA分子可以靶向锁定入侵病毒的DNA: L. A. Marraffini and E. J. Sontheimer, "CRISPR Interference Limits Horizontal Gene Transfer in Staphylococci by Targeting DNA," *Science* 322 (2008): 1843–1845.

3. 破译密码

64 我们发现了一个叫作Cas1的蛋白酶，它可以切割DNA: B. Wiedenheft et al., "Structural Basis for DNase Activity of a Conserved Protein Implicated in CRISPR-Mediated Genome Defense," *Structure* 17 (2009): 904–912.

65 Rachel和Blake发现，Cas6和Cas1都可以切制DNA: R. E. Haurwitz et al., "Sequence- and Structure-Specific RNA Processing by a CRISPR Endonuclease," *Science* 329 (2010): 1355–1358.

66 噬菌体DNA被CRISPR的RNA靶向锁定之后，在RNA与DNA配对的区域内部被切开: J. E. Garneau et al., "The CRISPR/Cas Bacterial Immune System Cleaves Bacteriophage and Plasmid DNA," *Nature 468* (2010): 67–71.

细菌清除噬菌体依赖于特殊的*cas*基因: R. Sapranauskas et al., "The Streptococcus thermophilus CRISPR/Cas System Provides Immunity in Escherichia coli," *Nucleic Acids Research* 39 (2011): 9275–9282.

67 我们首次获得了瀑布复合体的高分辨率图像: B. Wiedenheft et al., "Structures of the RNA-Guided Surveillance Complex from a Bacterial Immune System," *Nature* 477 (2011): 486–489.

瀑布复合体靶向锁定病毒DNA: T. Sinkunas et al., "In Vitro Reconstitution of Cascade-Mediated CRISPR Immunity in Streptococcus thermophilus," *EMBO Journal* 32 (2013): 385–394.

68 9种不同类型的CRISPR免疫系统: D. H. Haft et al., "A Guild of 45 CRISPR-Associated (Cas) Protein Families and Multiple CRISPR/Cas Subtypes Exist in Prokaryotic Genomes," *PLoS Computational Biology* 1 (2005): e60.

2011年，人们把它归并成了3个大类，共10个亚型: K. S. Makarova et al., "Evolution and Classification of the CRISPR-Cas Systems," *Nature Reviews Microbiology* 9 (2011): 467–477.

到了2015年，人们把它分成了两个大类，包括6种类型，共19种亚型: K. S. Makarova et al., "An Updated Evolutionary Classification of CRISPR-Cas Systems," Nature Reviews Microbiology 13 (2015): 722–736; S. Shmakov et al., "Discovery and functional Characterization of Diverse Class 2 CRISPR-Cas Systems," *Molecular Cell* 60 (2015): 385–397.

71 她关于这个主题的研究论文最近刚刚发表在《自然》杂志: E. Deltcheva et al., "CRISPR RNA Maturation by Trans-Encoded Small RNA and Host Factor RNase III," *Nature* 471 (2011): 602–607.

73 每年50多万人因此死去: A. P. Ralph and J. R. Carapetis, "Group A Streptococcal Diseases and Their Global Burden," *Current Topics in Microbiology and Immunology* 368 (2013): 1–27.

85 "通过定制RNA，Cas9有极大的潜力用于基因靶向定位和基因编辑。" M. Jinek et al., "A Programmable Dual-RNA-Guided DNA Endonuclease in Adaptive Bacterial Immunity," *Science* 337 (2012): 816–821.

4. 指挥与控制

91 2012年秋天，维尔日尼胡斯·塞尼相克斯和其同事报道了他们类似的工作：G. Gasiunas et al.," Cas 9-crRNA Ribonucleoprotein Complex Mediates Specific DNA Cleavage for Adaptive Immunity in Bacteria," *Proceedings of the National Academy of Sciences of the United States of America* 109 (2012): 86.

96 2013年新年伊始，就有6篇关于CRISPR的重磅论文连续发表（我们的也算在内）：L. Cong et al.," Multiplex Genome Engineering Using CRISPR/Cas Systems," *Science* 339 (2013): 819–823; P. Mali et al.," RNA-guided Human Genome Engineering via Cas 9," Science 339 (2013): 823–826; M. Jinek et al.," RNA-programmed Genome Editing in Human Cells," *eLife* 2 (2013): e 00471; W. Y. Hwang et al.," Efficient Genome Editing in Zebrafish Using a CRISPR-Cas System," *Nature Biotechnology* 31 (2013): 227–229; S. W. Cho, S. Kim, J. M. Kim and J.-S. Kim," Targeted Genome Engineering in Human Cells with the Cas 9 RNA-guided Endonuclease," *Nature Biotechnology* 31 (2013): 230–232; W. Jiang et al.," RNA-guided Editing of Bacterial Genomes Using CRISPR-Cas Systems," *Nature Biotechnology 31* (2013): 233–239.

97 MIT的Rudolf Jaenisch实验室报道，他们繁育出了CRISPR编辑过的小鼠：H. Wang et al.," One-Step Generation of Mice Carrying Mutations in Multiple Genes by CRISPR/Cas-Mediated Genome Engineering," *Cell* 153 (2013): 910–918.

104 得克萨斯大学的一个研究团队：S.-T. Yen et al.," Somatic Mosaicism and Allele Complexity Induced by CRISPR/Cas 9 RNA Injections in Mouse Zygotes," *Developmental Biology* 393 (2014): 3–9.
一个日本研究组重复了同样的实验：G. A. Sunagawa et al.," Mammalian Reverse Genetics Without Crossing Reveals Nr 3a as a Short-Sleeper Gene," *Cell Reports* 14 (2016): 662–677.

109 类似的研究也由维尔日尼胡斯·塞尼相克斯和其同事报道了：Gasiunas et al.," Cas 9-crRNA Ribonucleoprotein Complex Mediates Specific DNA Cleavage."
CRISPR干扰系统也有它的用武之地：L. S. Qi et al.," Repurposing CRISPR as an RNA-Guided Platform for Sequence-Specific Control of Gene Expression," *Cell* 152 (2013): 1173–1183; L. A. Gilbert et al.," CRISPR-Mediated Modular RNA-Guided Regulation of Transcription in Eukaryotes," *Cell* 154 (2013): 442–451.

111 这项突破会永远改变生物技术产业：M. Herper," This Protein Could Change Biotech Forever," *Forbes*, March 19, 2013.

112 仅2015年，爱得基因就往80多个国家寄出了约60000份与CRISPR相关的质粒。
H. Ledford," CRISPR: Gene Editing Is Just the Beginning," *Nature News*, March 7, 2016.

113 任何人只要花2000美元就可以建立一个CRISPR实验室：K. Loria," The Process Used to Edit the Genes of Human Embryos Is So Easy You Could Do It in a Community Bio-Hacker Space," *Business Insider*, May 1, 2015.
"在家里，你就能对细菌的基因组进行精准编辑"：J. Zayner," DIY CRISPR Kits, Learn Modern Science by Doing," www.indiegogo.com/projects/ diy-crispr-kits-learn-modern-science-by-doing#/.
编辑酵母的基因组可以酿制出新风味的啤酒：E. Callaway," Tapping Genetics for Better Beer," *Nature* 535 (2016): 484–486.

5. CRISPR生物园

119 他们发现了一个使大麦抵抗真菌的基因突变: P. Piffanelli et al.," A Barley Cultivation-Associated Polymorphism Conveys Resistance to Powdery Mildew, " *Nature* 430 (2004): 887-891.

120 "就像陶艺工人手里的陶土": N. V. Federoff and N. M. Brown, *Mendel in the Kitchen: A Scientist's View of Genetically Modified Foods* (Washington, DC: Joseph Henry Press, 2004), 54.

一株德国的大麦品系……在1942年被X射线照射过: J. H. Jørgensen, " Discovery, Characterization and Exploitation of Mlo Powdery Mildew Resistance in Barley, " *Euphytica* 63 (1992): 141-152.

可以抵抗真菌: R. Büschges et al., " The Barley Mlo Gene: A Novel Control Element of Plant Pathogen Resistance, " *Cell* 88 (1997): 695-705.

122 不会褐变或过早腐败的蘑菇: W. Jiang et al., " Demonstration of CRISPR/Cas 9 /sgRNA-Mediated Targeted Gene Modification in Arabidopsis, Tobacco, Sorghum and Rice, " *Nucleic Acids Research* 41 (2013): e 188; N. M. Butler et al., " Generation and Inheritance of Targeted Mutations in Potato (Solanum Tuberosum L.) Using the CRISPR/Cas System, " *PLoS ONE* 10 (2015): e 0144591; S. S. Hall, " Editing the Mushroom, " *Scientific American* 314 (2016): 56-63.

改造甜橙的基因组: H. Jia and N. Wang, " Targeted Genome Editing of Sweet Orange Using Cas 9 /sgRNA, " *PLoS ONE* 9 (2014): e 93806.

一种叫作"黄龙病"的细菌感染: S. Nealon, " Uncoding a Citrus Tree Killer, " *UCR Today*, February 9, 2016.

保护一种珍稀的卡文迪许香蕉品种: D. Cyranoski, " CRISPR Tweak May Help Gene-Edited Crops Bypass Biosafety Regulation, " *Nature News*, October 19, 2015.

让后者也具有抗病毒的完整机制: A. Chaparro-Garcia, S. Kamoun, and V. Nekrasov, " Boosting Plant Immunity with CRISPR/Cas, " *Genome Biology* 16 (2015): 254-57.

整体的油脂成分接近橄榄油: W. Haun et al., " Improved Soybean Oil Quality by Targeted Mutagenesis of the Fatty Acid Desaturase 2 Gene Family, " *Plant Biotechnology Journal* 12 (2014): 934-940.

123 薯片中丙烯酰胺的水平降低了70%: B.M. Clasen et al., " Improving Cold Storage and Processing Traits in Potato Through Targeted Gene Knockout, " *Plant Biotechnology Journal* 14 (2016): 169-176.

"为了特殊用途而对动植物进行的可遗传改变": United States Department of Agriculture, " Glossary of Agricultural Biotechnology Terms, " last modified February 27, 2013, www.usda.gov/wps/portal/usda/usdahome?navid=BIOTECH_GLOSS&navtype=RT&parentnav=BIOTECH.

124 2015年，美国92%的玉米、94%的棉花和94%的大豆都是转基因生物: USDA Economic Research Service, " Adoption of Genetically Engineered Crops in the U.S., " last modified July 14, 2016, www.ers.usda.gov/data-products/adoption-of-genetically-engineered-crops-in-the-us.aspx.

125 仍有60%的美国人认为转基因食物不安全: Pew Research Center, " Eating Genetically Modified Foods, " www.pewinternet.org/2015/01/29/public-and-scientists-views-on-science-and-society/pi_2015-01-29_science-and-society-03-02/.

126 导入植物细胞，使其马上作用于基因组: J. W. Woo et al., " DNA-Free Genome Editing in Plants with Preassembled CRISPR-Cas 9 Ribonucleoproteins, " *Nature Biotechnology* 33 (2015): 1162-1164.

2016年春天发起了对于CRISPR技术的第一次抗议: " Breeding Controls, " *Nature* 532 (2016): 147.

127 其他三十多种转基因作物也是如此: H. Ledford, " Gene-Editing Surges as US Rethinks Regulations, " *Nature News*, April 12, 2016.

128 CRISPR制造出的植物产品将在2020年前上市: A. Regalado, " DuPont Predicts CRISPR Plants on Dinner Plates in Five Years, " *MIT Technology Review*, October 8, 2015.

有必要修订于1992年发布的管理规定: E. Waltz, " A Face-Lift for Biotech Rules Begins, " *Nature Biotechnology* 33 (2015): 1221–1222.

2016年的联邦方案规定，含有转基因成分的食品在包装上必须有相应标注: M. C. Jalonick, " Obama Signs Bill Requiring Labeling of GMO Foods, " *Washington Post*, July 29, 2016.

开销超过8000万美元: C. Harrison, " Going Swimmingly: AquaBounty ' s GM Salmon Approved for Consumption After 19 Years, " *SynBioBeta*, November 23, 2015, http://synbiobeta.com/news/aquabounty-gm-salmon/.

129 有同样的营养，对鱼或者消费者也没有任何额外的健康风险: A. Pollack, " Genetically Engineered Salmon Approved for Consumption, " *New York Times*, November 19, 2015.

运输过程的碳排放也只有传统方式的1/25: W. Saletan, " Don't Fear the Frankenfish, " *Slate*, November 20, 2015, www.slate.com/ articles/health_and_science/science/ 2015 / 11 /genetically_engineered_aquabounty_ salmon_safe_fda_decides.html.

75%的受访人员拒绝食用转基因鱼: A. Kopicki, " Strong Support for Labeling Modified Foods, " *New York Times*, July 27, 2013.

保证不出售这些三文鱼: Friends of the Earth, " FDA's Approval of GMO Salmon Denounced, " www.foe.org/news/news-releases/ 2015 – 11 -fdas-approval-of-gmo-salmon-denounced.

最终这些猪也没有进入市场: K. Saeki et al., " Functional Expression of a Delta 12 Fatty Acid Desaturase Gene from Spinach in Transgenic Pigs, " *Proceedings of the National Academy of Sciences of the United States of America* 101 (2004): 6361–6366.

提高了动物利用含磷化合物植酸的利用效率: S. P. Golovan et al., " Pigs Expressing Salivary Phytase Produce Low-Phosphorus Manure, " *Nature Biotechnology* 19 (2001): 741–745.

最后一只环保猪在2012年被安乐死: C. Perkel, " University of Guelph ' Enviropigs' Put Down, Critics Blast ' Callous' Killing, " *Huffington Post Canada*, June 21, 2012.

130 它们是肉牛养殖户梦寐以求的品种: R. Kambadur et al., " Mutations in Myostatin (GDF 8) in Double-Muscled Belgian Blue and Piedmontese Cattle, " *Genome Research* 7 (1997): 910–916.

131 大自然在牛身上也进行了类似的实验: A. C. McPherron, A. M. Lawler, and S. J. Lee, " Regulation of Skeletal Muscle Mass in Mice by a New TGF- β Superfamily Member, " *Nature* 387 (1997): 83–90.

特塞尔绵羊是一种流行的荷兰品种: A. Clop et al., " A Mutation Creating a Potential Illegitimate microRNA Target Site in the Myostatin Gene Affects Muscularity in Sheep, " *Nature Genetics* 38 (2006): 813–818.

速度最快的惠比特犬实际上是杂合子: D. S. Mosher et al., " A Mutation in the Myostatin Gene Increases Muscle Mass and Enhances Racing Performance in Heterozygote Dogs, " *PLoS Genetics* 3 (2007): e79.

来自柏林的一个医生团队发表了一篇引人注目的研究: M. Schuelke et al., " Myostatin Mutation Associated with Gross Muscle Hypertrophy in a Child, " *New England Journal of Medicine* 350 (2004): 2682–2688.

132 幻想在正常人身上敲除*myostatin*基因来培养大力士: E. P. Zehr, " The Man of Steel, Myostatin, and Super Strength, " *Scientific American*, June 14, 2013.

133 基因编辑猪比普通猪的瘦肉含量高了10%: L. Qian et al., " Targeted Mutations in Myostatin by Zinc-Finger Nucleases Result in Double-Muscled Phenotype in Meishan

Pigs, "*Scientific Reports* 5 (2015): 14435.
中国科学家精确编辑了陕北山羊中的*myostatin*基因和控制毛的生长的生长因子基因: X. Wang et al., "Generation of Gene-Modified Goats Targeting MSTN and FGF5 via Zygote Injection of CRISPR/Cas9 System, "*Scientific Reports* 5 (2015): 13878.
134 饲养的鸡只孵育出雌性后代: S. Reardon, "Welcome to the CRISPR Zoo, "*Nature News*, March 9, 2016.
改造了猪的基因组，使它们长得更快: A. Harmon, "Open Season Is Seen in Gene Editing of Animals, "*New York Times*, November 26, 2015.
有人也尝试在奶牛身上进行类似的操作: C. Whitelaw et al., "Genetically Engineering Milk, "*Journal of Dairy Research* 83 (2016): 3–11.
这种病也给动物带来了很大的折磨: D. J. Holtkamp et al., "Assessment of the Economic Impact of Porcine Reproductive and Respiratory Syndrome Virus on United States Pork Producers, "*Journal of Swine Health and Production* 21 (2013): 72–84.
密苏里的研究者使用CRISPR编辑了猪体内的*CD163*基因: K. M. Whitworth et al., "Use of the CRISPR/Cas9 System to Produce Genetically Engineered Pigs from In Vitro-Derived Oocytes and Embryos, "*Biology of Reproduction* 91 (2014): 1–13.
135 *CD163*基因被编辑过的猪完全健康，没有丝毫病毒感染的迹象: K. M. Whitworth et al., "Gene-Edited Pigs Are Protected from Porcine Reproductive and Respiratory Syndrome Virus, "*Nature Biotechnology* 34 (2016): 20–22.
有些病毒株的致死率高达100%: Center for Food Security and Public Health, "African Swine Fever, "www.cfsph.iastate.edu/Fact sheets/pdfs/african_swine_fever.pdf.
他们的目光集中到了一个基因: C. J. Palgrave et al., "Species-Specific Variation in RELA Underlies Differences in NF-κB Activity: A Potential Role in African Swine Fever Pathogenesis, "*Journal of Virology* 85 (2011): 6008–6014.
科学家对家养猪的这个基因进行了微小的改动，使它跟野生猪匹配: S. G. Lillico et al., "Mammalian Interspecies Substitution of Immune Modulatory Alleles by Genome Editing, "*Scientific Reports* 6 (2016): 21645.
研究人员相信消费者不会因为这一点改变而抱怨: H. Devlin, "Could These Piglets Become Britain's First Commercially Viable GM Animals?, "*Guardian*, June 23, 2015.
136 给牛带来极大的压力和痛苦: B. Graf and M. Senn, "Behavioural and Physiological Responses of Calves to Dehorning by Heat Cauterization with or Without Local Anaesthesia, "*Applied Animal Behaviour Science* 62 (1999): 153–171.
137 德国的一个研究小组发现，牛不长角是因为它们的1号染色体上有一个突变: I. Medugorac et al., "Bovine Polledness — an Autosomal Dominant Trait with Allelic Heterogeneity, "*PLoS ONE* 7 (2012): e39477.
Recombinetics公司的科学家通过基因编辑在蓝丝带奶牛的基因组里引入了同样的突变: D. F. Carlson et al., "Production of Hornless Dairy Cattle from Genome-Edited Cell Lines, "*Nature Biotechnology* 34 (2016): 479–481.
两头小牛，叫作Spotigy和Buri: K. Grens, "GM Calves Move to University, "*Scientist*, December 21, 2015.
138 目前有超过3万种品系可供选择: N. Rosenthal and Steve Brown, "The Mouse Ascending: Perspectives for Human-Disease Models, "*Nature Cell Biology* 9 (2007): 993–999; www.findmice.org/repository.
中国科学家制造出了经过基因编辑的食蟹猴: B. Shen et al., "Generation of Gene-Modified Cynomolgus Monkey via Cas9/RNA-Mediated Gene Targeting in One-Cell Embryos, "*Cell* 156 (2014): 836–843.
139 该突变出现在50%的癌细胞里: H. Wan et al., "One-Step Generation of p53 Gene Biallelic Mutant Cynomolgus Monkey via the CRISPR/Cas System, "*Cell Research* 25 (2015): 258–261.
引起进行性假肥大性肌营养不良症的基因突变: Y. Chen et al., "Functional Disruption

of the Dystrophin Gene in Rhesus Monkey Using CRISPR/Cas 9," *Human Molecular Genetics* 24 (2015): 3764–3774.

被用来探索精神科疾病的遗传原因: Z. Tu et al.," CRISPR/ Cas 9: A Powerful Genetic Engineering Tool for Establishing Large Animal Models of Neurodegenerative Diseases," *Molecular Neurodegeneration* 10 (2015): 35–42; Z. Liu et al.," Generation of a Monkey with MECP 2 Mutations by TALEN-Based Gene Targeting," *Neuroscience Bulletin* 30 (2014): 381–386.

140 一种蛋白质药物，它来自转基因鸡的蛋清: C. Sheridan," FDA Approves ' Farmaceutical' Drug from Transgenic Chickens," *Nature Biotechnology* 34 (2016): 117–119.

从药物提取的角度来说，转基因动物比活细胞培养有许多好处: L. R. Bertolini et al., " The Transgenic Animal Platform for Biopharmaceutical Production," *Transgenic Research* 25 (2016): 329–343.

CRISPR可以进一步改造猪的基因组，把对应的基因替换成人类版本: J. Peng et al., " Production of Human Albumin in Pigs Through CRISPR/Cas 9-Mediated Knockin of Human cDNA into Swine Albumin Locus in the Zygotes," *Scientific Reports* 5 (2015): 16705.

目前就有12.4万人等待着移植器官: D. Cooper et al.," The Role of Genetically Engineered Pigs in Xenotransplantation Research," *Journal of Pathology* 238 (2016): 288–299.

在美国每十分钟就有一位新增病人需要移植器官: U.S. Department of Health and Human Services," The Need Is Real: Data," www.organdonor.gov/ about/data.html.

141 清除猪基因组里的病毒序列，避免后者在器官移植之后发生转移，感染人体: L. Yang et al.," Genome-Wide Inactivation of Porcine Endogenous Retroviruses (PERVs)," *Science* 350 (2015): 1101–1104.

目的是"不限量地供应移植器官": A. Regalado," Surgeons Smash Records with Pig-to-Primate Organ Transplants," *MIT Technology Review*, August 12, 2015.

142 迷你猪在一次生物技术峰会上一亮相就引起满堂轰动: D. Cyranoski," GeneEdited ' Micropigs' to Be Sold as Pets at Chinese Institute," *Nature News*, September 29, 2015.

把迷你猪改造成了人类帕金森病的模式动物: X. Wang et al.," One-Step Generation of Triple Gene-Targeted Pigs Using CRISPR/Cas 9 System," *Scientific Reports* 6 (2016): 20620.

143 担心遗传改造会"用于满足人类的独特的审美偏好": Cyranoski, " Gene-Edited ' Micropigs.' "

骑士查理王猎犬(由于骨骼变异)容易出现癫痫和慢性疼痛: C. Maldarelli," Although Purebred Dogs Can Be Best in Show, Are They Worst in Health? " Scientific American, February 21, 2014.

这两只健硕的狗被命名为赫拉克勒斯和哮天犬: Q. Zou et al.," Generation of Gene-Target Dogs Using CRISPR/Cas 9 System," *Journal of Molecular Cell Biology* 7 (2015): 580–583.

这些狗在警察和军队中可能有用: A.Regalado," First Gene-Edited Dogs Reported in China," *MIT Technology Review*, October 19, 2015.

144 用CRISPR制造出了甲壳类动物的变异体: A. Martin et al.," CRISPR/Cas 9 Mutagenesis Reveals Versatile Roles of Hox Genes in Crustacean Limb Specification and Evolution," *Current Biology* 26 (2016): 14–26.

编辑科莫多龙的基因，让它们长出双翼: M. Evans," Could Scientists Create Dragons Using CRISPR Gene Editing? " *BBC News*, January 3, 2016.

"这是头体形巨大的两栖类动物，样子有点像欧洲或者亚洲文化中的龙": R. A. Charo and H. T. Greely," CRISPR Critters and CRISPR Cracks," *American Journal of Bioethics* 15 (2015): 11–17.

在欧洲，研究人员使用这种策略复活了原牛：B. Switek, " How to Resurrect Lost Species, " National Geographic News, March 11, 2013; S. Blakeslee, " Scientists Hope to Bring a Galápagos Tortoise Species Back to Life, " *New York Times*, December 14, 2015.

145 为第一只复活的生物欢呼：J. Folch et al., " First Birth of an Animal from an Extinct Subspecies (Capra pyrenaica pyrenaica) by Cloning, " *Theriogenology* 71 (2009): 1026–1034.

复原长毛的猛犸象：K. Loria and D. Baer, " Korea's Radical Cloning Lab Told Us About Its Breathtaking Plan to Bring Back the Mammoth, " *Tech Insider*, September 10, 2015.

1668个基因有所不同：V. J. Lynch et al., " Elephantid Genomes Reveal the Molecular Bases of Woolly Mammoth Adaptations to the Arctic, " *Cell Reports* 12 (2015): 217–228.

用CRISPR对其中14个基因进行了编辑，把它们替换成了猛犸象的版本:J.Leake, " Science Close to Creating a Mammoth, " *Sunday Times*, March 22, 2015.

146 还是说，它们是受长毛猛犸象启发而改造出的新型大象:B. Shapiro, " Mammoth 2.0: Will Genome Engineering Resurrect Extinct Species? " *Genome Biology* 16 (2015): 228–230.

"通过拯救濒危物种和复活灭绝物种来提高生物多样性"：Long Now Foundation, " What We Do, " http://reviverestore.org/what-we-do/.

148 利用转座子使某些特征在种群内迅速传播：A. Burt, " SiteSpecific Selfish Genes as Tools for the Control and Genetic Engineering of Natural Populations, " *Proceedings of the Royal Society of London* B 270 (2003): 921–928.

在乔治·丘奇的实验室里，Kevin Esvelt领衔提出了一个新方法：K. M. Esvelt et al., " Concerning RNA-Guided Gene Drives for the Alteration of Wild Populations, " *eLife* 3 (2014): e03401.

149 首次报道了在果蝇中使用CRISPR成功进行了基因驱动：V. M. Gantz and E. Bier, " The Mutagenic Chain Reaction: A Method for Converting Heterozygous to Homozygous Mutations, " *Science* 348 (2015): 442–444.

150 驱动传播一个能使蚊子耐受恶性疟原虫（Plasmodium falciparum）的基因：V. M. Gantz et al., " Highly Efficient Cas9-Mediated Gene Drive for Population Modification of the Malaria Vector Mosquito Anopheles stephensi, " *Proceedings of the National Academy of Sciences of the United States of America* 112 (2015): E6736–6743.

一种传播力极强的CRISPR基因驱动，会导致雌性蚊子不育：A. Hammond et al., " A CRISPR-Cas9 Gene Drive System Targeting Female Reproduction in the Malaria Mosquito Vector Anopheles gambiae, " *Nature Biotechnology* 34 (2016): 78–83.

使得北美洲和中美洲的某些农业害虫几乎绝迹：L. Alphey et al., " Sterile-Insect Methods for Control of Mosquito-Borne Diseases: An Analysis, " *Vector Borne and Zoonotic Diseases* 10 (2010): 295–311.

在马来西亚、巴西和巴拿马开始进行田野试验：L. Alvarez, " A Mosquito Solution (More Mosquitoes) Raises Heat in Florida Keys, " *New York Times*, February 19, 2015.

151 可能已经把CRISPR基因和浅黄体色的性状，传播到了全世界20%~50%的果蝇里了：" Gene Intelligence, " *Nature* 531 (2016): 140.

出于安全考虑，我们有必要拟定一套指导方针：O.S. Akbari et al., " Biosafety: Safeguarding Gene Drive Experiments in the Laboratory, " *Science* 349 (2015): 927–929.

逆向驱动，它相当于基因驱动的"解药"：J. E. DiCarlo et al., " Safeguarding CRISPR-Cas9 Gene Drives in Yeast, " *Nature Biotechnology* 33 (2015): 1250–1255.

最近美国科学院起草的一份报告反映了这些关切：National Academies of Sciences, Engineering, and Medicine, " Gene Drives on the Horizon: Advancing Science, Navigating Uncertainty, and Aligning Research with Public Values, " http:// nas-sites.org/gene-drives/.

152 被别有用心的人改造成生物武器，用于军事用途: ETC Group, " Stop the Gene Bomb! ETC Group Comment on NAS Report on Gene Drives, " June 8, 2016, www.etcgroup.org/content/ stop-gene-bomb-etc-group-comment-nas-report-gene-drives.
"显然，我们这里描述的技术不是儿戏": A. Burt, " Site-Specific Selfish Genes as Tools for the Control and Genetic Engineering of Natural Populations, " *Proceedings of the Royal Society of London* B 270 (2003): 921-928.
清除某些传染病，比如莱姆病（致病细菌通过蜱虫传播）: B. J. King, " Are Genetically Engineered Mice the Answer to Combating Lyme Disease? " NPR, June 16, 2016.
每年，上百万的人死于蚊媒疾病: American Mosquito Control Association, " Mosquito-Borne Diseases, " www.mosquito.org/mosquito-borne-diseases.

153 "如果我们明天就彻底清除了蚊子": J. Fang, " Ecology: A World Without Mosquitoes, " *Nature* 466 (2010): 432-434.

6. 治病救人

155 三家创业公司：三家公司分别是Editas医学、Intellia医药和CRISPR医药。

156 宾夕法尼亚大学正在开展美国首例基于CRISPR的临床试验：The first clinical trial using CRISPR to be approved: S. Reardon, " First CRISPR Clinical Trial Gets Green Light from US Panel, " *Nature News*, June 22, 2016.
A new biotech institute in San Francisco: Y. Anwar, " UC Berkeley to Partner in $600M Chan Zuckerberg Science ' Biohub,' " *Berkeley News*, September 21, 2016.
我也有幸筹建了创新基因组研究所: R. Sanders, " New DNA-Editing Technology Spawns Bold UC Initiative, " *Berkeley News*, March 18, 2014.
人类首次在活体动物中使用CRISPR治愈了一种遗传病: Y. Wu et al., " Correction of a Genetic Disease in Mouse via Use of CRISPR-Cas9, " *Cell Stem Cell* 13 (2013): 659-662.

164 大约1%~2%的高加索后裔如此幸运，他们大多数生活在欧洲的东北部: K. Allers and T. Schneider, " CCR5 Δ 32 Mutation and HIV Infection: Basis for Curative HIV Therapy, " *Current Opinion in Virology* 14 (2015): 24-29.

165 某些炎症性疾病的发病率更低: S. G. Deeks and J. M. McCune, " Can HIV Be Cured with Stem Cell Therapy? " *Nature Biotechnology* 28 (2010): 807-810.
对西尼罗河病毒的敏感程度可能稍高一点: W. G. Glass et al., " CCR5 Deficiency Increases Risk of Symptomatic West Nile Virus Infection, " *Journal of Experimental Medicine* 203 (2006): 35-40.
对敲除*CCR5*基因的基因编辑药物进行了临床试验: P. Tebas et al., " Gene Editing of CCR5 in Autologous CD4 T Cells of Persons Infected with HIV, " *New England Journal of Medicine* 370 (2014): 901-910.

169 大大缓解了它们的疾病症状: N. Wade, " Gene Editing Offers Hope for Treating Duchenne Muscular Dystrophy, Studies Find, " *New York Times*, December 31, 2015.

170 治愈了酪氨酸血症: H. Yin et al., " Therapeutic Genome Editing by Combined Viral and Non-Viral Delivery of CRISPR System Components in Vivo, " *Nature Biotechnology* 34 (2016): 328-333.
每种病毒也都各有其利弊: X. Chen and M.A.F.V. Gonçalves, " Engineered Viruses as Genome Editing Devices, " *Molecular Therapy* 24 (2015): 447-457.

172 每年有50万的人死于癌症: American Cancer Society, *Cancer Facts and Figures* 2016

(Atlanta: American Cancer Society, 2016).

173 理解急性骨髓性白血病（一种白细胞癌症）的遗传学原因: D. Heckl et al.," Generation of Mouse Models of Myeloid Malignancy with Combinatorial Genetic Lesions Using CRISPR-Cas 9 Genome Editing, "*Nature Biotechnology* 32 (2014): 941 - 946.

174 "基因组水平敲除筛选技术"的先驱之一: T. Wang et al.," Identification and Characterization of Essential Genes in the Human Genome, "*Science* 350 (2015): 1096 - 1101.

176 通过临床基因编辑而保住了性命的第一人: S. Begley," Medical First: Gene-Editing Tool Used to Treat Girl's Cancer, "STAT News, November 5, 2015; A.Pollack," A Cell Therapy Untested in Humans Saves a Baby with Cancer, "*New York Times*, November 5, 2015.

经过了化学治疗、骨髓移植和抗体药物治疗，她的状况依然毫无起色: W. Qasim et al., " First Clinical Application of TALEN Engineered Universal CAR 19 T Cells in B-ALL, " paper presented at the annual meeting for the American Society of Hematology, Orlando, Florida, December 5 - 8, 2015.

177 首次把CRISPR编辑过的细胞用于治疗人类患者: D. Cyranoski," CRISPR Gene-Editing Tested in a Person for the First Time, "*Nature News*, November 15, 2016.

178 Cas 9蛋白质有时也会进行切割: M. Jinek et al.," A Programmable Dual-RNA-Guided DNA Endonuclease in Adaptive Bacterial Immunity, "*Science* 337 (2012): 816 - 821.

跟哈佛大学的刘如谦团队合作: V. Pattanayak et al.," High-Throughput Profiling of Off-Target DNA Cleavage Reveals RNA-Programmed Cas 9 Nuclease Specificity, "*Nature Biotechnology* 31 (2013): 839 - 843.

179 其他实验室进行了类似的细胞内实验: Y. Fu et al.," High-Frequency Off-Target Mutagenesis Induced by CRISPR-Cas Nucleases in Human Cells, "*Nature Biotechnology* 31 (2013): 822 - 826; P. D. Hsu et al.," DNA Targeting Specificity of RNA-Guided Cas 9 Nucleases, "*Nature Biotechnology* 31 (2013): 827 - 832.

180 提高它识别目标DNA的精确性: F. Urnov," Genome Editing: The Domestication of Cas 9, "*Nature* 529 (2016): 468 - 469.

7. 盘算

187 这离CRISPR用于人类只有一步之遥: B. Shen et al.," Generation of Gene-Modified Cynomolgus Monkey via Cas 9 / RNA-Mediated Gene Targeting in One-Cell Embryos, " *Cell* 156.

189 "人类已经掌握了塑造自己生物学命运的能力": M. W. Nirenberg," Will Society Be Prepared? "*Science* 157 (1967): 633.

"对人类进行遗传改造有可能成为人类历史上最重要的观念之一": R. L. Sinsheimer, " The Prospect for Designed Genetic Change, "*American Scientist* 57 (1969): 134 - 142.

190 "有点像一个喜欢拆玩具的大男孩": W. F. Anderson," Genetics and Human Malleability, "*Hastings Center Report* 20 (1990): 21 - 24.

193 事后的会议记录让我确信: G. Stock and J. Campbell, eds., *Engineering the Human Germline: An Exploration of the Science and Ethics of Altering the Genes We Pass to Our Children* (Oxford: Oxford University Press, 2000).

几年之后，美国科学促进会就改造人类遗传特征起草了一份报告: M. S. Frankel and A. R. Chapman, *Human Inheritable Genetic Modifications: Assessing Scientific, Ethical,*

Religious, and Policy Issues (Washington, DC: American Association for the Advancement of Science, 2000).

遗传学与公共政策中心得出了类似的结论: S. Baruch, *Human Germline Genetic Modification: Issues and Options for Policymakers* (Washington, DC: Genetics and Public Policy Center, 2005).

196 英国成为世界上第一个批准该技术用于临床的国家: J. Schandera and T. K. Mackey, " Mitochondrial Replacement Techniques: Divergence in Global Policy, " *Trends in Genetics* 32 (2016): 385 - 390.

建议食品药品监督管理局批准未来的"三亲育子"临床应用: S. Reardon, " US Panel Greenlights Creation of Male ' Three-Person' Embryos, " *Nature News*, February 3, 2016.

199 "我想理解你开发的这项惊人的技术": 我是在接受Michael Specter采访的时候第一次谈起这次梦境的。2015年11月，他就CRISPR写了一个专题故事，发表在了《纽约客》杂志。

与CRISPR相关的分子工具被分发到几十个国家: J. K. Joung, D. F. Voytas, and J. Kamens, " Accelerating Research Through Reagent Repositories: The Genome Editing Example, " *Genome Biology* 16 (2015): 255 - 258.

关于如何在哺乳动物(起码是小鼠和猴子)里精准编辑的知识及操作步骤也在许多论文里公之于众: B. Shen et al., " Generation of Gene-Modified Cynomolgus Monkey via Cas 9 /RNA-Mediated Gene Targeting in One-Cell Embryos, " *Cell* 156 (2014): 836 - 843.

以100美元的价格在网上向消费者出售: J. Zayner, " DIY CRISPR Kits, Learn Modern Science by Doing, " http://www.the-odin.com/diy-crispr-kit/

生物黑客会用它来捣鼓更复杂的生物体: P. Skerrett, " Is Do-It-Yourself CRISPR as Scary as It Sounds? " *STAT News*, March 14, 2016.

200 "我的判断是: 当你发现有些事情值得一试的时候，你就会径直去做": United States Atomic Energy Commission, *In the Matter of J. Robert Oppenheimer: Transcript of Hearing Before Personnel Security Board, vol.* 2 (Washington, DC: GPO, 1954), https://www.osti.gov/includes/opennet/includes/Oppenheimer% 20 hearings/Vol% 20 II% 20 Oppenheimer.pdf

202 他当时选择的DNA来源有三: D. A. Jackson, R. H. Symons, and P. Berg, " Biochemical Method for Inserting New Genetic Information into DNA of Simian Virus 40: Circular SV 40 DNA Molecules Containing Lambda Phage Genes and the Galactose Operon of Escherichia coli, " *Proceedings of the National Academy of Sciences of the United States of America* 69 (1972): 2904 - 2909.

203 发布了一份引人关注的报告，题为《重组DNA分子的潜在生物风险》: P. Berg et al., " Letter: Potential Biohazards of Recombinant DNA Molecules, " *Science* 185 (1974): 303.

Much has been written about Asilomar II: Institute of Medicine (US) Committee to Study Decision Making; K. E. Hanna, ed., Biomedical Politics (Washington, DC: National Academies Press, 1991); M. Rogers, *Biohazard* (New York: Knopf, 1977); P. Berg and M. F. Singer, " The Recombinant DNA Controversy: Twenty Years Later, " *Proceedings of the National Academy of Sciences of the United States of America* 92 (1995): 9011 - 9013.

204 "博格来信"也包括了另外三项建议: P. Berg et al., " Asilomar Conference on Recombinant DNA Molecules, " *Science* 188 (1975): 991 - 994.

这种透明的交流方式最终为研究得以继续赢得了大众的普遍支持: P. Berg, " Meetings That Changed the World: Asilomar 1975: DNA Modification Secured, " *Nature* 455 (2008): 290 - 291.

有人认为这次会议没有从科学界之外邀请更多的人:" After Asilomar, " *Nature* 526

(2015): 293 – 294.
会议没有谈及生物安全和伦理议题: S. Jasanoff, J. B. Hurlbut, and K. Saha, " CRISPR Democracy: Gene Editing and the Need for Inclusive Deliberation, " *Issues in Science and Technology* 32 (2015).
" 这套策略完全背离了民主程序 ": J. B. Hurlbut, " Limits of Responsibility: Genome Editing, Asilomar, and the Politics of Deliberation, " *Hastings Center Report* 45 (2015): 11–14.
205 后续成立的政府机构（重组DNA咨询委员会）: N. A. Wivel, " Historical Perspectives Pertaining to the NIH Recombinant DNA Advisory Committee, " *Human Gene Therapy* 25 (2014): 19 – 24.
211 《审慎前行：通往基因组工程与生殖细胞系基因修饰之路》:D. Baltimore et al., " Biotechnology: A Prudent Path Forward for Genomic Engineering and Germline Gene Modification, " *Science* 348 (2015): 36 – 38.
212 《纽约时报》的头版故事吸引了上百位读者评论: N. Wade, " Scientists Seek Ban on Method of Editing the Human Genome, " *New York Times*, March 19, 2015.
我们的观点文章也被其他媒体转发: R. Stein, " Scientists Urge Temporary Moratorium on Human Genome Edits, " *All Things Considered*, NPR, March 20, 2015; " Scientists Right to Pause for Genetic Editing Discussion, " *Boston Globe*, March 23, 2015.
《自然》杂志刊发了文章，号召禁止在生殖细胞系中进行基因编辑: E. Lanphier et al., " Don't Edit the Human Germline, " *Nature* 519 (2015): 410 – 411.
《麻省理工技术评论》最近也刚发表了一篇关于生殖细胞系编辑的文章，引起了许多关注: A. Regalado, " Engineering the Perfect Baby, " *MIT Technology Review, March* 5, 2015.

8. 接下来呢

214 这篇发表在《蛋白质与细胞》杂志上的论文: P. Liang et al., " CRISPR/ Cas 9 -Mediated Gene Editing in Human Tripronuclear Zygotes, " *Protein and Cell* 6 (2015): 363 – 372.
215 " 亟需提高CRISPR/Cas 9的可靠性和专一性 ": 同上。
216 也严格遵守了中国相关的管理规定: X. Zhai, V. Ng, and R. Lie, " No Ethical Divide Between China and the West in Human Embryo Research, " *Developing World Bioethics* 16 (2016): 116 –120.
部分原因是他们不认可该实验的伦理取向: D. Cyranoski and S. Reardon, " Chinese Scientists Genetically Modify Human Embryos, " *Nature News*, April 22, 2015.
" 而许多人追求的恰恰是这种关注度 ": G. Kolata, " Chinese Scientists Edit Genes of Human Embryos, Raising Concerns, " *New York Times*, April 23, 2015.
" 明确反对在人类细胞中进行基因编辑或基因修饰 ": T. Friedmann et al., " ASGCT and JSGT Joint Position Statement on Human Genomic Editing, " *Molecular Therapy* 23 (2015): 1282.
217 " 对于试图在生殖细胞系中进行任何基因编辑的临床试验都宜缓行，这至关重要 ": R. Jaenisch, " A Moratorium on Human Gene Editing to Treat Disease Is Critical, " *Time*, April 23, 2015.
" 本届政府认为，我们目前不应当为了临床目的而改造人类的生殖细胞系 ": J. Holdren, " A Note on Genome Editing, " May 26, 2015, www.whitehouse.gov/blog/ 2015 / 05 / 26 /note-genome-editing.

国立卫生研究院不会对涉及基因编辑人类胚胎的研究提供资助：Francis S. Collins, "Statement on NIH Funding of Research Using Gene-Editing Technologies in Human Embryos," April 29, 2015, www.nih.gov/about-nih/who-we-are/nih-director/statements/statement-nih-funding-research-using-gene-editing-technologies-human-embryos.

把基因组编辑列为了六种可能引起大规模杀伤性灾难之一：J. R. Clapper, "Worldwide Threat Assessment of the US Intelligence Community," February 9, 2016, www.dni.gov/files/documents/SASC_Unclassified_2016_ATA_SFR_FINAL.pdf.

218 "我们有道义和责任进行基因编辑研究，我们别无选择"：J. Savulescu et al., "The Moral Imperative to Continue Gene Editing Research on Human Embryos," *Protein and Cell* 6 (2015): 476–479.

"今天生物伦理学家的道义和责任可以总结成一句话：别挡道"：S. Pinker, "The Moral Imperative for Bioethics," *Boston Globe*, August 1, 2015.

219 Hinxton小组……关于人类生殖细胞系基因编辑的声明中：Hinxton Group, "Statement on Genome Editing Technologies and Human Germline Genetic Modification," September 3, 2015, www.hinxtongroup.org/Hinxton2015_Statement.pdf.

中国有不止一个研究团队在计划或者已经着手在人类胚胎中进行CRISPR实验：Cyranoski and Reardon, "Chinese scientists genetically modify human embryos", *Nature News*, April 22, 2015.

伦敦的克里克研究所也在申请监管部门的许可：D. Cressey, A. Abbott and H. Ledford, "UK Scientists Apply for License to Edit Genes in Human Embryos," *Nature News*, September 18, 2015.

221 我们向多个领域的专家发出了邀请：关于与会人员的完整名单，参见美国科学院、工程院、医学院的网站，"International Summit on Human Gene Editing," December 1–3, 2015, www.nationalacademies.org/gene-editing/Gene-Edit-Summit/index.htm.

223 基因组中就会出现2~10个基因突变：I. Martincorena and P. J. Campbell, "Somatic Mutation in Cancer and Normal Cells," *Science* 34 (2015): 1483–1489.

平均每秒钟会出现上百万个突变：M. Porteus, "Therapeutic Genome Editing of Hematopoietic Cells," Presentation at Inserm Workshop 239, CRISPR-Cas9: Breakthroughs and Challenges, Bordeaux, France, April 6–8, 2016.

细胞基因组里的每个碱基已经突变了至少一次：M. Lynch, "Rate, Molecular Spectrum, and Consequences of Human Mutation," *Proceedings of the National Academy of Sciences of the United States of America* 107 (2010): 961–968.

"与基因组里本来就有的时刻不停的基因突变的滔天巨浪相比，基因编辑只是涓滴细流"：S.Pinker in P. Skerrett, "Experts Debate: Are We Playing with Fire When We Edit Human Genes?" *STAT News*, November 17, 2015.

224 可以从干细胞中分化出精子和卵子，并使两者结合受精：Q. Zhou et al., "Complete Meiosis from Embryonic Stem Cell-Derived Germ Cells In Vitro," Cell Stem Cell 18 (2016): 330–340; K. Morohaku et al., "Complete In Vitro Generation of Fertile Oocytes from Mouse Primordial Germ Cells," *Proceedings of the National Academy of Sciences of the United States of America* 113 (2016): 9021–9026.

编辑胚胎的*CCR5*基因也许可以增强人对艾滋病病毒的抵抗力，也会使人对西尼罗河病毒更敏感：J. K. Lim et al., "CCR5 Deficiency Is a Risk Factor for Early Clinical Manifestations of West Nile Virus Infection but Not for Viral Transmission," *Journal of Infectious Diseases* 201 (2010): 178–185.

固然可以治愈他们的遗传病，但同时也会使他们对疟疾更敏感：M. Aidoo et al., "Protective Effects of the Sickle Cell Gene Against Malaria Morbidity and Mortality," *Lancet* 359 (2002): 1311–1312.

225 携带着一份会引起囊性纤维化疾病突变拷贝（如果带有两份就会得病）的人，对肺结核的抵抗力更强：E. M. Poolman and A. P. Galvani, "Evaluating Candidate Agents of

Selective Pressure for Cystic Fibrosis," *Journal of the Royal Society* 4 (2007): 91–98.
即使是跟神经退行性疾病（比如阿尔茨海默病）有关的变异可能也有益处：E. S. Lander, "Brave New Genome," *New England Journal of Medicine* 373 (2015): 5–8.
"有人认为我们要等彻底理解了人类基因组以后才能进行基因编辑的临床试验，这种观点有悖医学现实"：G. Church, "Should Heritable Gene Editing Be Used on Humans?" *Wall Street Journal,* April 10, 2016.

227 2016年皮尤研究中心做的调查显示，50%的美国成人反对利用生殖细胞系编辑来治病：C. Funk, B. Kennedy, and E. P. Sciupac, U.S. *Public Opinion on the Future Use of Gene Editing* (Washington, DC: Pew Research Center, 2016); "Genetic Modifications for Babies," Pew Research Center, January 28, 2015, www.pewinternet.org/2015/01/29/public-and-scientists-views-on-science-and-society/pi_2015-01-29_science-and-society-03-25.
另外一些宗教则对人类参与自然进程表示欢迎，只要我们的目的是追求良善：D. Carroll and R. A. Charo, "The Societal Opportunities and Challenges of Genome Editing," *Genome Biology* 16 (2015): 242–250.
"在过去38.5亿年里，演化一直都在优化人类的基因组"：Skerrett, "Experts Debate." https://www.statnews.com/2015/11/17/gene-editing-embryo-crispr/

229 "人类基因组意味着人类大家庭的所有成员在根本上是统一的"：United Nations Educational, Scientific and Cultural Organization, "Universal Declaration on the Human Genome and Human Rights," November 11, 1997,www.unesco.org/new/en/social-and-human-sciences/themes/bioethics/human-genome-and-human-rights/.
"威胁所有人类内在的、平等的尊严"：United Nations Educational, Scientific and Cultural Organization, "Report of the IBC on Updating Its Reflection on the Human Genome and Human Rights," October 2, 2015, http://unesdoc.unesco.org/images/0023/002332/233258E.pdf.
有些生物伦理学者也表达了类似的担忧：G. Annas, "Viewpoint: Scientists Should Not Edit Genomes of Human Embryos," April 30, 2015, www.bu.edu/sph/2015/04/30/scientists-should-not-edit-genomes-of-human-embryos/.

231 最新上市的基因治疗费用大约为100万美元：E. C. Hayden, "Promising Gene Therapies Pose Million-Dollar Conundrum," *Nature News*, June 15, 2016; S. H. Orkin and P. Reilly, "Medicine: Paying for Future Success in Gene Therapy," Science 352 (2016): 1059–1061.

233 正如残障人士维权组织指出的：T. Shakespeare, "Gene Editing: Heed Disability Views," *Nature* 527 (2015): 446.

234 优生学，就其本来的含义而言，意思是"生得更好"：C. J. Epstein, "Is Modern Genetics the New Eugenics?" *Genetics in Medicine* 5 (2003): 469–475.
"那些身患遗传病并为此受苦的人，丝毫不觉得这里有任何的伦理困境"：E. C. Hayden, "Should You Edit Your Children's Genes?" *Nature News*, February 23, 2016.

235 目前政府的管理条例不是一以贯之：M. Araki and T. Ishii, "International Regulatory Landscape and Integration of Corrective Genome Editing into In Vitro Fertilization," *Reproductive Biology and Endocrinology* 12 (2014): 108–119.

236 "那些可能会引起受试者修改遗传身份的基因治疗"：R. Isasi, E. Kleiderman, and B. M. Knoppers, "Editing Policy to Fit the Genome?" *Science* 351 (2016): 337–339.

237 "故意创造或者修饰人类胚胎"：I. G. Cohen and E. Y. Adashi, "The FDA Is Prohibited from Going Germline," *Science* 353 (2016): 545–546.
为了医学目的旅行的人士已经花了数百万元接受干细胞治疗：D.B.H. Mathews et al., "CRISPR: A Path Through the Thicket," *Nature* 527 (2015): 159–161.

利用基因治疗来增加肌肉量或者延长寿命: A. Regalado, " A Tale of Do-It-Yourself Gene Therapy, " *MIT Technology Review*, October 14, 2015.

238 有 些 论 者 预 言: G. O. Schaefer, " The Future of Genetic Enhancement Is Not in the West, " *Conversation*, August 1, 2016.

尾声: 新起点

243 类似的抵制CRISPR的声音已经在法国和瑞士出现: Alliance Vita, " Stop Bébé GM: Une Campagne Citoyenne D'alerte sur CRISPR-Cas 9, " www.allian cevita.org/ 2016 / 05 / stop-bebe-ogm-une-campagne-citoyenne-dalerte-sur-crispr-cas 9 /;P. Knoepfler, " First Anti-CRISPR Political Campaign Is Born in Europe, " The Niche (blog), June 2, 2016, www.ipscell.com/ 2016 / 06 /first-anti-crispr-political -campaign-is-born-in-europe/.

扫描二维码，进入一推君的奇妙领地，
回复“破天机”，获取本书索引。

图书在版编目（CIP）数据

破天机 / （美）珍妮佛 · 杜德娜，（美）塞谬尔 · 斯滕伯格著；傅贺译 . —长沙：湖南科学技术出版社，2022.12（2023.9重印）
（第一推动丛书 . 生命系列）
ISBN 978-7-5710-1941-9

Ⅰ . ①破… Ⅱ . ①珍… ②塞… ③傅… Ⅲ . ①科学知识 - 普及读物 Ⅳ . ① Z228

中国版本图书馆 CIP 数据核字（2022）第 228328 号

PO TIANJI
破天机

著者
［美］珍妮佛 · 杜德娜
［美］塞缪尔 · 斯滕伯格
译者
傅贺
校者
袁端端
出版人
潘晓山
责任编辑
李蓓
营销编辑
周洋
出版发行
湖南科学技术出版社
社址
长沙市芙蓉中路一段 416 号
泊富国际金融中心
网址
http://www.hnstp.com
湖南科学技术出版社
天猫旗舰店网址
http://hnkjcbs.tmall.com

邮购联系
本社直销科 0731-84375808
印刷
长沙市宏发印刷有限公司
厂址
长沙市开福区捞刀河大星村343号
邮编
410153
版次
2022 年 12 月第 1 版
印次
2023 年 9 月第 2 次印刷
开本
880mm × 1230mm 1/32
印张
9.75
字数
200 千字
书号
ISBN 978-7-5710-1941-9
定价
68.00 元